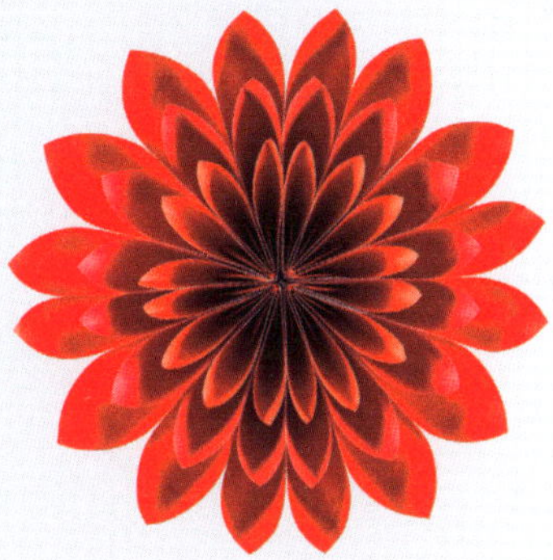

KRISTINA MÜLLER

FOLD & BLOOM

ORIGAMI UND DIE ENTFALTUNG VON SCHÖNHEIT

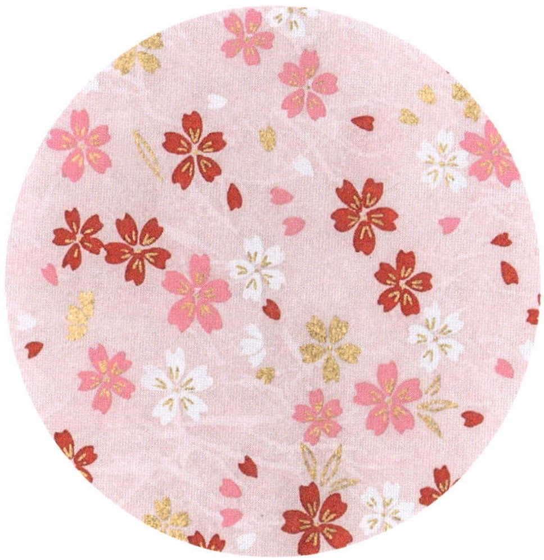

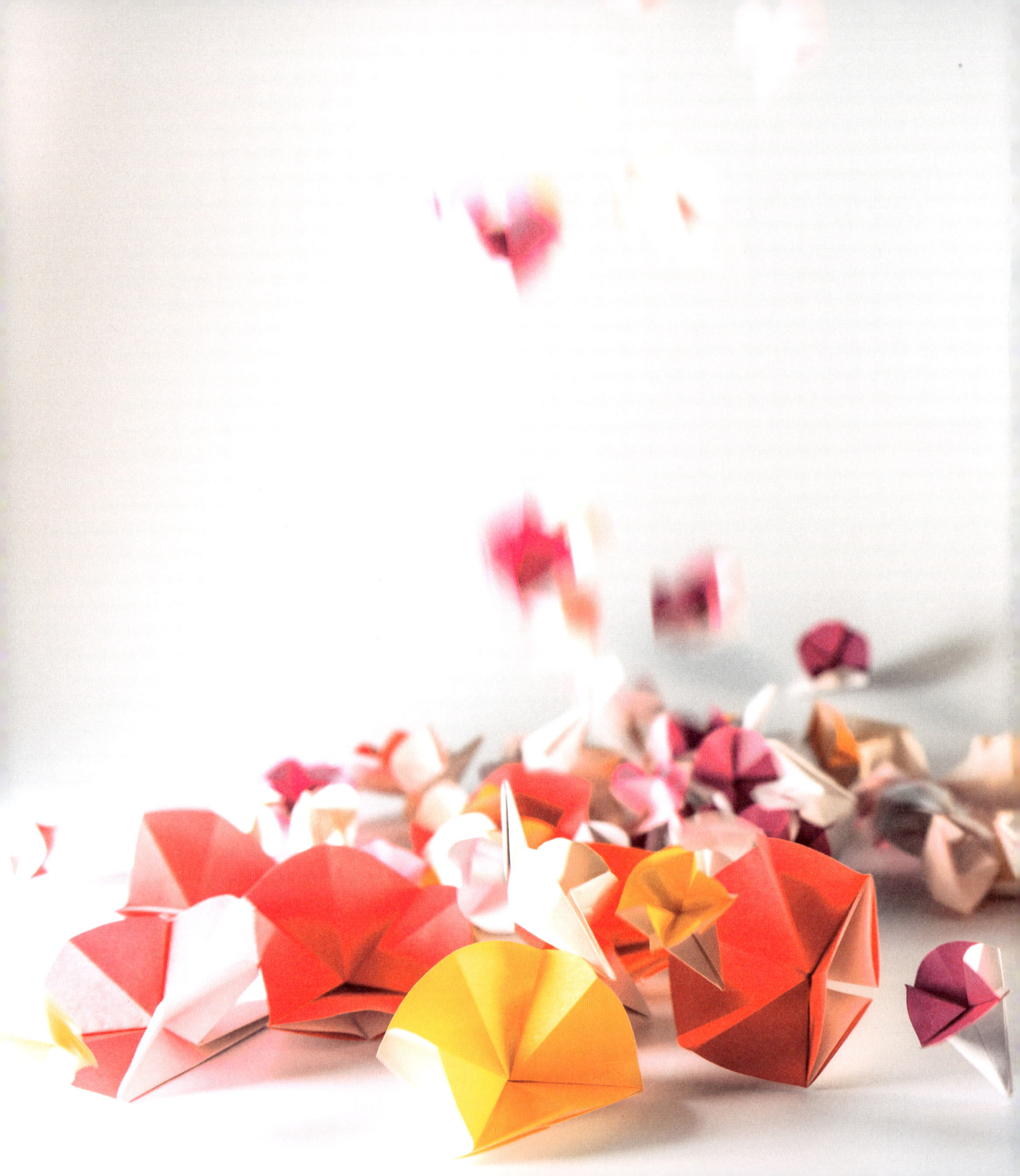

KRISTINA MÜLLER

FOLD & BLOOM

ORIGAMI UND DIE ENTFALTUNG VON SCHÖNHEIT

MIT FOTOS VON CLARISSA NILL

VERLAG FREIES GEISTESLEBEN

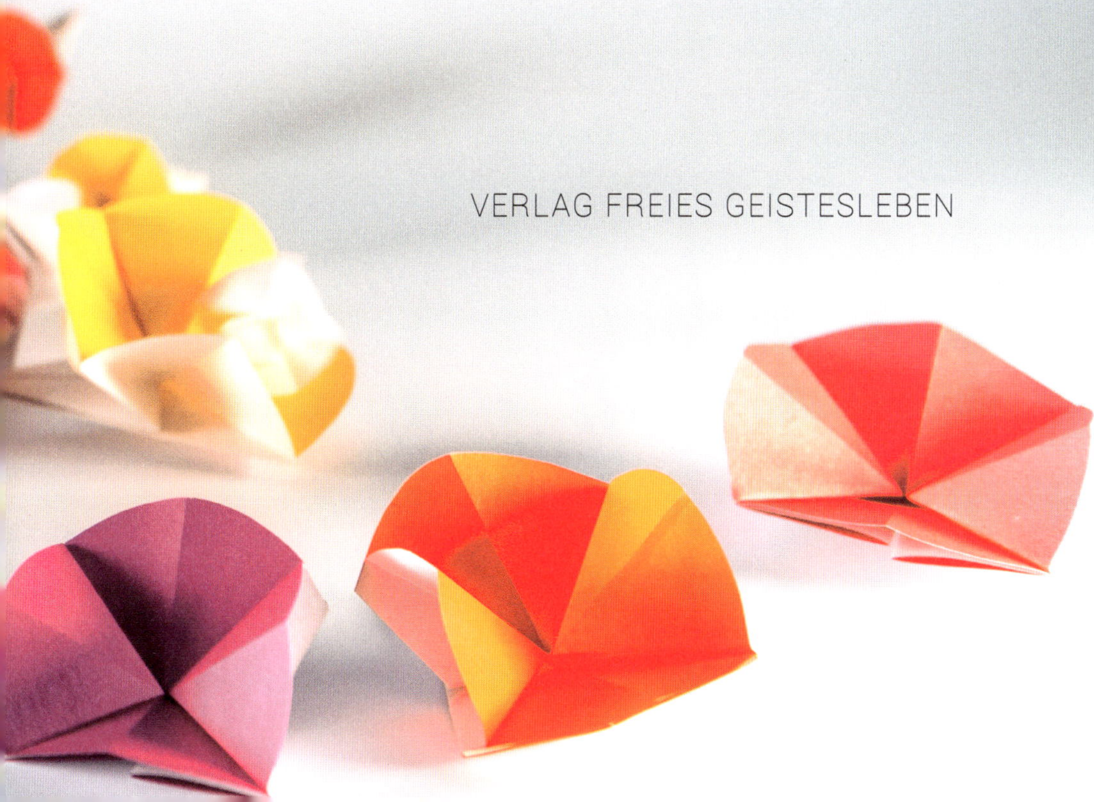

INHALT

MODELLE & PROJEKTE

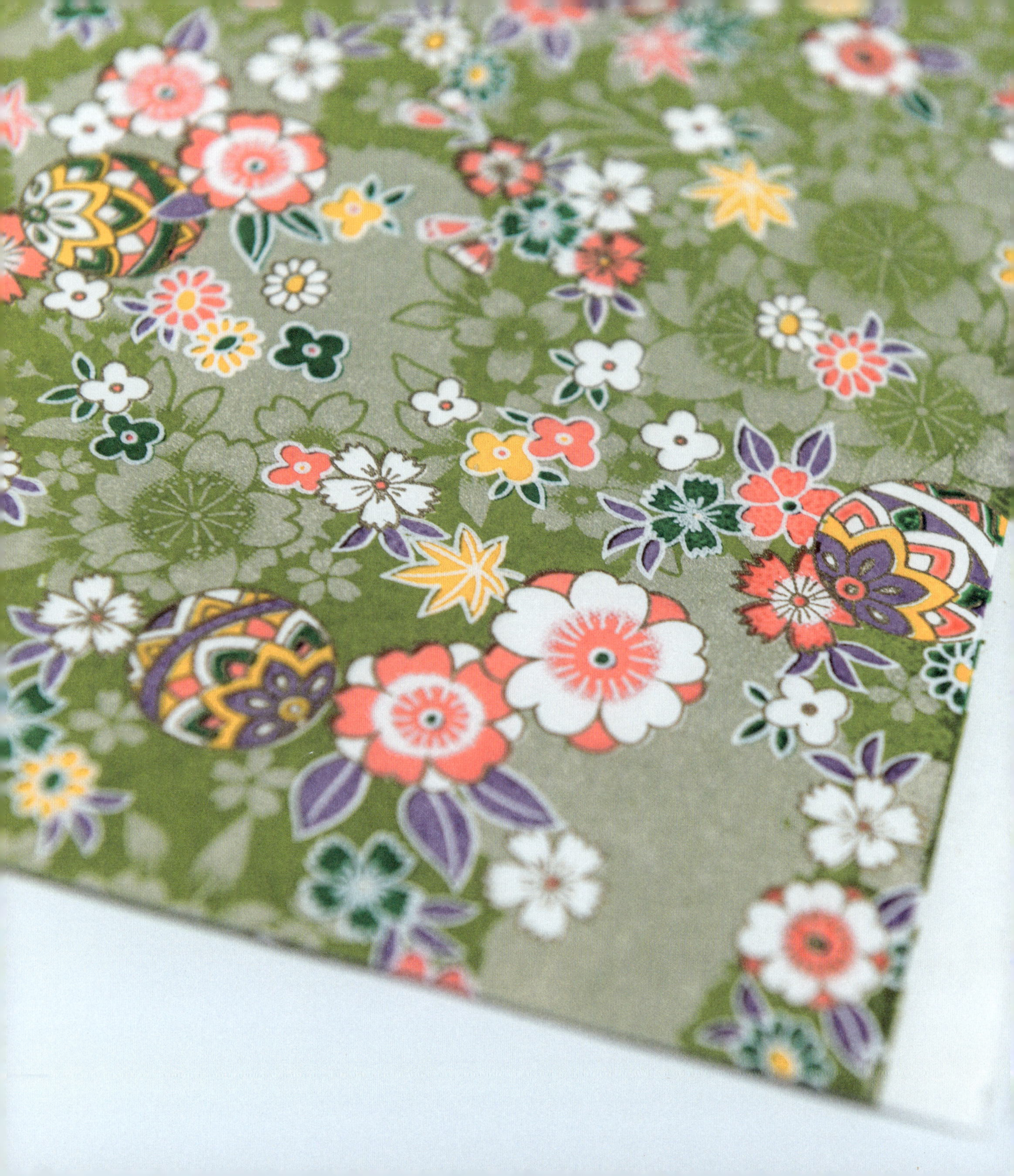

EINLEITENDE GEDANKEN

Es ist interessant, dass der Begriff «Falten» in dem Wort «Entfaltung» enthalten ist. So wie sich das Papier vor meinen Augen und unter meinen Händen entfaltet, entfaltet sich unvergleichliche Schönheit und das volle Potenzial dieses Blatts Papier. In dem Moment, in dem ich falte, kehre ich in mich, verbinde mich ganz mit der Materie und erfahre Vollkommenheit, Zufriedenheit und innere Ruhe. Ich erschaffe Schönheit, werde selbst zu der kleinen Blüte, die ich falte, und wenn ich die fertige Blüte dann in den Händen halte, stellt sich ein großes Glücksgefühl ein. Was wäre die Welt ohne Schönheit!

In gewisser Weise gehe ich eine Verbindung mit der Blüte ein. Ich verbinde mich mit ihrer Essenz und umgebe mich mit herrlichen Farben und schönen Formen. Die äußere Ordnung und Struktur erzeugt innere Ausgeglichenheit und Stille. Ich verbinde mich mit allem, was ist. Mein Fokus ist auf eine einzige Sache gerichtet, mein Geist kommt zur Ruhe, meine Seele erlebt Freude und Glückseligkeit, mein Körper ist im Einklang mit dieser haptischen Tätigkeit.

Für mich hat Papierfalten viel mit Hingabe zu tun. Ich gebe mich der Tätigkeit hin, wende mich einer Sache voll und ganz zu. Dabei entdecke ich mich selbst und entfalte mich wie das Papier. Ich erkenne, dass im Papier selbst schon das fertige Modell enthalten ist, alles existiert bereits, ich brauche nichts hinzuzufügen. Im übertragenen Sinne verhält es sich ebenso mit mir selbst.

Papierfalten ist eine Möglichkeit, der schöpferisch-kreativen Seite Raum zu geben, ihr Ausdruck zu verleihen und sich selbst zu entfalten. Das Falten bietet einen sehr einfachen Zugang zur eigenen Kreativität. Diese scheinbar so simple Tätigkeit ist unglaublich kraftvoll, komplex und vielseitig.

Der Prozess der Kreation lässt den stetigen Wandel in der Welt sichtbar werden – alles ist ständig in Bewegung und Veränderung. Er ist zudem eine haptische Wahrnehmung. Während ich mit meinen eigenen Händen etwas erschaffe, erlebe ich mich selbst als Schöpferin und begreife die Dinge im wahrsten Sinne des Wortes. Auf der einen Seite gibt es das sichtbare Ergebnis, das mich in den eigenen Fähigkeiten bestärkt und mein Selbstbewusstsein fördert. Auf der anderen Seite findet ein inneres Erleben statt, eine Art von Meditation und purer Entspannung.

PERFEKTION IST NICHT DANN ERREICHT,
WENN ES NICHTS MEHR HINZUZUFÜGEN GIBT,
SONDERN WENN MAN NICHTS MEHR
WEGLASSEN KANN.

ANTOINE DE SAINT-EXUPÉRY

ORIGAMI

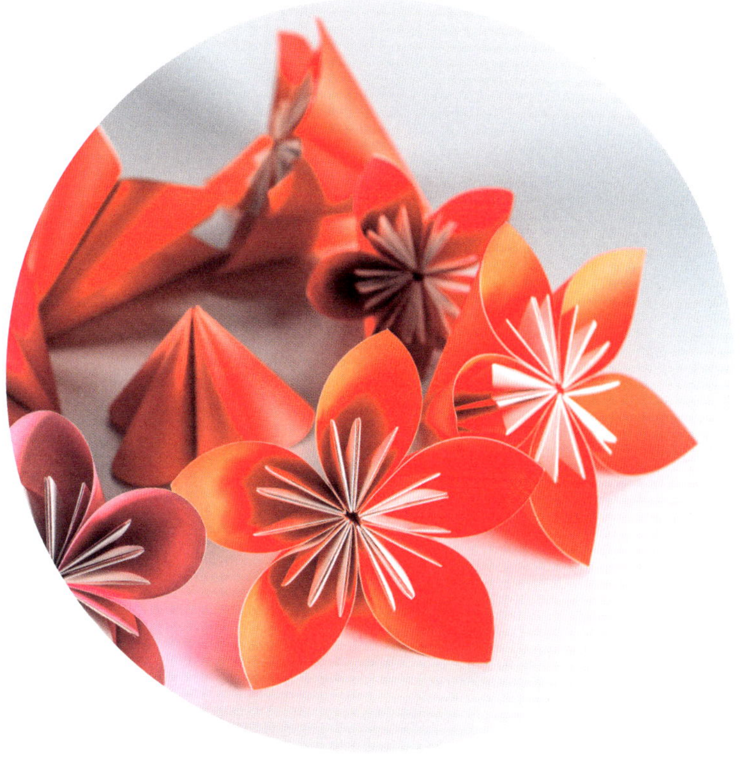

SCHÖNHEIT

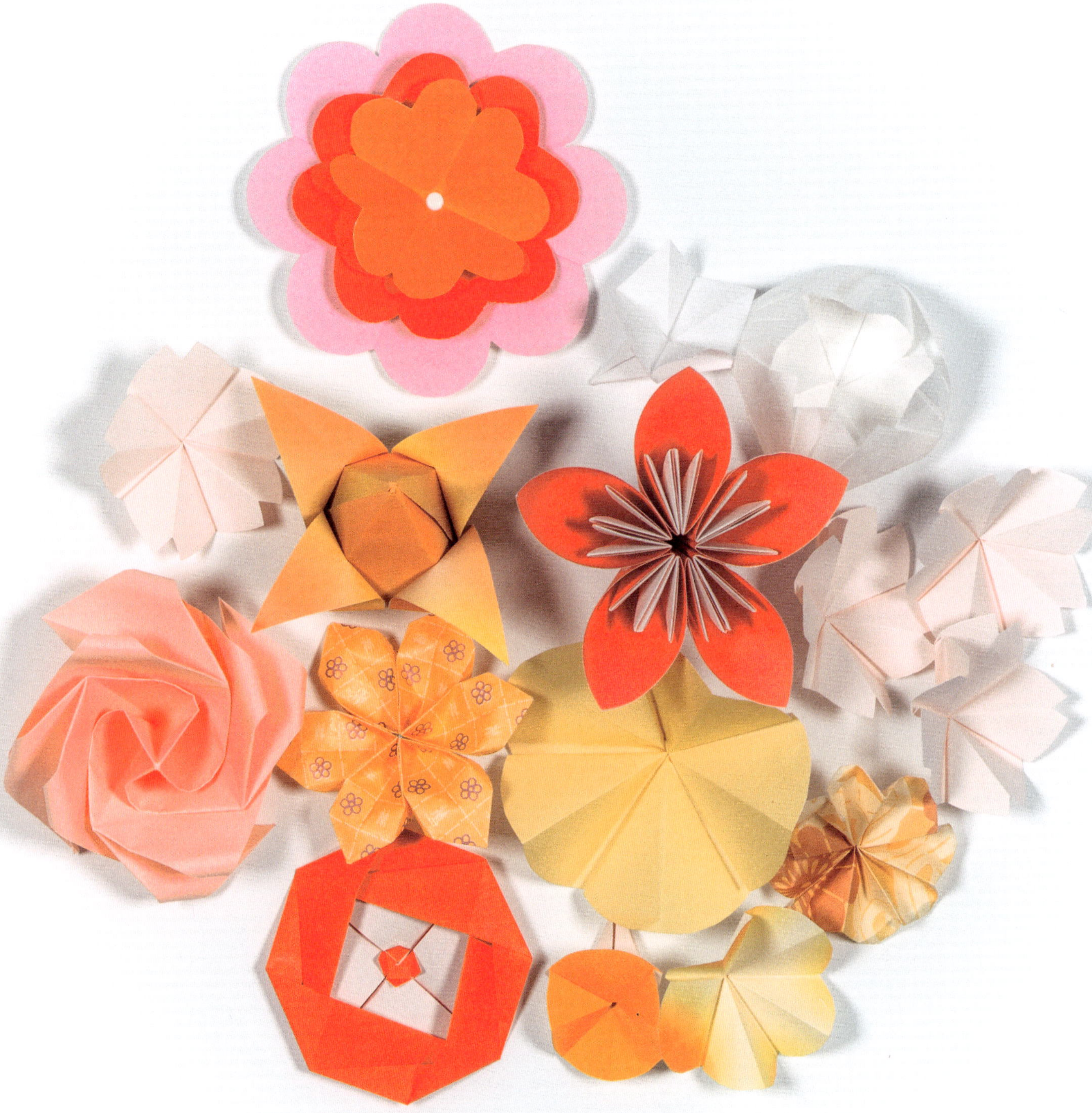

«Der Mensch der Urzeit, der seinem Mädchen das erste Blumengewinde brachte, unterschied sich damit vom Tier. Er wurde Mensch, weil er mehr als nur die eigentlichen Lebensnotwendigkeiten von der Natur forderte. Er trat ins Reich der Kunst ein, als er den feinen Nutzen des Nutzlosen erkannte.»

Kakuzo Okakura, Das Buch vom Tee

Basierend auf dem meditativen Aspekt des Papierfaltens, dem zentralen Thema meines ersten Buchs, *Fold & Relax*, widmet sich dieses Buch ganz der Ästhetik, Schönheit und Sinnlichkeit des Faltens. Papierfalten, Meditation und innere Ruhe sowie Schönheit und Sinnlichkeit sind eng miteinander verbunden. Blumen sind ein allgemeingültiges Symbol für Schönheit, und die Liebe zu Blumen und Pflanzen ist universell. Somit war es naheliegend, Origami-Modelle aus der prachtvollen Welt der Blumen, Blüten und Blätter auszuwählen. Es gibt Anleitungen und Gestaltungsideen zu verschiedenen Blattformen, einfachen Blüten und solchen, die aus mehreren Elementen zusammengesetzt sind.

erblühen, entfalten, aufblühen, blühen, verblühen, blühend, erblüht, verblüht, blumig, geblümt, blumenbedeckt, blumengeschmückt, Blume, Blümchen, Blümlein, Blüte, Blütezeit, Hochblüte, Blumenstiel, Stängel, Blütenblatt, Stempel, Blütenkelch, Keim, Knospe, verwelken ...

SINNHAFTIGKEIT

Die Beschäftigung mit einer sogenannten «nutzlosen» Tätigkeit wirkt äußerst befreiend in einer an Leistung und Effizienz orientierten Gesellschaft. Etwas Schönes mit den eigenen Händen zu gestalten, einfach nur aus Freude am Tun, ist etwas zutiefst Beglückendes. Gleichzeitig erkenne ich meine eigene Schöpferkraft und Kreativität und stelle fest, dass ich diese auch auf andere Bereiche des Lebens übertragen kann. Es ist mir möglich, aktiv zu werden und selbstbestimmt mein Leben zu gestalten.

Wie oft machen wir Dinge nur, weil wir sie tun müssen? Alles scheint einem Zweck unterworfen zu sein. Wörter wie «produktiv, effizient, effektiv, zielgerichtet» kommen mir in den Sinn sowie solche, die eine geradezu abwertende Bedeutung haben wie «nutzlos, sinnlos, bedeutungslos, zweckfrei». Aber wer bestimmt letztendlich, was genau nützlich oder sinnvoll in unserem Leben ist? Sollten wir es nicht selbst sein, die darüber entscheiden? Wenn ich mich mit schönen Dingen umgebe, mit Blumen und Farben, dann fühle ich mich glücklich, und ist das nicht das Schönste, was mir passieren kann? So sind Tätigkeiten und Dinge oftmals gar nicht so sinnlos, wie sie auf den ersten Blick erscheinen mögen. Das scheinbar Nutzlose offenbart sich als Notwendigkeit, und was Hermann Hesse über das Malen schreibt, das gilt wohl auch für das Papierfalten: «Oh, es gab auf der Welt nichts Schöneres, nichts Wichtigeres, nichts Beglückenderes als Malen, alles andere war dummes Zeug, war Zeitverschwendung und Getue.»

SINNLICHKEIT

«Und mitten im Zimmer, mitten auf dem Tisch stand etwas Wunderbares, stand eine lebendige Woge holdester Farben, ein Konzert innigster Töne. Es war ein Magnolienzweig mit drei Blüten: einer überreifen, die schon nahe am Entblättern war, einer frisch offenen und einer noch knospenhaft geschlossenen. Die drei großen Blüten, außen rotviolett, innen seidenweiß mit zartesten Reflexen, schwebten zauberhaft schön und beseelt in dem schattigen grauen Raum, wo nur wenige schattengedämpfte Farben von den Bildern an der Wand ihren Klängen Antwort gaben. Überrascht und entzückt stand ich vor der Blume. Ich hatte sie vergessen gehabt. Wohl hatte ich sie gestern mitgenommen, froh, etwas Lebendiges und Farbiges mit in mein Zimmer zu nehmen, hatte ihr sorgfältig Wasser gegeben und sie gut gestellt. Aber wie schön sie war, wie sie von seligen Farbenschwingungen überfloß, wie die große, weit offene Blüte sich leise in rührender Todesahnung über die fette, saftige Knospe beugte, wie die sanft gebogenen, leise eingerollten Blattränder das Violett übers Rosa bis zum stillen kühlen Weiß führten, wie einmalig, kurzlebig, verwehend diese Schönheit war – und daß man sie malen konnte, malen mußte, eiligst und gierig malen mußte, das hatte ich Idiot weder gestern noch heute morgen gesehen, das entdeckte ich erst in diesem Augenblick der Heimkehr.»

Hermann Hesse, Malfreude, Malsorgen, 1928

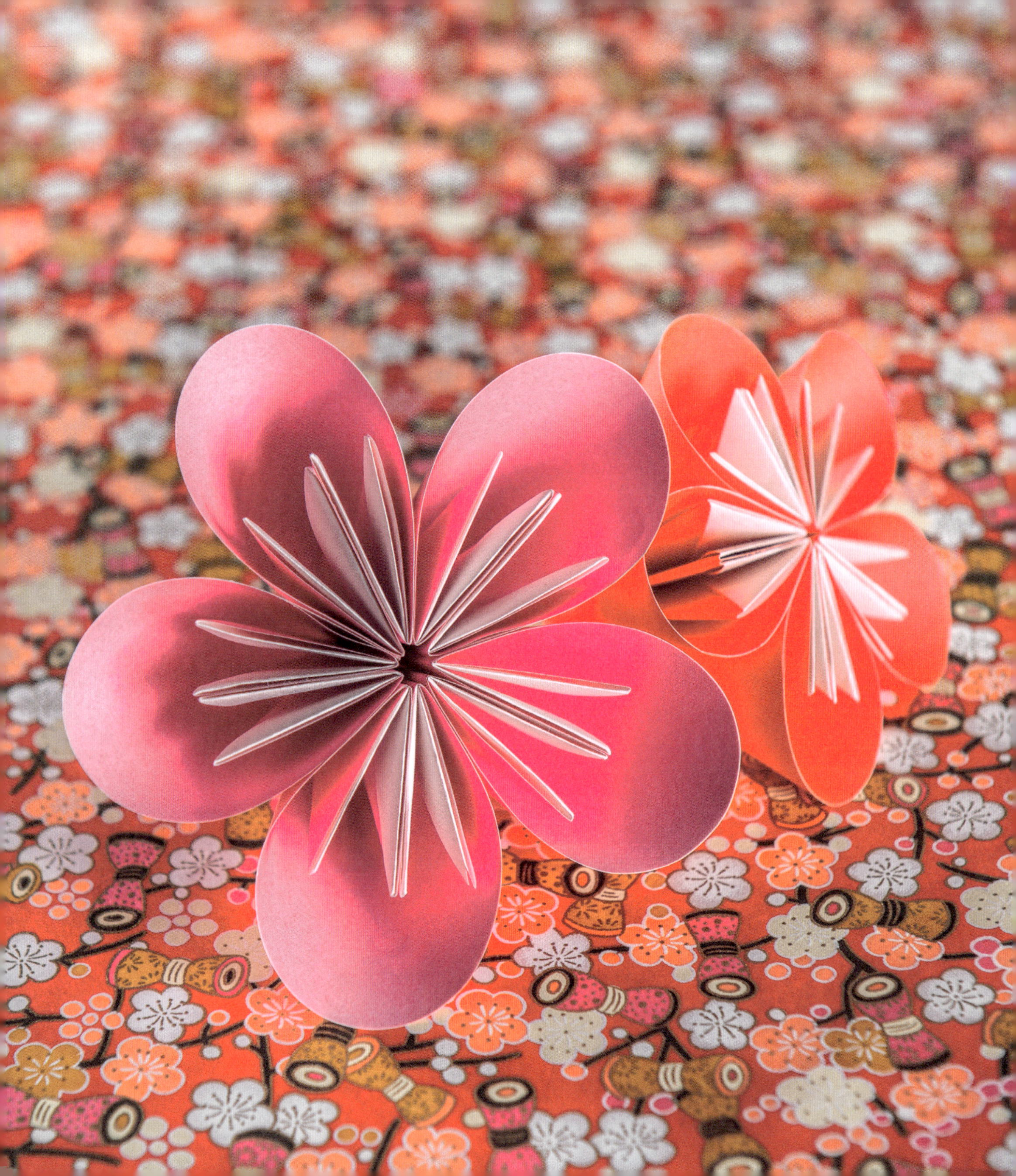

Ich vermag nicht zu sagen, was mich an einer Blume am meisten erfreut. Ist es die anmutige Form, der betörende Duft oder ihre strahlende Farbenpracht? Ich versenke mich in den Anblick einer Blume und bin ganz bei mir. Eine schöne Blume erfreut stets mein Herz und beruhigt meinen Geist. Ich betrachte, rieche, fühle und erlebe pure Sinnlichkeit. Wenn ich einmal keine Blume haben sollte, nehme ich ein Blatt Papier und falte eine, um so einen Moment des Friedens und der Schönheit zu erfahren.

Wir Menschen besitzen eine grundlegende Sensibilität und Empfindsamkeit gegenüber Schönem. Sich mit Schönem zu umgeben und zu befassen, sehe ich als ein Grundbedürfnis des Menschen an – es entspricht unserem Wesen, wir sind im natürlichen Gleichgewicht. In der Schönheit suchen wir nach der verborgenen Harmonie und Einheit aller Dinge.

Wir nehmen Schönheit mit all unseren Sinnen wahr. Sie nährt uns auf verschiedenste Art und Weise auf allen Ebenen – körperlich, seelisch und geistig. Für den Körper mögen es Berührungen, Nähe und wohltuende Speisen sein, für die Seele kreative Tätigkeiten, Tanz, Musik und angenehme Düfte, für den Geist ein inspirierender Austausch und schöne poetische Worte. Und doch sind unsere Sinne in der heutigen Welt so oft mit Unnatürlichkeit konfrontiert, dass es nicht verwunderlich ist, wenn wir aus dem Gleichgewicht geraten. Sinnlichkeit und wahrhaftige Schönheit erfahren wir erst im Kontakt mit Natürlichem und können so auch wieder zu Ausgeglichenheit finden. Wir brauchen wieder mehr Sinnlichkeit und Schönheit in unserem Leben!

Schönheit ist jedoch nicht nur im äußeren Erscheinungsbild zu finden, sondern ganz besonders auch im Ausdruck. Mit unserem Körper können wir uns in einer Art und Weise ausdrücken, die schön ist, unabhängig von unserem Aussehen. Wenn unsere Bewegungen, Worte und Taten von Herzen kommen, dann ist es schön. Auch Blumen sind nicht nur im optischen Sinne schön, sondern auch in ihrem Ausdruck. Sie drücken Liebe aus, Zartheit, Sanftmut, Milde, Zärtlichkeit, Lebensfreude, Erhabenheit, Größe, Trost, Gefühle, Emotionen, Leidenschaft. Oft müssen wir erst wieder lernen, Schönheit mit all ihren Facetten zu sehen und wahrzunehmen. Ästhetik bedeutet Erkennen und Wahrnehmen mit allen Sinnen.

ENTFALTUNG

Es ist bereits alles da, es existiert bereits alles. Wie die vollendete Blüte bereits im Samen enthalten ist, so verhält es sich mit einem Blatt Papier und dem fertigen Modell. Es bedarf nur noch der Entfaltung und des Prozesses des Erblühens, um letztendlich das volle Potenzial und die wahrhaftige Schönheit zu erkennen.

Um einen Vergleich zu wagen, könnte man sagen, dass auch wir Menschen wie Blumen sind, die wie ein Samen ein unendliches Potenzial in sich tragen. Durch die eigene Zuwendung wachsen wir, so wie Wasser eine Blume wachsen lässt, und durch Sonne, Wärme und Liebe von außen können auch wir wahrhaftig aufblühen und in vollkommener Schönheit erstrahlen.

Wie entfaltet sich eigentlich Schönheit? Wenn ich präsent bin und mich vollständig auf mein Gegenüber einlasse, ganz gleich ob es sich um eine Blume oder einen Menschen handelt, erkenne ich einzigartige und individuelle Schönheit. Ich sehe Schönheit in Worten, Taten und in der Form selbst. Im ersten Moment zieht mich die äußere Schönheit an, so wie eine Blume eine Biene anlockt. Ich trete in einen Austausch und erkenne dann noch viel größere innere Schönheit, Reichtum, Komplexität und Vielschichtigkeit. Ich bin vom Wunder des Lebens verzaubert und empfinde stille Freude und großes Glück. Wahre Schönheit entsteht aus dem Inneren heraus, und doch braucht es den Einklang von innen und außen, eine Balance, einen Dialog. Schönheit ohne Essenz ist leer, wahre Schönheit ist vollkommen und zeigt sich im Innen und Außen, im Detail und in der Fülle.

NATURERLEBEN

Sowohl der Kontakt zur Natur, wie beispielsweise das Betrachten von Blüten, *Hanami,* als auch Tätigkeiten, denen wir unsere ganze Aufmerksamkeit widmen und mit allen Sinnen nachgehen, wie das Falten von Papier, *Origami*, schenken uns reale Erlebnisse abseits von Simulationen, innere Ruhe, Glück und Freude.

Die Schönheit eines Moments erleben wir dann, wenn wir innehalten und diesen mit allen Sinnen wahrnehmen, wenn wir achtsam und bewusst sind. Und gleichzeitig erfahren wir noch so viel mehr – betrachten wir eine Blume, sehen wir die Welt gleich ein bisschen freundlicher und liebevoller. Durch Schönheit können wir unseren Blick verändern und unsere Energie positiv lenken, sodass die Welt und unser eigenes Leben lebenswerter werden. Die Schönheit der Blumen ist eine Einladung, innezuhalten und den Augenblick zu genießen. Da das Leben letztlich eine Folge von Augenblicken ist, lohnt es sich, bewusst besondere Momente zu gestalten und diese zu erkennen. Gestalte ich sie oder sind sie bereits da? Ist es mein Fokus, der die gestalterische Tätigkeit übernimmt?

Im Kontakt mit der Natur finden wir zu uns und unserem wahren Wesen. Wir kommen wieder in Resonanz mit uns selbst, unseren Mitmenschen und der Welt um uns herum. Wir empfinden Frieden, Freude, Ruhe, Klarheit und Liebe. Schwingung und Resonanz entstehen aus Präsenz heraus, aus der Fähigkeit, etwas bewusst wahrzunehmen und sich von Menschen und Dingen berühren zu lassen. Wenn wir uns jedoch von der Natur trennen, entfremden wir uns von uns selbst. Durch digitale Parallelwelten sind wir abgetrennt von der realen Welt, empfinden Trennung und Schmerz. Wir sehen Grausamkeiten und sehnen uns nach Schönheit. Unsere digitale Arbeitswelt ist abstrakt, kühl, distanziert, und wir wünschen uns nichts mehr als sinnliche, echte, wahrhaftige Begegnungen. Wir erleben Zeit als schnelllebig, hektisch, rastlos und vermissen innere Ruhe und Zufriedenheit.

I PAINT FLOWERS SO THEY WILL NOT DIE.

FRIDA KAHLO

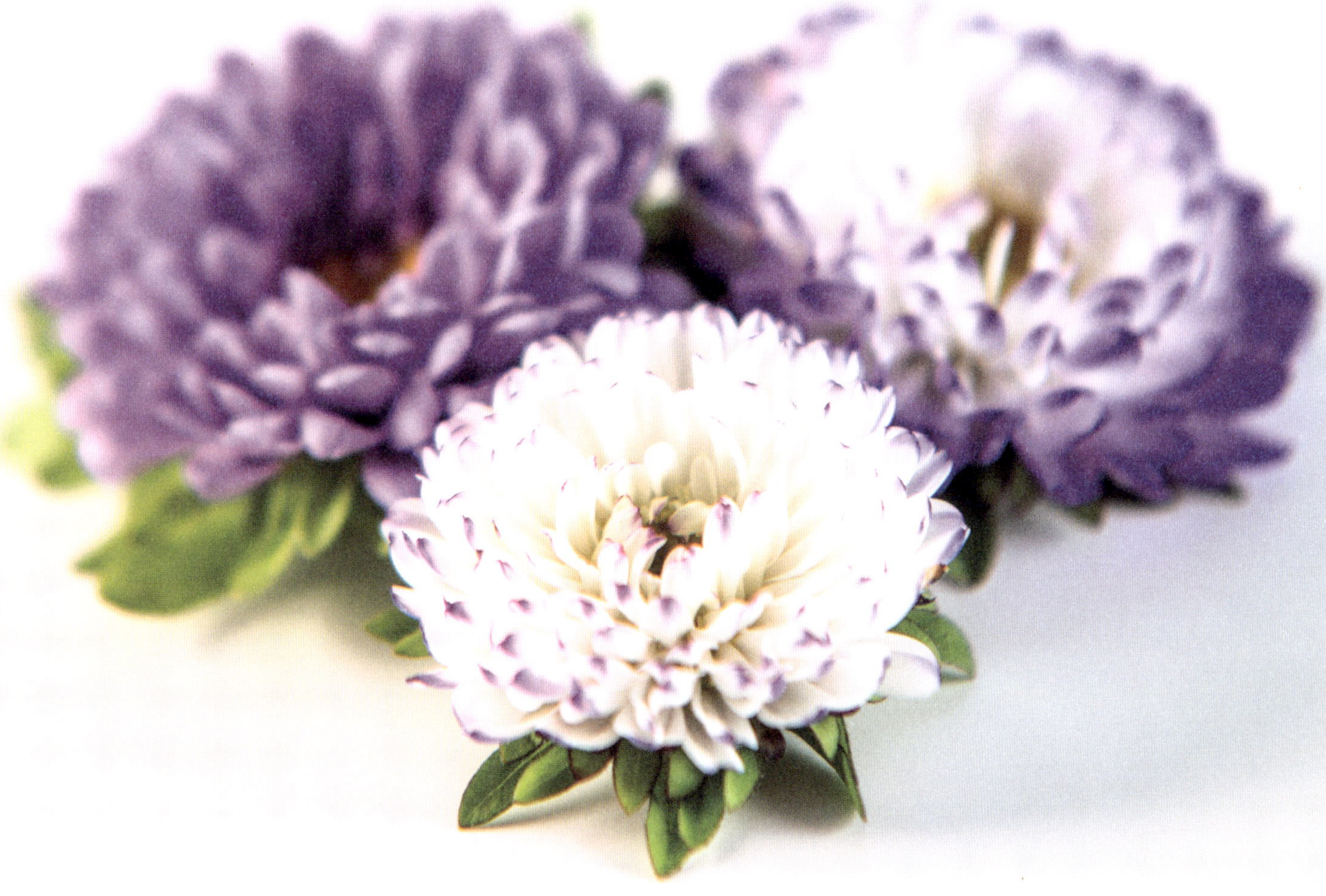

VERGÄNGLICHKEIT

«Trotz der drückenden Wärme dieser Tage bin ich viel draußen. Ich weiß allzu gut, wie flüchtig diese Schönheit ist, wie schnell sie Abschied nimmt, wie plötzlich ihre süße Reife sich zu Tod und Welke wandeln kann. Und ich bin so geizig, so habgierig dieser Spätsommerschönheit gegenüber! Ich möchte nicht nur alles sehen, alles fühlen, alles riechen und schmecken, was diese Sommerfülle meinen Sinnen zu schmecken anbietet; ich möchte es, rastlos und von plötzlicher Besitzlust ergriffen, auch aufbewahren und mit in den Winter, in die kommenden Tage und Jahre, in das Alter nehmen.»

Hermann Hesse, Zwischen Sommer und Herbst, 1930

Die Natur stellt mit ihrem Farben- und Formenreichtum für alle Künstler eine der größten schöpferischen Inspirationsquellen dar. Mit dem Kunstwerk wird der dem Wandel unterliegenden Natur ein zeitloses Denkmal geschaffen, die flüchtige und vergängliche Schönheit wie die der Blumen wird festgehalten. Indem ich Papierblumen falte, halte ich einen vergänglichen Augenblick vollendeter Schönheit fest. Im Schaffensprozess bin ich Schöpferin und erlebe das Entstehen der Blume und die Entfaltung von Schönheit. Auch wenn ich scheinbar etwas Unvergängliches gestalte, so sind sowohl Erblühen und Falten Prozesse und keine Zustände, ebenso wie Wachstum und Leben im ständigen Wandel sind und sich stetig alles verändert. Ist es möglicherweise die Vergänglichkeit, beispielsweise die der Kirschblüte, die uns ein Verständnis für wahre Schönheit vermittelt?

DUALITÄT

Wenn ich die Natur sehe, nehme ich auf den ersten Blick ein scheinbares Chaos wahr – wild, lebendig, frei, organisch –, und doch offenbart sich mir bei genauerer Betrachtung eine grundlegende Ordnung und eine faszinierende Perfektion. Ich erkenne, dass allen Dingen zwei entgegengesetzte Pole innewohnen, dass alles dual ist und doch eins. So stellt sich mir auch die Frage nach der Einheit von Kunst und Natur.

Im Gegensatz zu Europa, wo Kunst in Harmonie parallel zur Natur betrachtet wird, werden in Japan Kunstschönes und Naturschönes als Einheit gesehen. Der Mensch lebt in Verbindung mit einem beseelten Universum. So werden auch Pflanzen nicht als außerhalb stehende Objekte gesehen, sondern als Teil der Weltharmonie, die der Mensch im Umgang mit ihnen wiedererlangen kann. Man hält Zwiesprache mit den Pflanzen, erfreut sich an den Farben, dem Duft und den unterschiedlichen Texturen, der Blick folgt den Formen und Linien – ein Spiel der Sinne. Der Gedanke der Einheit hat mich mitunter dazu inspiriert, eine Verbindung von Natur und Papierkunst zu wagen, und ich war erstaunt, wie verblüffend harmonisch sich diese gestaltet hat. Es lohnt sich, vermeintliche Grenzen zu überschreiten und frei zu denken!

PAPIER

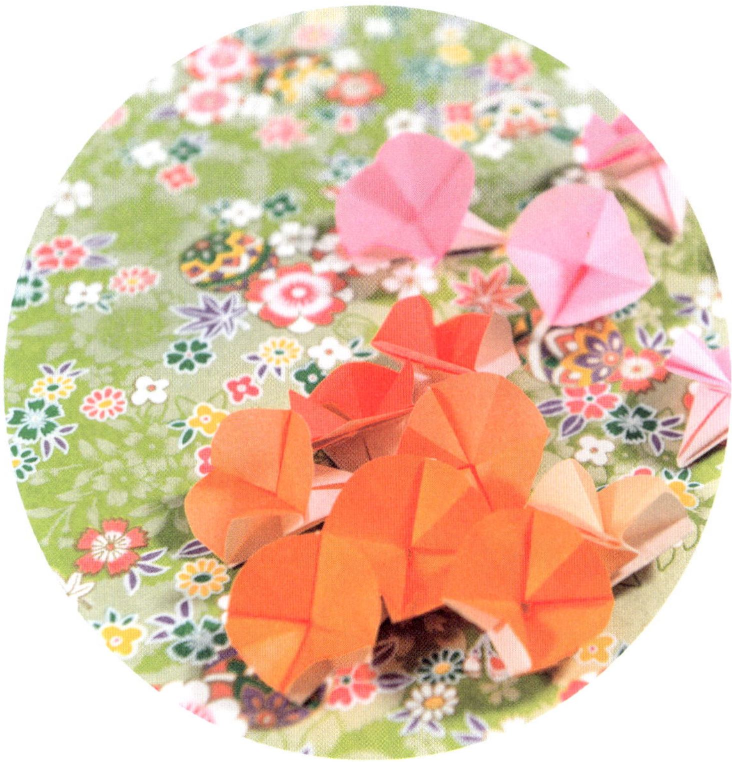

FALTEN

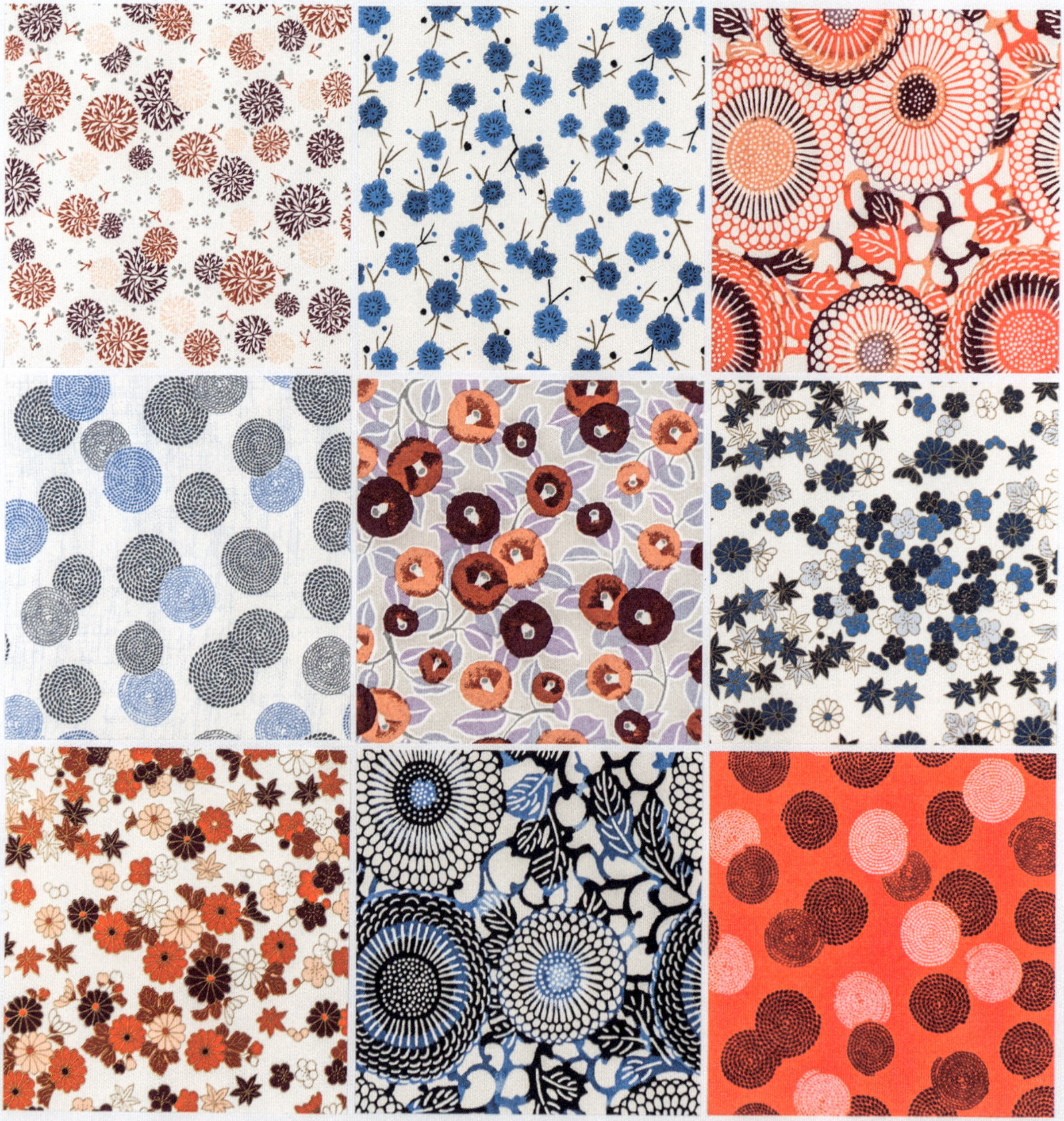

PAPIERWISSEN

«Das Papier ist, so heißt es, eine Erfindung der Chinesen. Wenn wir westliches Papier vor uns haben, empfinden wir nichts, außer daß es sich um einen einfachen Gebrauchsgegenstand handelt. Wenn wir jedoch die Musterung von China- oder Japan-Papier betrachten, so spüren wir darin eine Art Wärme, die unser Herz beruhigt.»

Tanizaki Jun'ichiro, Lob des Schattens

Papier wurde vor über 2000 Jahren in China erfunden und gelangte über den arabischen Raum schließlich nach Europa. Im 6. Jahrhundert kam die Kunst der Papierherstellung gemeinsam mit dem Buddhismus nach Japan. Um die Verbreitung dieser Religion insbesondere durch Abschriften von heiligen Texten zu begünstigen, wurde die Papierproduktion gefördert, das Papier verfeinert und schließlich ein eigenes Papierverfahren entwickelt. Das aus langen Pflanzenfasern verschiedener Baumrinden gefertigte Papier *washi*, abgeleitet von den japanischen Begriffen *wa* für «altes Japan» und *shi* für «Papier», hat eine herausragende Qualität und ist sowohl fein und biegsam als auch stabil und reißfest.

Japanpapiere gibt es in verschiedenen Größen und Formaten, als Bogen oder als bereits quadratisch zugeschnittenes Origamipapier. Da Origamipapier qualitativ hochwertiger und dünner als das uns bekannte Druck- und Schreibpapier ist, ist es bei Faltarbeiten vorzuziehen. Die Papierwahl ist maßgeblich entscheidend für das Ergebnis, und es bereitet auf jeden Fall mehr Vergnügen, mit gutem Papier zu falten. Farbige und gemusterte Papiere zu verwenden, ist eine ganz besondere Freude, die bereits mit der Zusammenstellung für ein Projekt beginnt. Für die meisten Blumen sind gemusterte Papiere oft weniger gut geeignet, aber hier kann jede und jeder für sich selbst entscheiden. Es gibt jedoch spezielle Verlaufspapiere, die bei vielen dreidimensionalen Blüten einen wunderschönen Effekt erzielen und zu einem beeindruckenden Ergebnis führen.

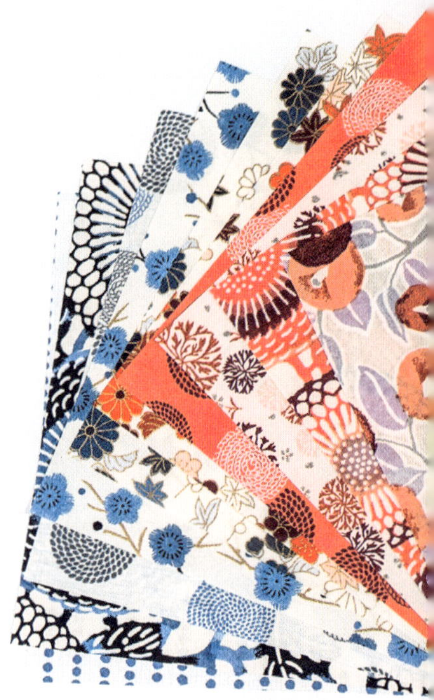

PAPIERFALTEN

Papierfalten ist eine überaus sinnliche Erfahrung, denn Papier kann akustisch, visuell und taktil erlebt werden. Außerdem ermöglicht es uns, etwas Greifbares mit unseren eigenen Händen herzustellen – ein äußerst befriedigendes Erlebnis. Je nachdem, aus welcher Perspektive man Papierfalten betrachtet, kann es entweder im Vordergrund stehen, und das Erleben von innerer Ruhe und Schönheit stellt sich als Nebeneffekt ein, da es automatisch mit der Tätigkeit einhergeht. Oder aber das Papierfalten wird als Mittel zum Zweck genutzt, um Achtsamkeit und Sinnlichkeit zu erfahren und mehr Kreativität in das Leben zu integrieren. So oder so ist es eine bereichernde Erfahrung.

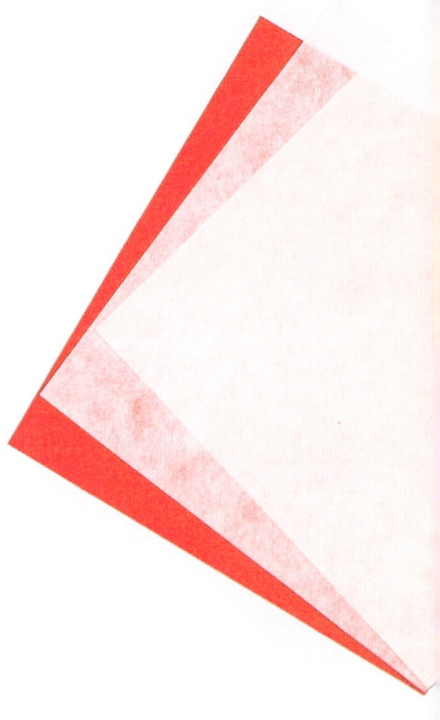

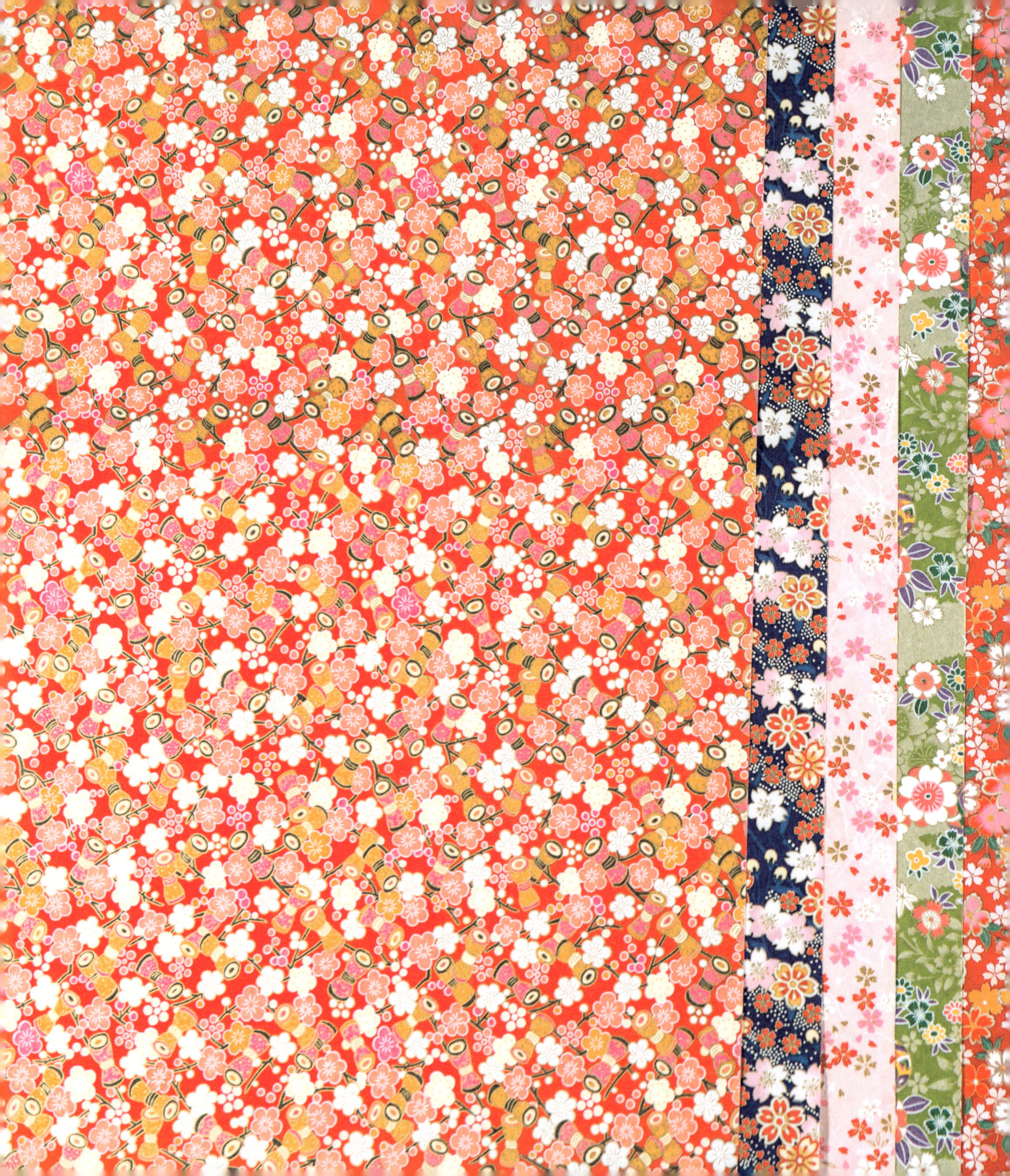

Aus persönlicher Sicht würde ich Papierfalten wie folgt beschreiben: Während ich falte, kommen mir Gedanken zum Leben und zu mir selbst, und es ergeben sich Zusammenhänge und Verbindungen. Neben den Faltarbeiten liegt stets ein Notizbuch, in dem ich diese Worte, Fragmente und flüchtigen Gedanken festhalte, um daraus später eine neue Erkenntnis zu gewinnen. Wenn ich nach draußen gehe, beobachte ich: das Leben, die Menschen, mein Umfeld, die Dinge. Und wieder sammle ich allerlei Eindrücke, und es stellen sich Fragen ohne greifbare Antworten. Ich trete in einen Dialog mit Menschen, höre zu, nehme wahr, lerne neue Sichtweisen kennen, und Dinge beginnen sich zu erschließen. An meinem Tisch daheim falte ich weiter in diesem wundervollen Rhythmus, den die Wiederholung der einzelnen Faltschritte mit sich bringt. Ich werde ruhig, und in dieser Ruhe finden alle Gedanken des Tages zusammen, bündeln sich zu einer Erkenntnis, die letztendlich auch ein wenig vage und flüchtig bleibt wie das Leben selbst. Ich akzeptiere diese Ungewissheit, versöhne mich mit dem Gedanken, dass es immer meine eigene Wahrheit sein wird und keine universelle Sichtweise existiert, die für alle Menschen gültig ist. Wichtig ist vor allem, dass sich für mich gewisse Dinge erschließen, ich die Welt für mich begreifen kann und mich selbst erkenne. Erstaunlicherweise gelingt mir dies, indem ich falte und mich diesem einzigartigen Moment hingebe, einem Moment der Sinnlichkeit und Schönheit.

PRAKTISCHE HINWEISE

All jenen, die noch nicht mit dem Papierfalten und einer ausschließlich visuellen Form der Faltanleitung vertraut sind, möchte ich vorweg noch ein paar hilfreiche Tipps mitgeben. Idealerweise faltet man auf einem stabilen Untergrund und unter guten Lichtbedingungen, auch wenn das Papierfalten theoretisch überall möglich ist. Wer möchte, schafft mit ein paar frischen Blumen als Inspiration und einem Lieblingsgetränk eine besonders schöne und entspannte Atmosphäre. Außerdem ist es empfehlenswert, qualitativ hochwertiges Papier zu verwenden, um bereits bei den ersten Versuchen gutes Gelingen zu garantieren und Enttäuschungen aufgrund ungünstiger Voraussetzungen zu vermeiden. Da es für das Falten eines Origami-Objekts zumeist nur wenig Zeit und eines einzigen Blatts Papier bedarf, ist ein sofortiges Umsetzen jederzeit möglich.

Die einzelnen Faltanleitungen werden rein visuell in Form eines Fotos dargestellt. Auf ruhige, klare und puristische Art und Weise vermitteln die Fotos den Faltprozess und regen zu einer meditativen Bildbetrachtung an. Der Fokus liegt ausschließlich auf den Fotografien, wodurch Details besser erfasst werden und die Konzentration ohne Ablenkung durch Texte stärker auf die Faltschritte gerichtet ist. Wenn sich etwas nicht sogleich erschließt, sollte man nicht aufgeben, sondern geduldig sein, sich in Ruhe in die Faltung hineindenken, sie nachvollziehen, ausprobieren und einen Weg finden. Die Fotos fordern in gewissem Maße heraus, sie verlangen Aufmerksamkeit und eine genaue Betrachtung. Sobald man sich jedoch auf sie einlässt und nicht abschweift, wird man feststellen, dass die einzelnen Schritte verständlich werden. Man kann und darf sich ausschließlich auf die Abbildungen konzentrieren. Denn auch wenn es so scheint, sind zusätzliche Worte nicht immer weiterführend.

Die folgenden Modelle sind weder nach Themen noch Schwierigkeitsgraden eingeteilt, sondern nach Farben gegliedert. Dies ermöglicht ein intuitives und emotionales Auswählen der Objekte. Auf die jeweiligen Anleitungsseiten folgen Inspirationsseiten mit Ideen zu Projekten zum entsprechenden Modell sowie Texte, die zum Nachdenken anregen.

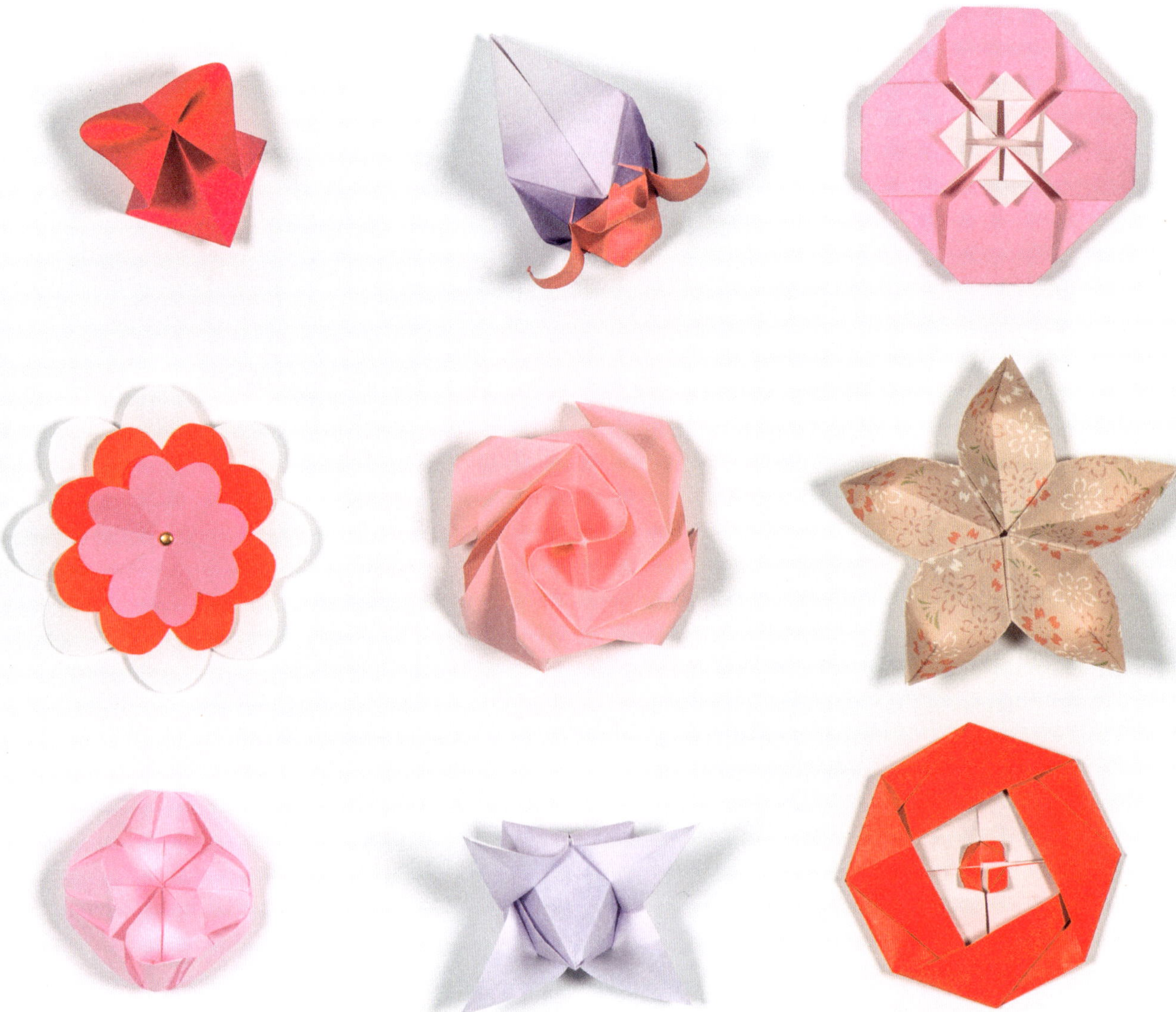

HINWEISE ZU DEN VERWENDETEN SYMBOLEN

wenden
wiederholen
aufblasen
kleben

ALLGEMEINE HINWEISE

Die Grundlage für alle Modelle in diesem Buch sind ein oder mehrere Blätter Origamipapier in den Maßen 15 x 15 cm. Das Papier sollte möglichst exakt zugeschnitten sein, so wie es bei Origamipapier bereits der Fall ist, und sorgfältig, präzise und mit Druck gefaltet werden. Die einzelnen Schritte sind nicht isoliert zu betrachten, sondern im Zusammenhang mit den vorausgehenden und nachfolgenden, wobei eine genaue Beobachtung der Figuren, Symbole und Details ausschlaggebend ist. Ein mehrmaliges Falten desselben Modells führt zu immer besseren Resultaten und einem automatischen Abrufen der Faltabläufe.

ANMERKUNGEN ZU EINZELNEN MODELLEN

Kennzeichnung mit * bei den entsprechenden Schritten auf dem Anleitungsfoto

IRIS (SEITE 65)

Die Schwertlilien sind ausgesprochen schön, wenn sie auf dünne Drahtstäbe gesteckt werden, welche mit Floristen-Krepp umwickelt sind. Als Fixierung dient an beiden Enden ein kleiner Klebepunkt.

GLOCKENBLUME (SEITE 71)

Besonders gut kann die Blüte geöffnet werden, wenn man diese von innen heraus mit den Fingern ausformt. Um eine Lichterkette zu gestalten, schneidet man ein kleines Stück an der Spitze der Blume ab, steckt sie auf eines der LED-Lämpchen und fixiert sie innen mit einem kleinen Klebepunkt.

BOUGAINVILLEA (SEITE 79)

Diese Blüten wirken mit kleinen Papieren und aus Tant-Papier gefaltet besonders hübsch. Am besten lässt sich die Blüte öffnen, wenn im halboffenem Zustand die kleine untere Spitze mit den Fingern zusammengezwickt wird.

LOTUS (SEITE 83)

Für den Lotus sollte man ein möglichst flexibles, weiches und dünnes Papier verwenden, beispielsweise *ogawa washi*, da die Blütenblätter beim Umstülpen auf die andere

Seite leicht reißen können. Bei diesem Vorgang ist es außerdem hilfreich, mit dem Daumen auf das kleine Dreieck bzw. die Seitenkante einen Gegendruck auszuüben.

ROSE (SEITE 88)

Besonders zu empfehlen ist das sogenannte Tant-Papier. Bei Schritt 20 greift man mit den Fingern der rechten Hand in die vier Kammern, legt die Rose in die Innenfläche der linken Hand und verdreht sie im Uhrzeigersinn. Dabei setzt man mehrmals erneut an. Für einen mit Rosen dekorierten Metallring befestigt man die Blumen mit dünnem, doppelseitigem Klebeband daran und schafft, falls gewünscht, mit etwas Draht innerhalb des Kreises eine Verbindung, wobei hier die Rosen direkt auf den Draht aufgefädelt werden können.

KIRSCHBLÜTE (SEITE 94)

Die Kirschblüten sind besonders schön, wenn sie aus kleinen Papieren gefaltet werden, beispielsweise aus Tant-Papier, welches etwas stabiler und beidseitig gefärbt ist.

KIRSCHBLÜTENBLATT (SEITE 95)

Um das Blatt auszuformen, streicht man am besten mit dem Finger entlang des Mittelfalzes von vorne nach hinten.

PFLAUMENBLÜTE (SEITE 101)

Für eine kleine Blütenkugel werden sechs Pflaumenblüten an den nach hinten geklappten Ecken zusammengeklebt, wobei hierfür kleine Klebepunkte verwendet werden können.

JAPANBLÜTE (SEITE 106)

Nach Schritt 9 kann man sich für die Variante a oder b entscheiden, das heißt entweder für spitze oder runde Blütenblätter. Um die fünf einzelnen Blüten miteinander zu verbinden, eignet sich am besten ein dünnes, doppelseitiges Klebeband, welches entlang der vorderen Kante jeweils an der gleichen Seite angebracht wird.

TULPE (SEITE 117)

Das Öffnen der Blütenblätter bei Schritt 18 ähnelt dem Schälen einer Banane. Die Tulpen können auf Holzstäbchen oder wie die Glockenblume auf LED-Lämpchen einer Lichterkette gesteckt werden.

HERZBLÜTE (SEITE 122)

Die einzelne geschlossene Blüte bildet ein Herz, welches als eigenständiges Modell verwendet werden kann, beispielsweise als Gutschein oder kleine Grußkarte. Beim vorletzten Schritt werden die einzelnen Blütenkreise von groß nach klein übereinandergelegt – wenn gewünscht auch mehr als drei und in unterschiedlichen Farben – und mit der Musterbeutelklammer verbunden, indem diese in der Mitte von oben nach unten vorsichtig durchgestochen wird.

STERNBLÜTE (SEITE 132)

Da für eine Blüte drei halbe Blätter Papier benötigt werden, faltet man am besten gleich zwei Blüten, um keinen Verschnitt zu haben. Zum Ausformen eines Blütenblatts kann man die Spitze zwischen Daumen und Zeigefinger nehmen, von oben mit dem Daumen flachdrücken und dabei etwas nach unten biegen.

KNOPFLOCHBLUME (SEITE 139)

Am einfachsten lässt sich die Blüte öffnen, wenn im halboffenen Zustand der Blütenstiel mit den Fingern zusammengezwickt wird. Zum Ausformen eines Blütenblatts hält man den Stiel weiterhin fest, nimmt die Blütenspitze zwischen Daumen und Zeigefinger der anderen Hand, drückt sie von oben mit dem Daumen flach und biegt das Blatt dabei etwas nach unten.

DAHLIE (SEITE 152)

Ein harmonisches Größenverhältnis der drei quadratischen Papiere zueinander ist 1 zu 1,5 zu 2, beispielsweise 7,5 cm, 11 cm, 15 cm. Die vier einzelnen Blütenelemente lassen sich gut mit einer Foldback-Klammer fixieren, bevor sie miteinander verbunden werden. Hierfür eignet sich am besten ein dünnes, doppelseitiges Klebeband, welches entlang der vorderen Kante jeweils an der gleichen Seite eines Elements angebracht wird.

MODELLE

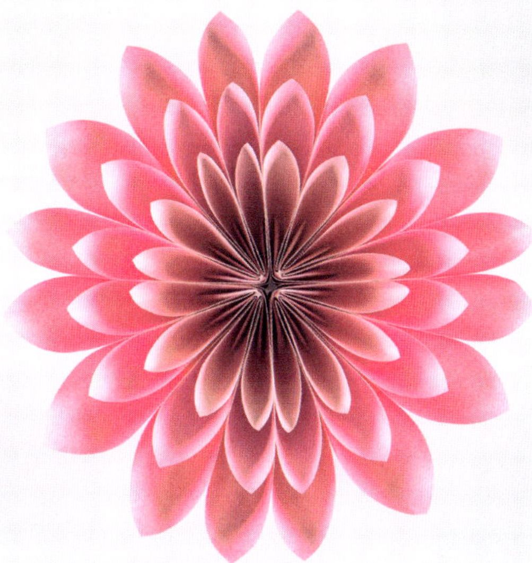

PROJEKTE

KLEEBLATT

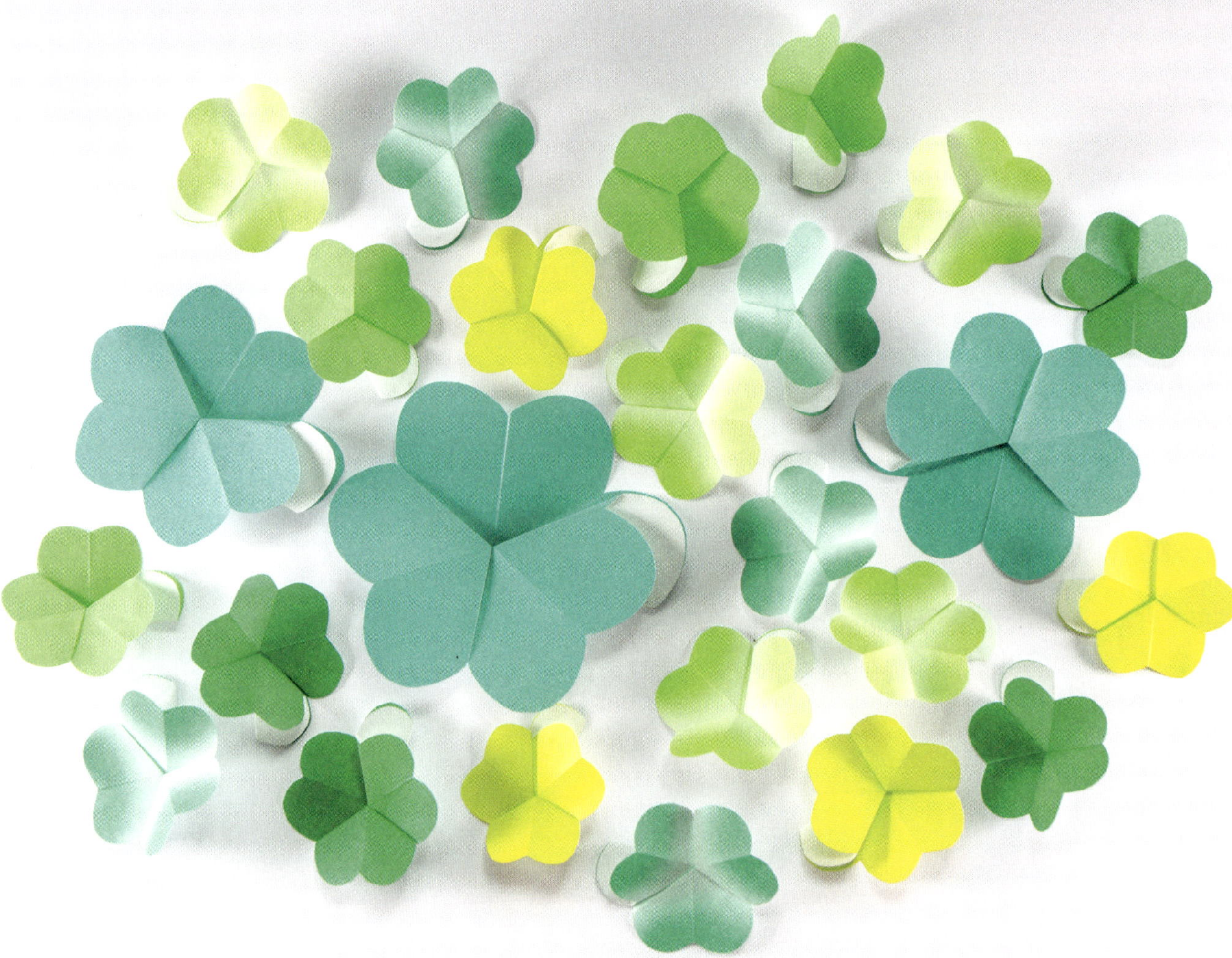

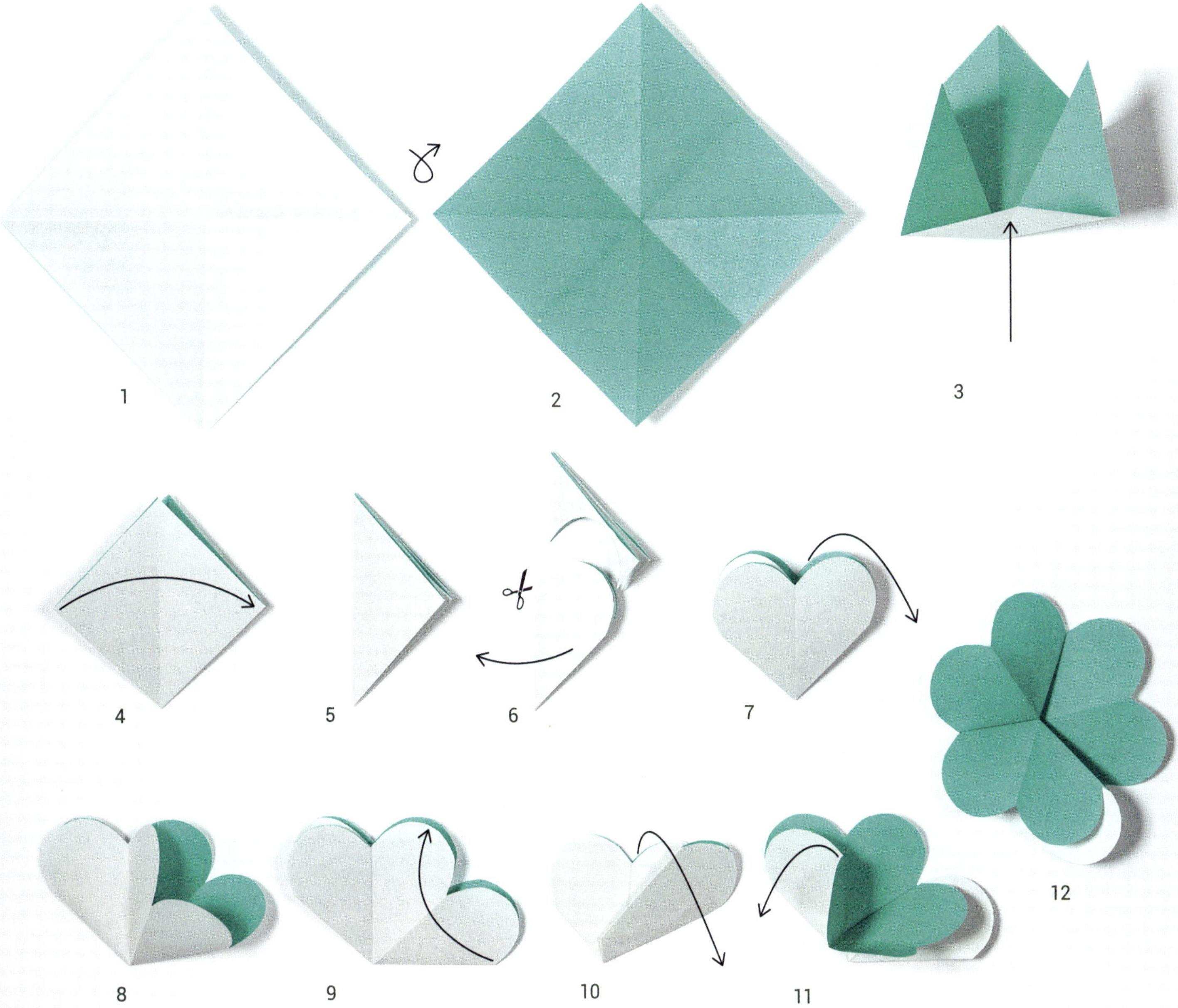
1
2
3
4
5
6
7
8
9
10
11
12

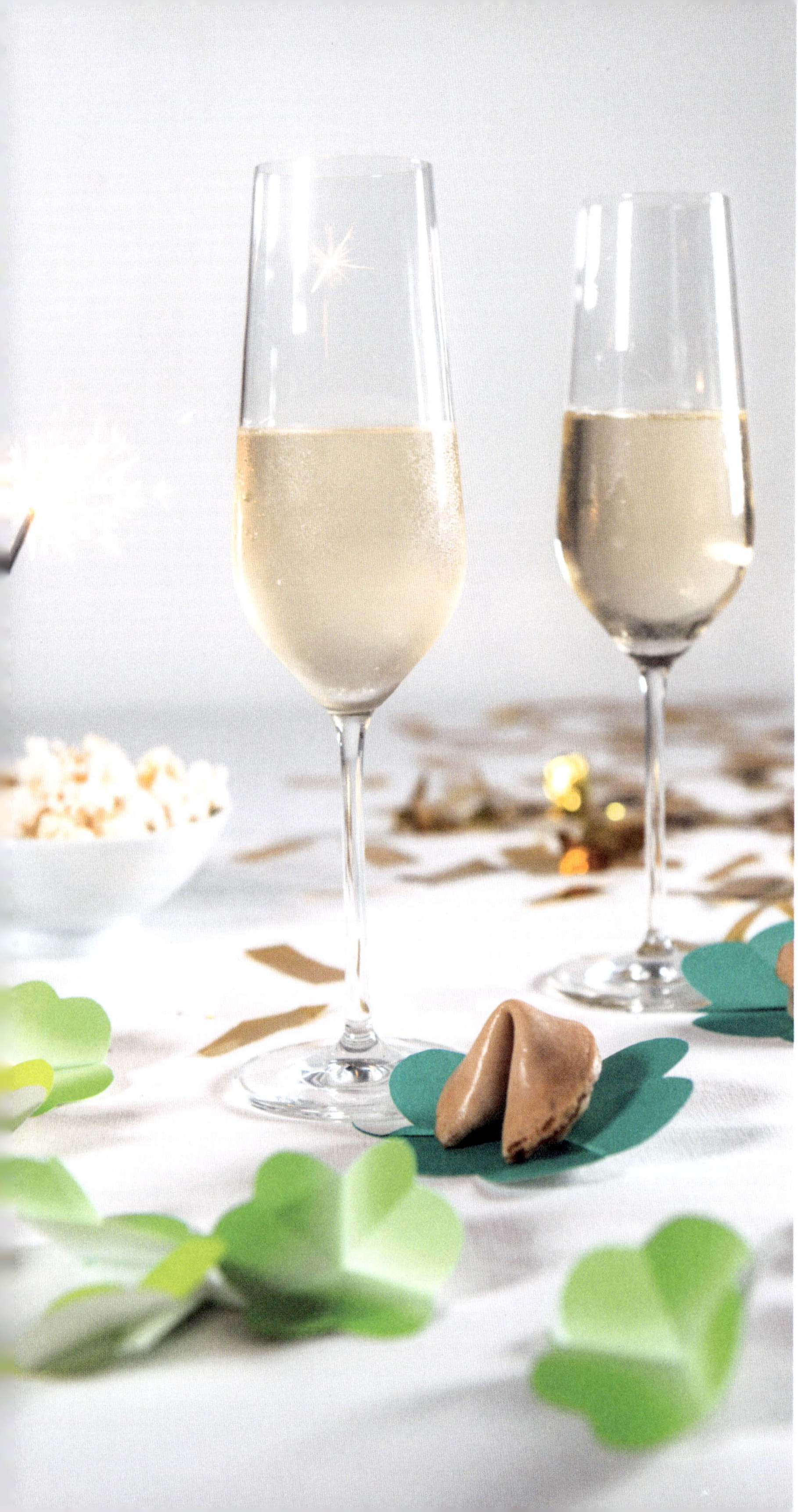
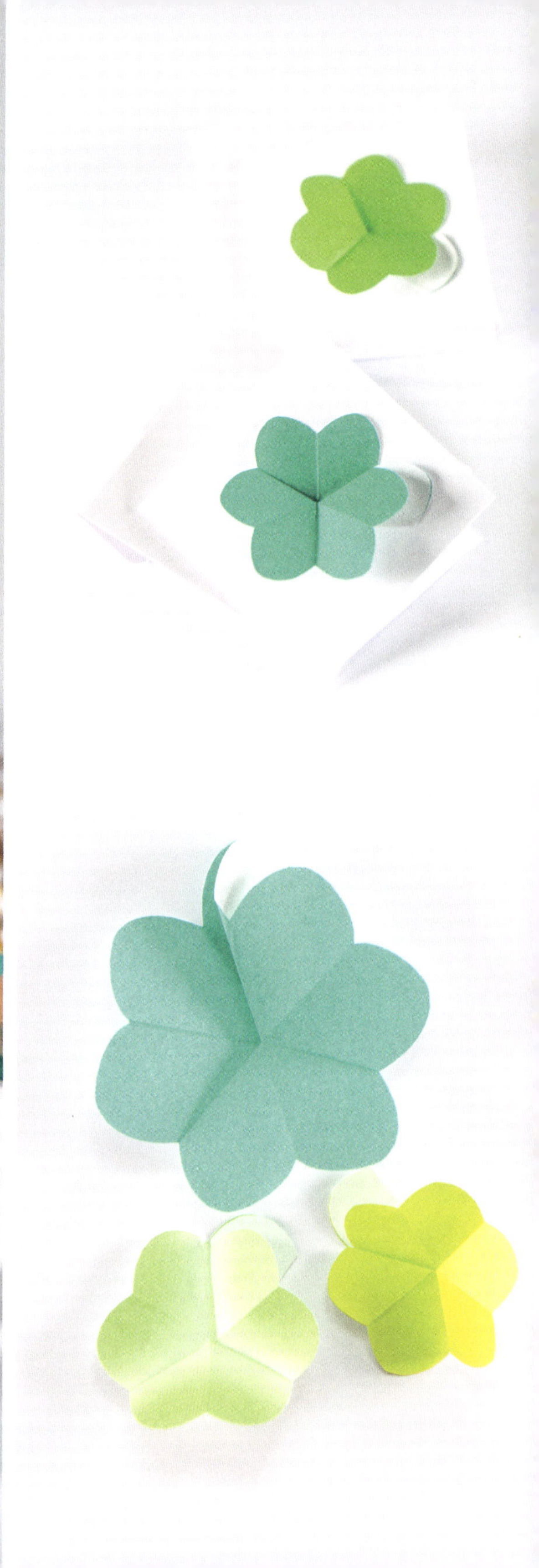

DER TAG, AN DEM MAN EINE ENTSCHEIDUNG TRIFFT, IST EIN GLÜCKLICHER TAG.

JAPANISCHE WEISHEIT

DIE DRACHEN STEIGEN
UND OHNE LEINE FALLEN
FALLEN DIE BLÄTTER.

JEAN-CLAUDE LIN

BUCHENBLATT

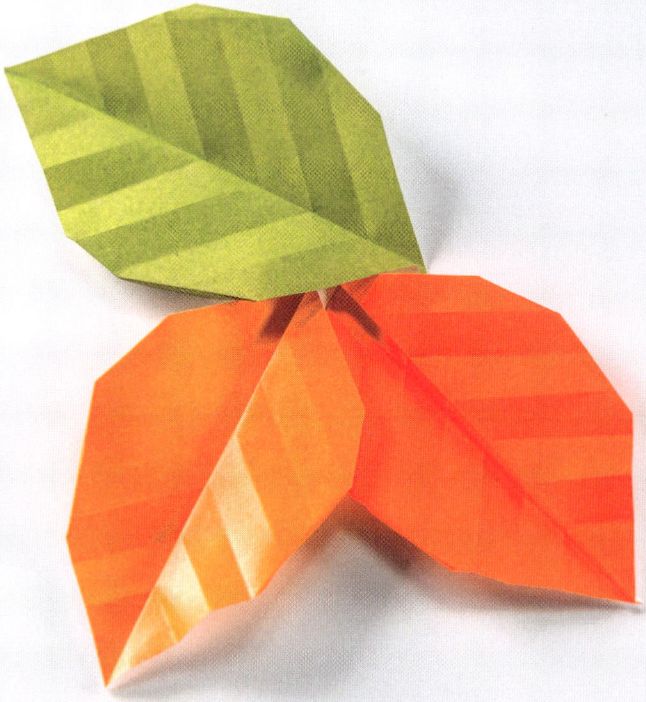

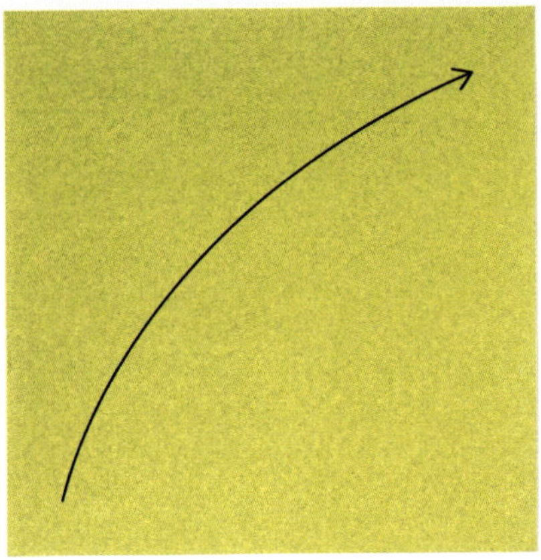
1

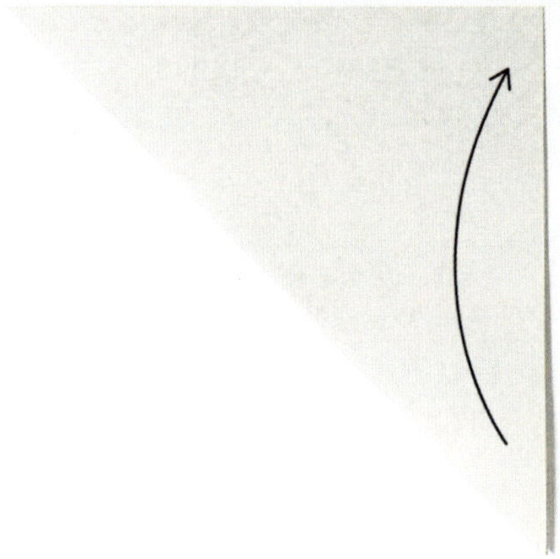
2

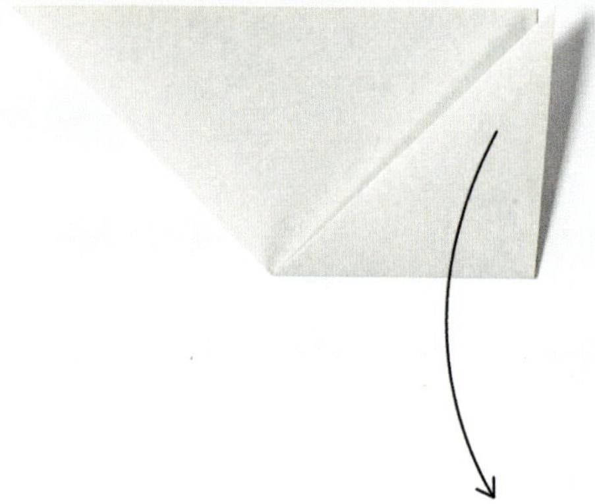
3

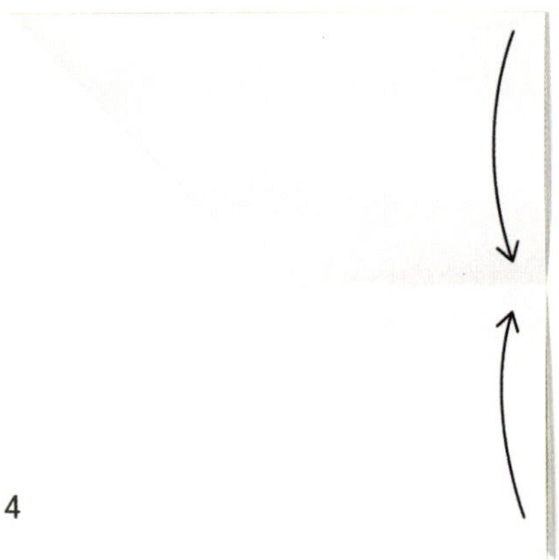
4

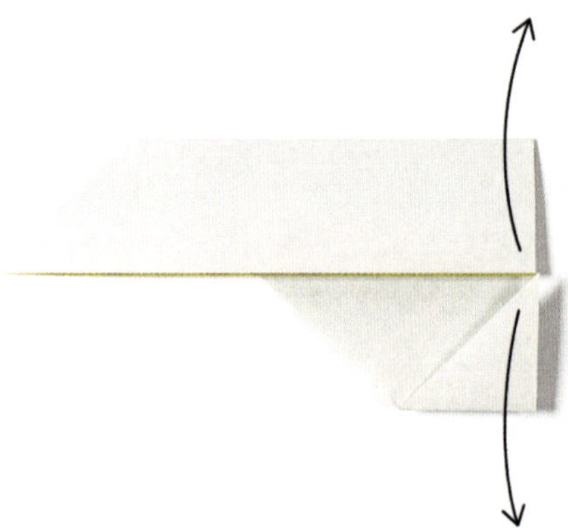
5

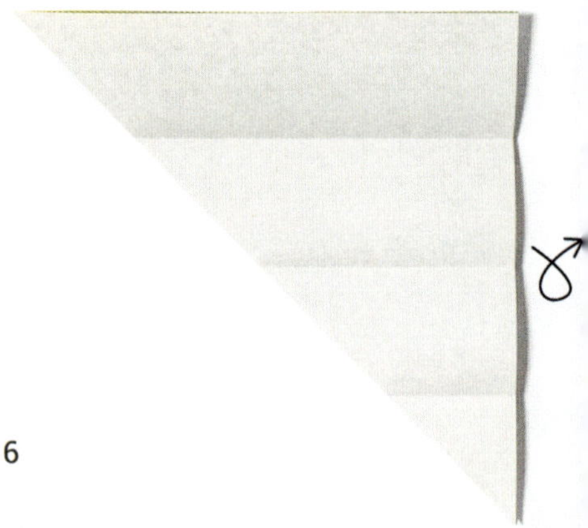
6

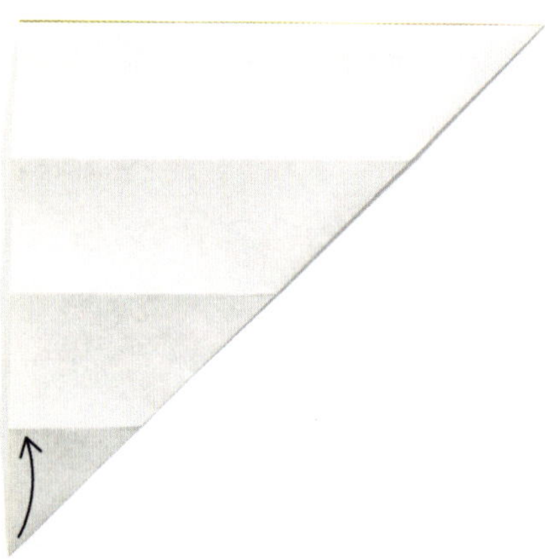
7

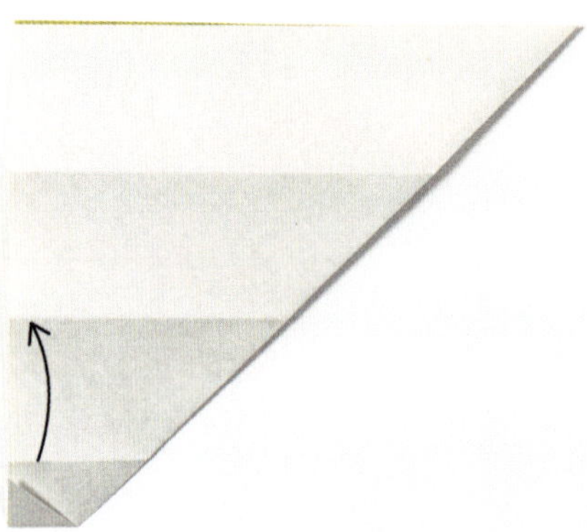
8

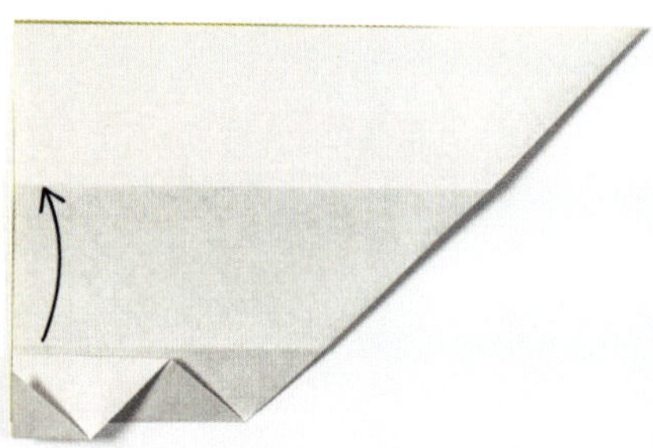
9

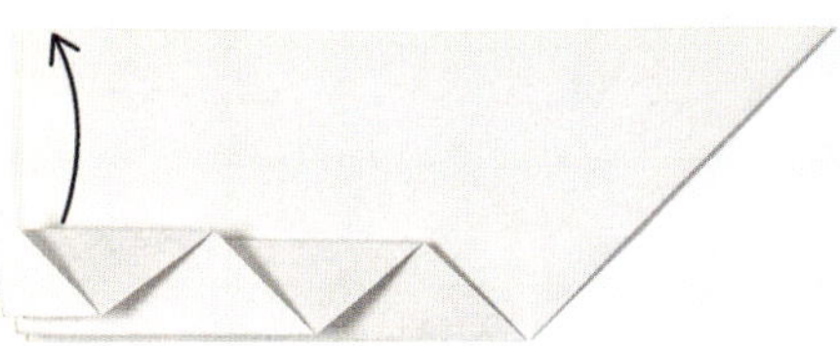

10

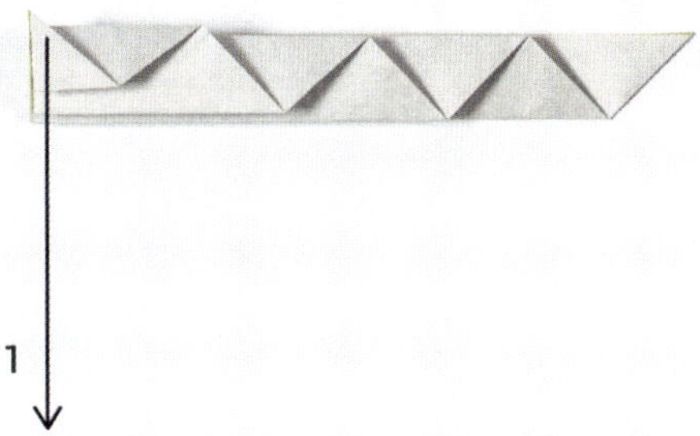

11

12

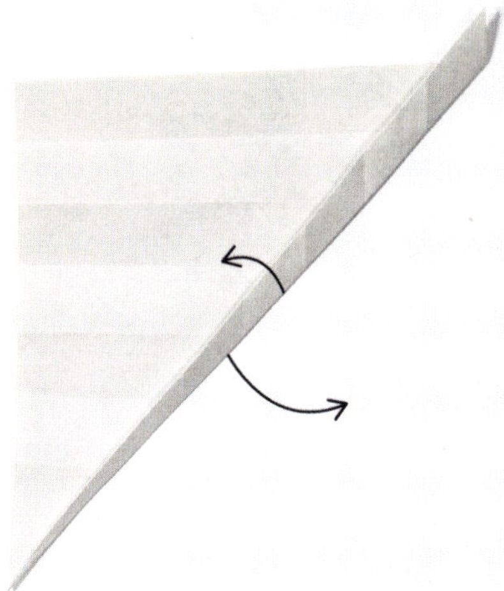

13

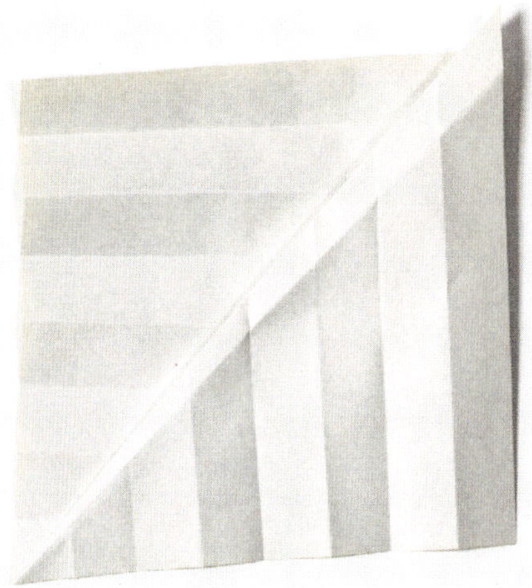

14

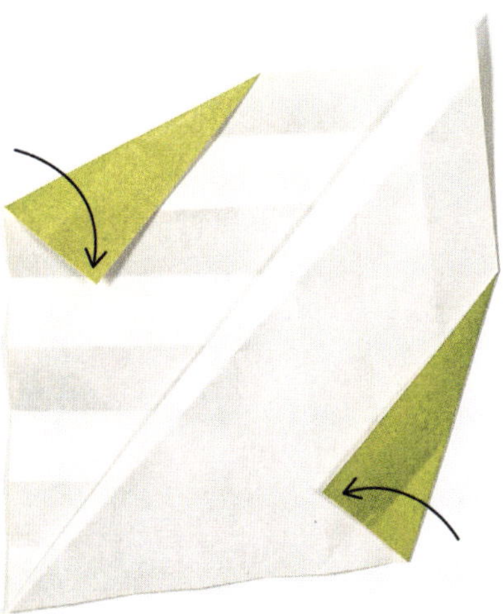

15

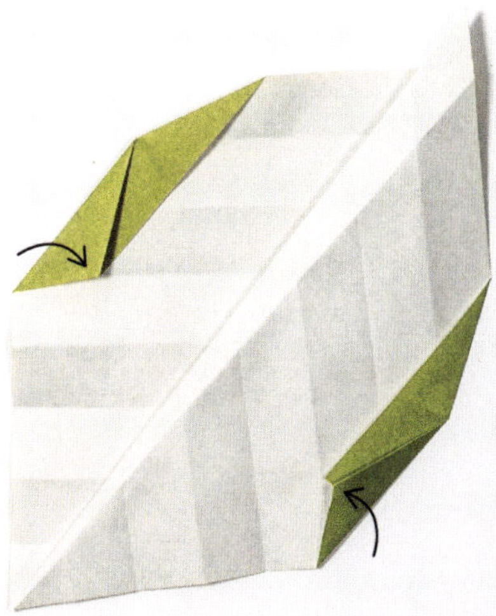

16

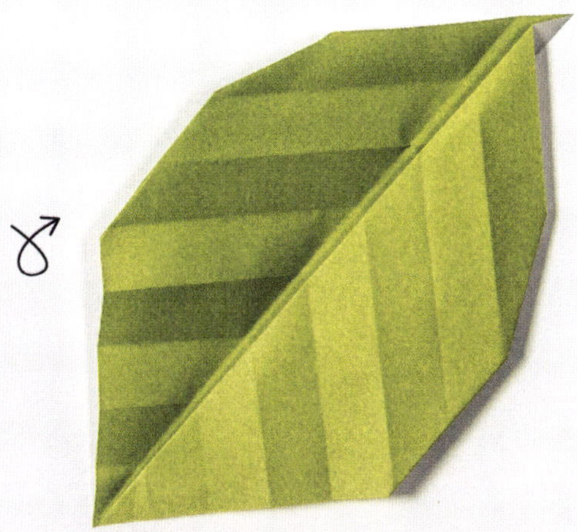

17

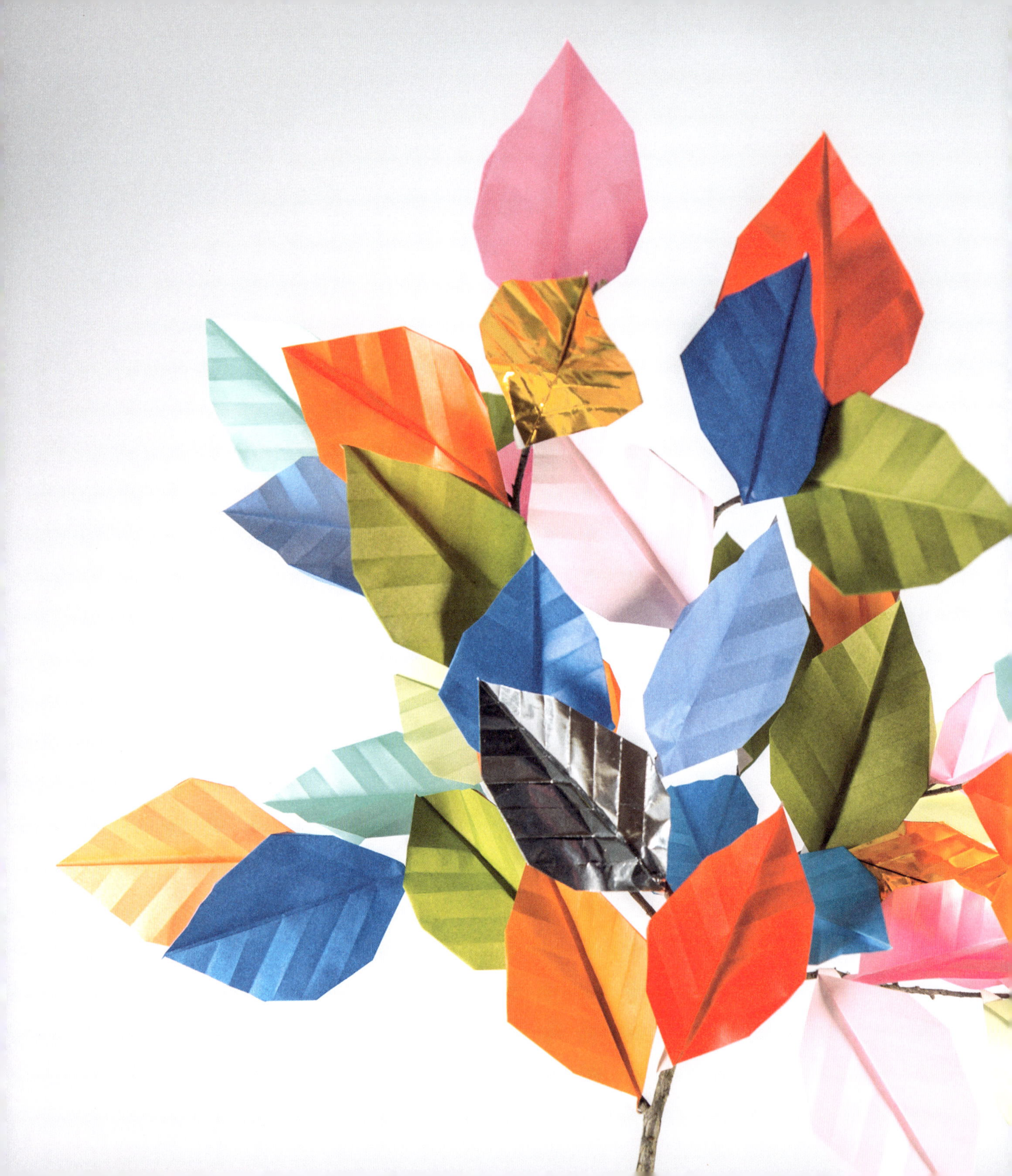

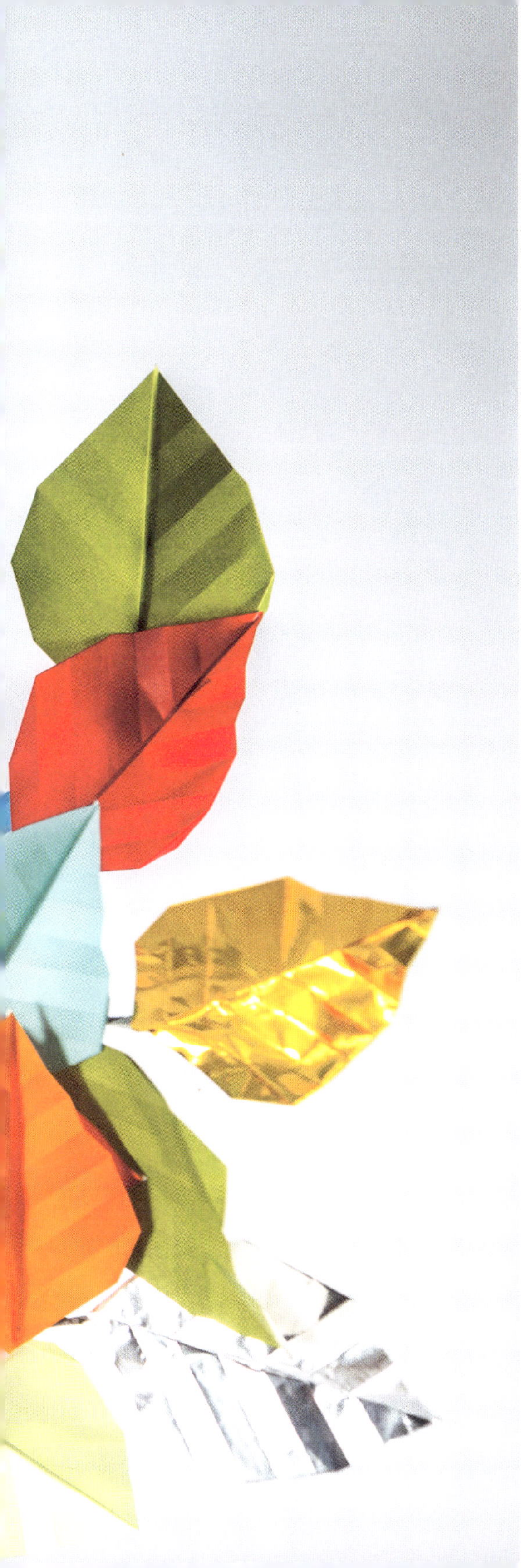
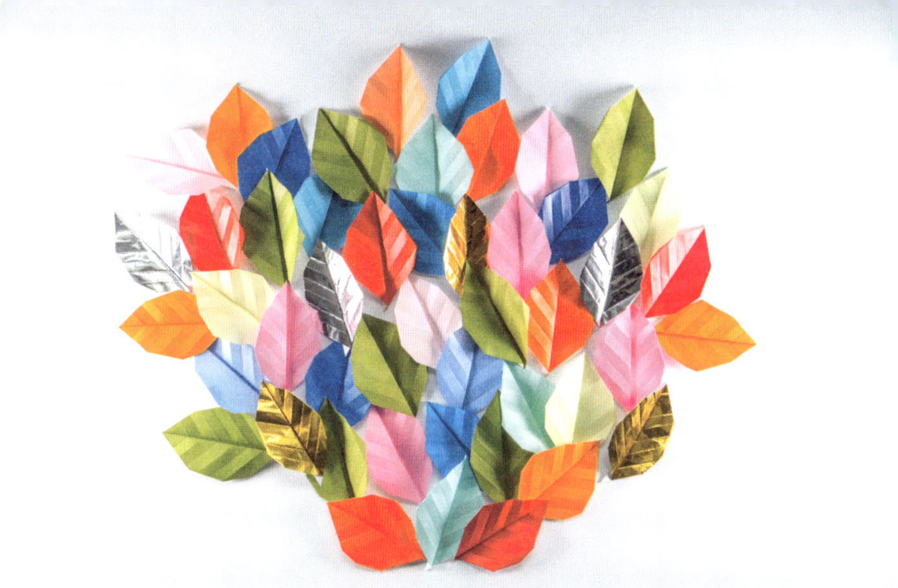
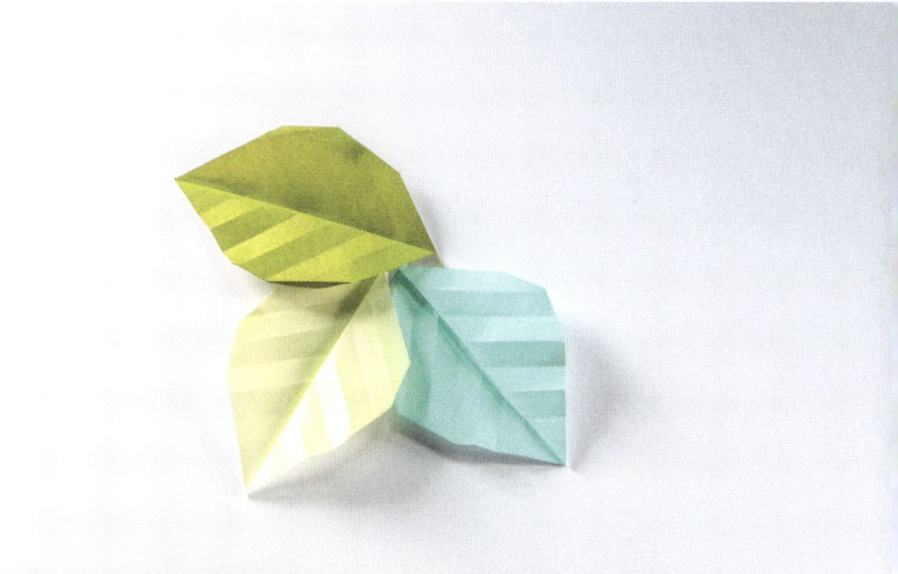
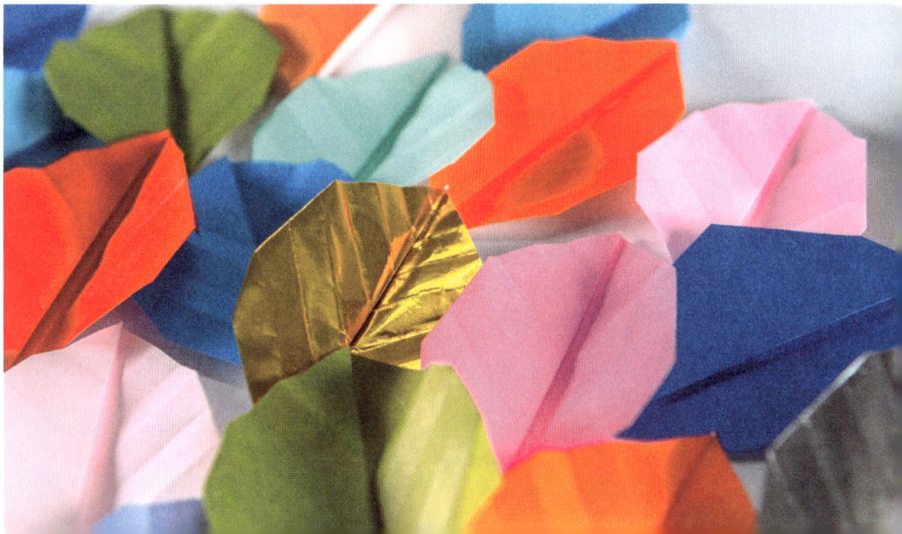

BLÄTTER

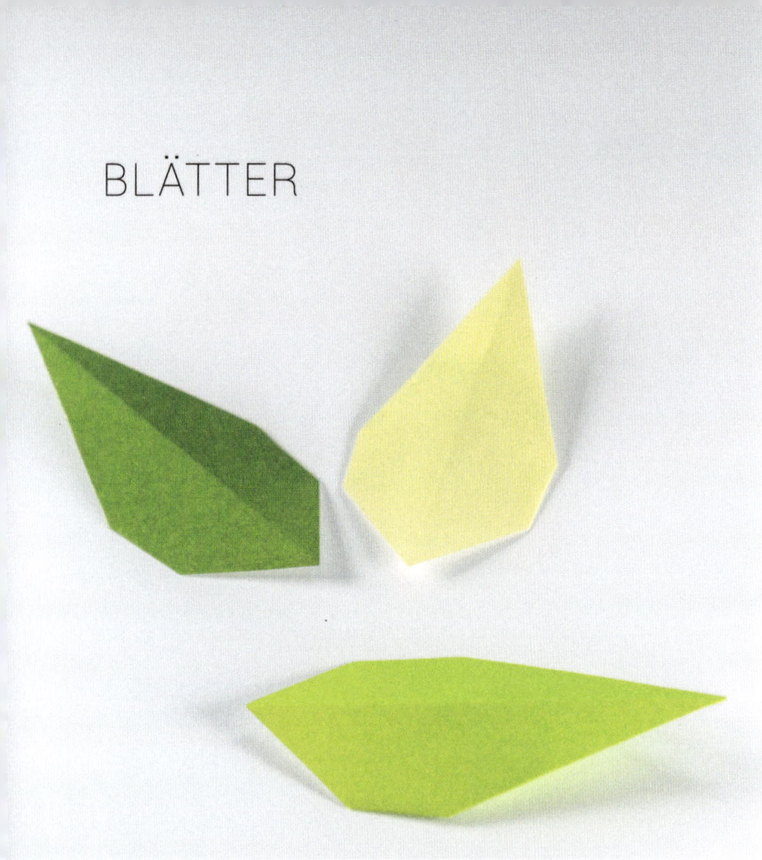

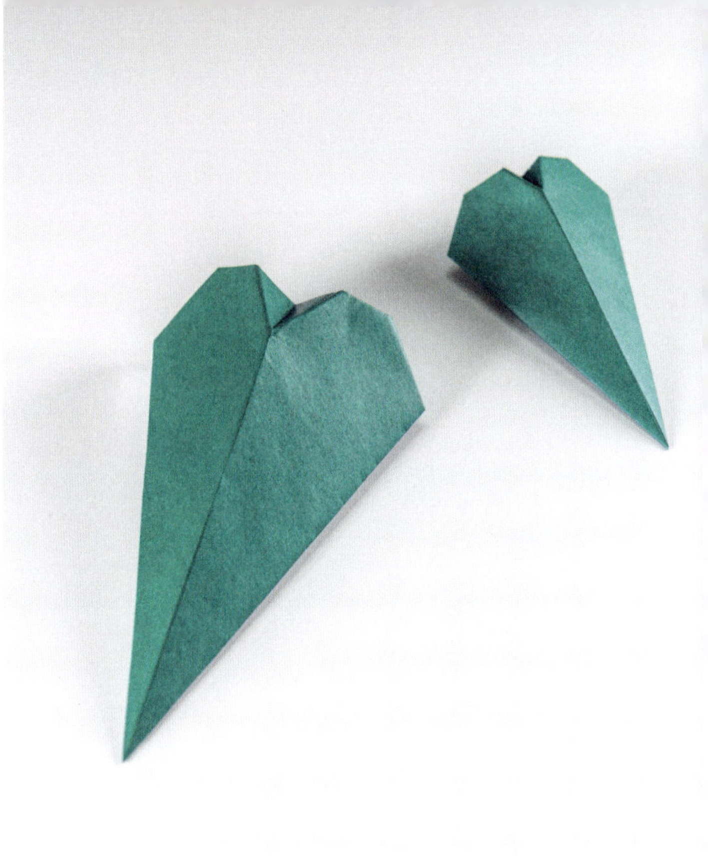

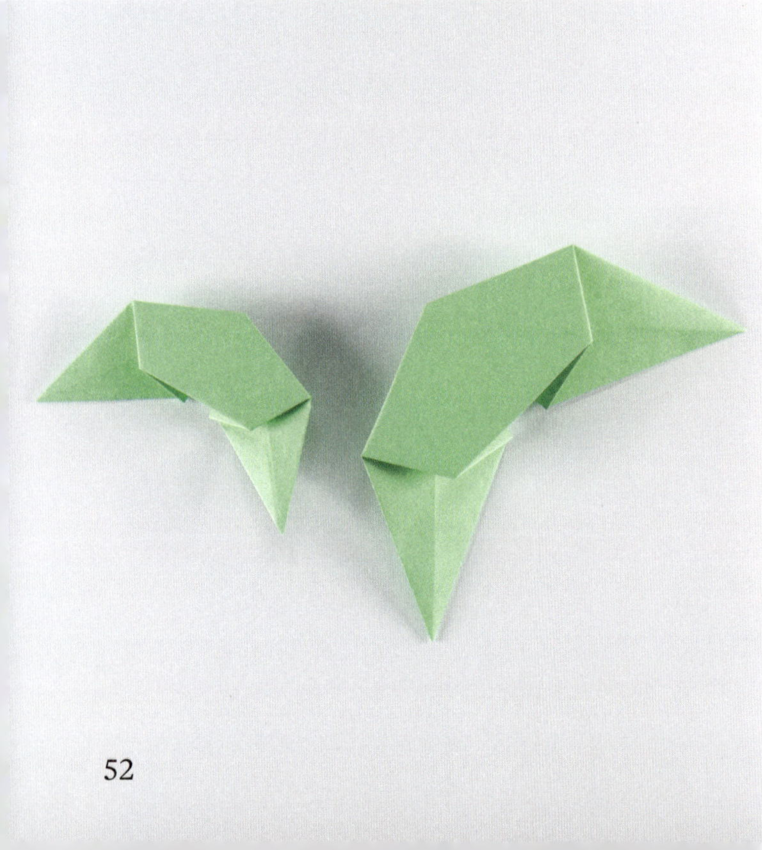

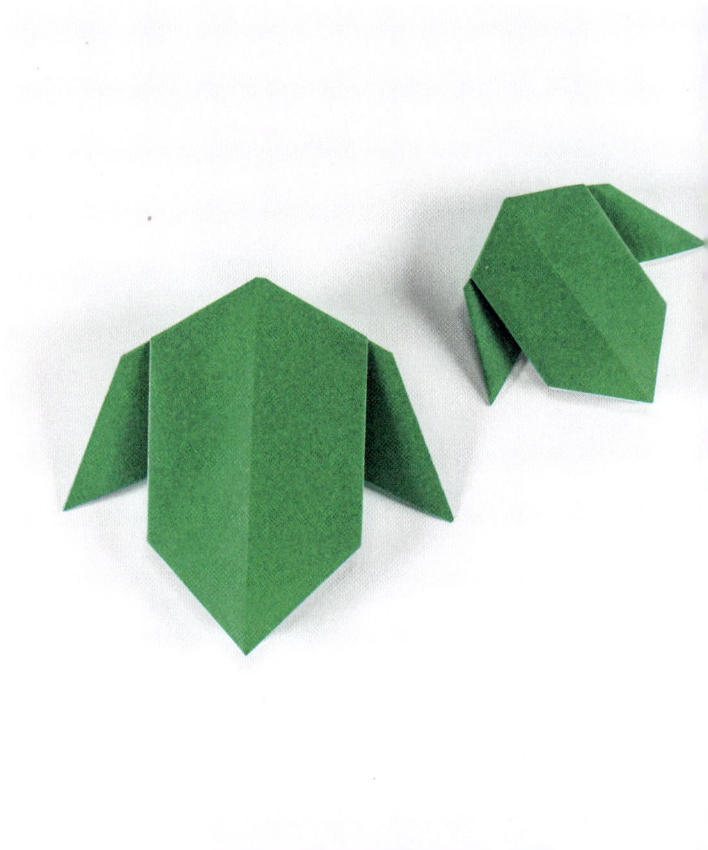

1

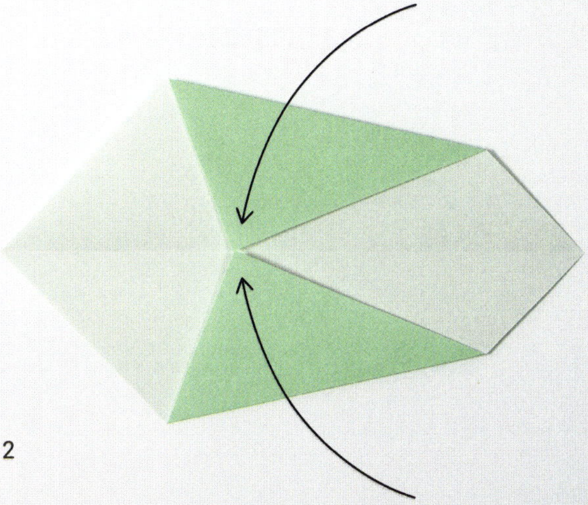

2

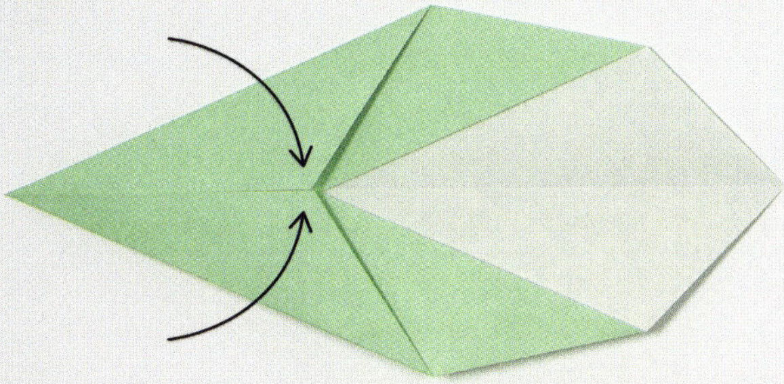

3

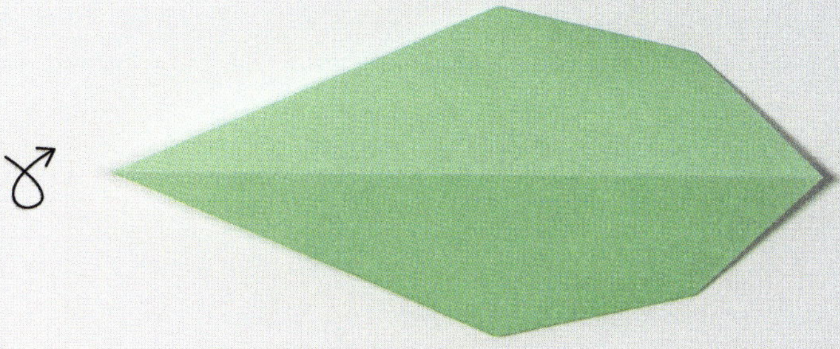

4

1

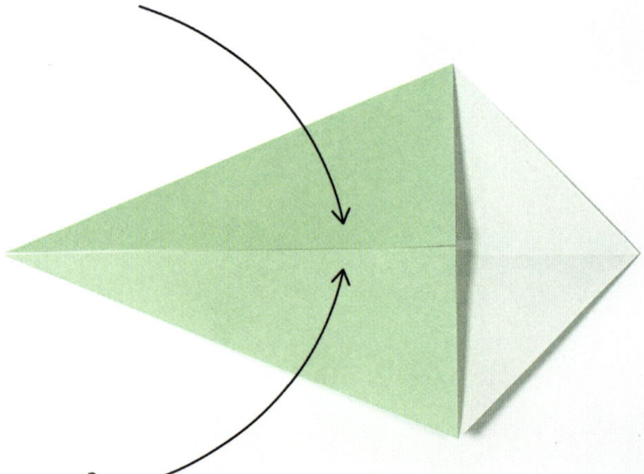

2

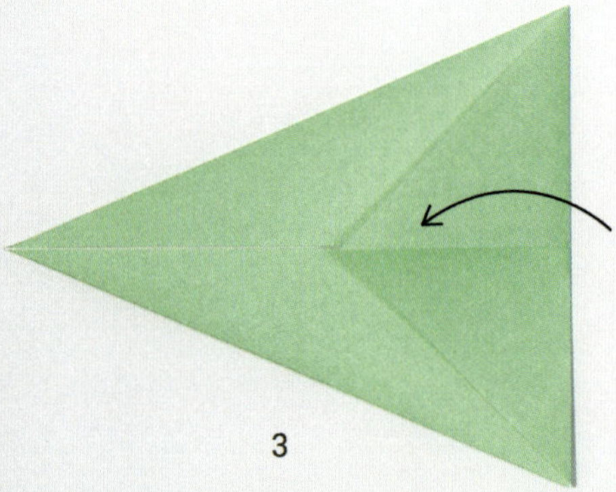

3

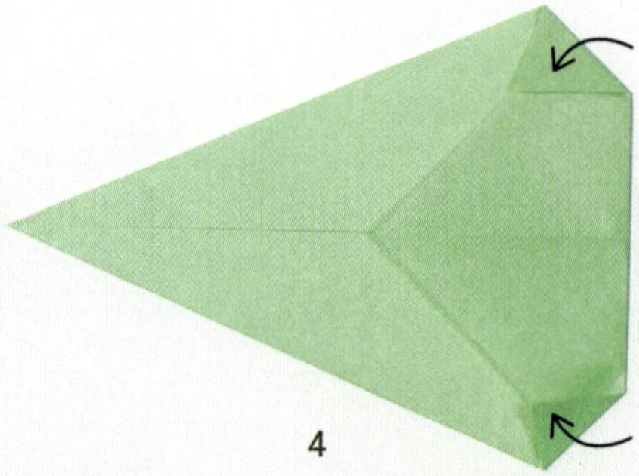

4

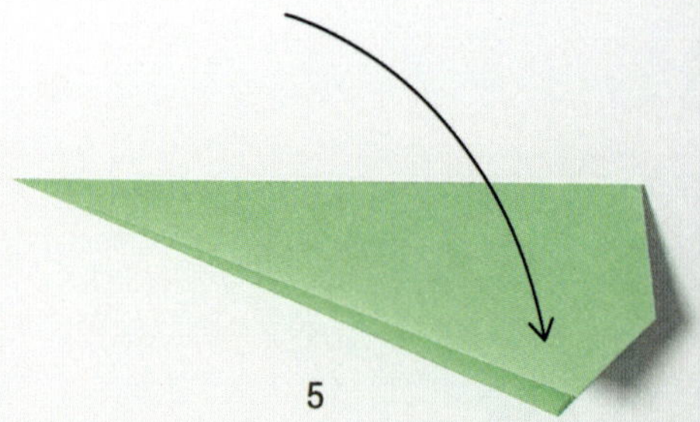

5

6

7

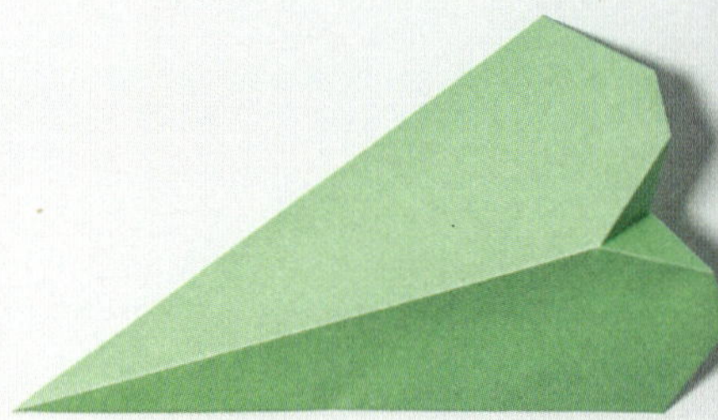

8

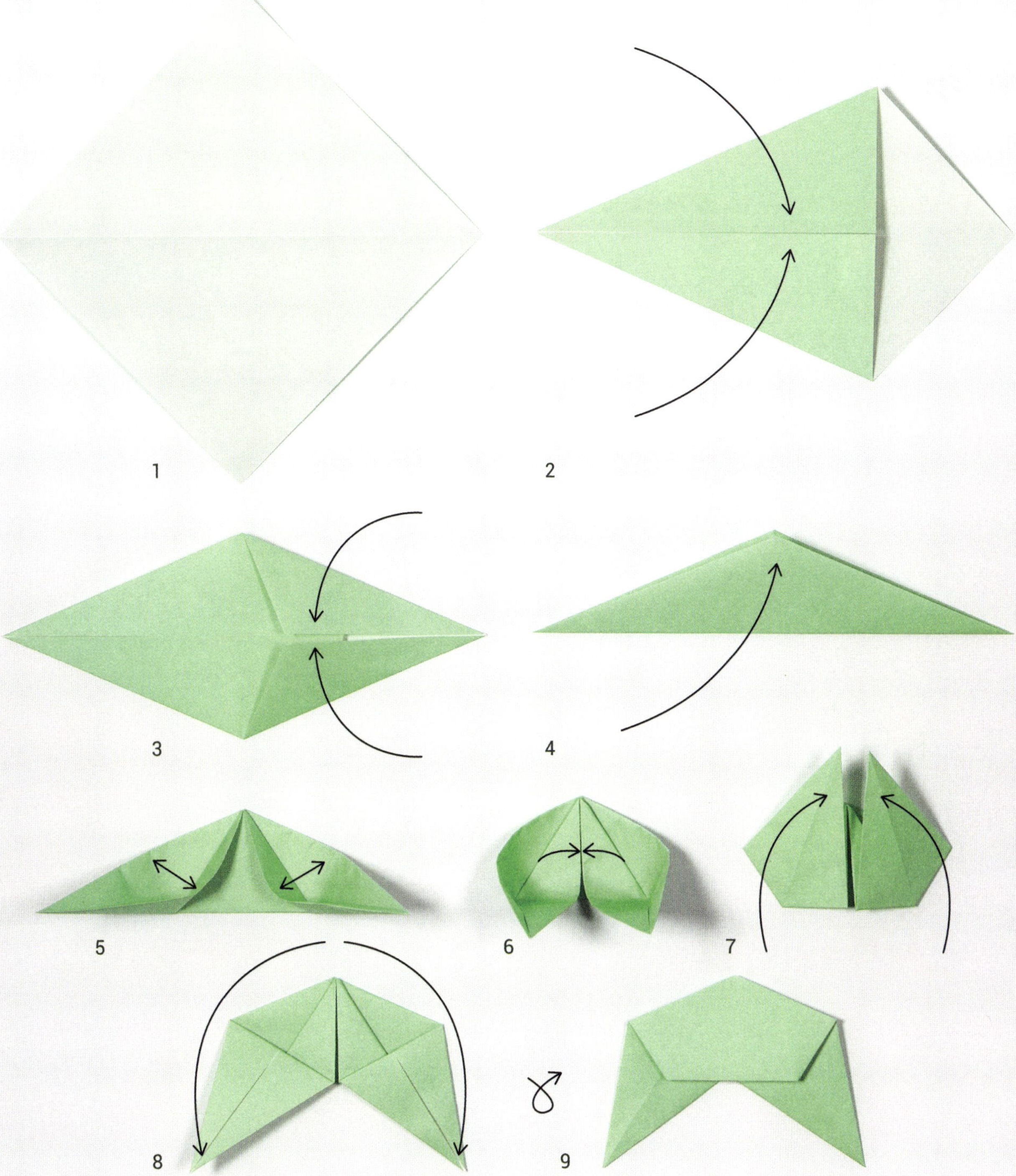
1
2
3
4
5
6
7
8
9

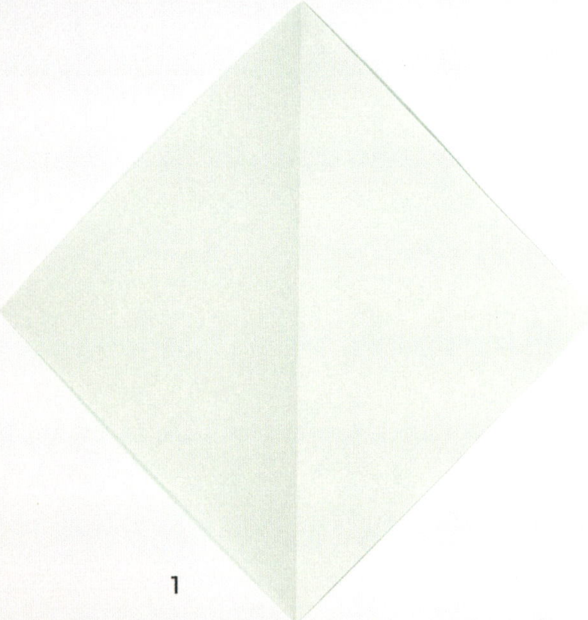

1

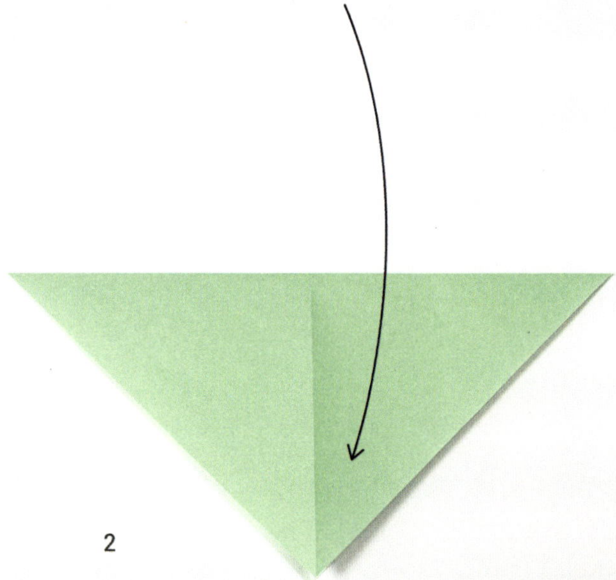

2

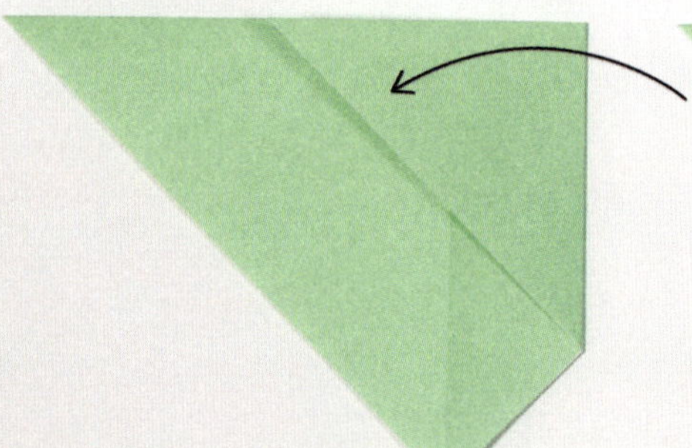

3

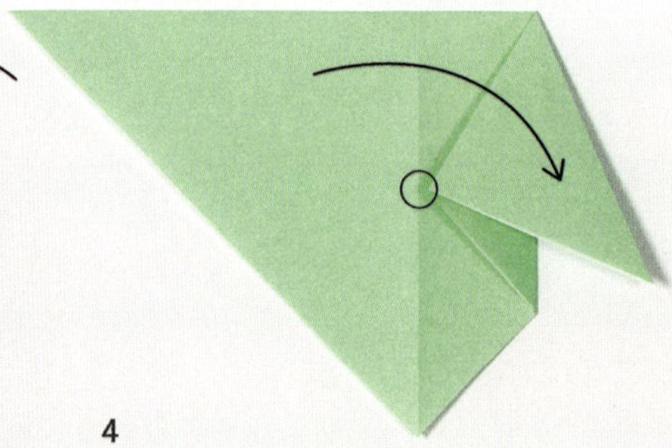

4

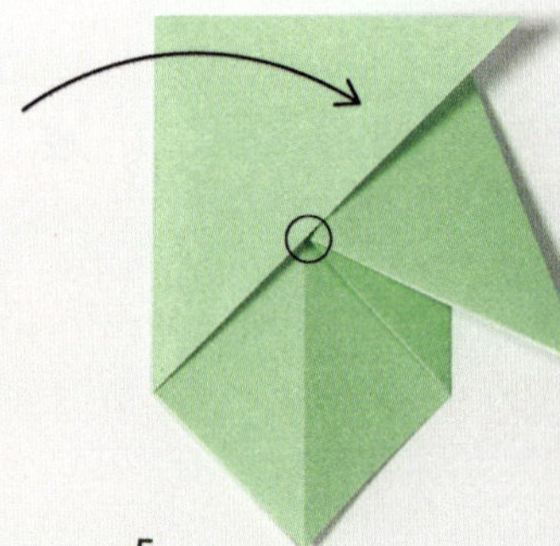

5

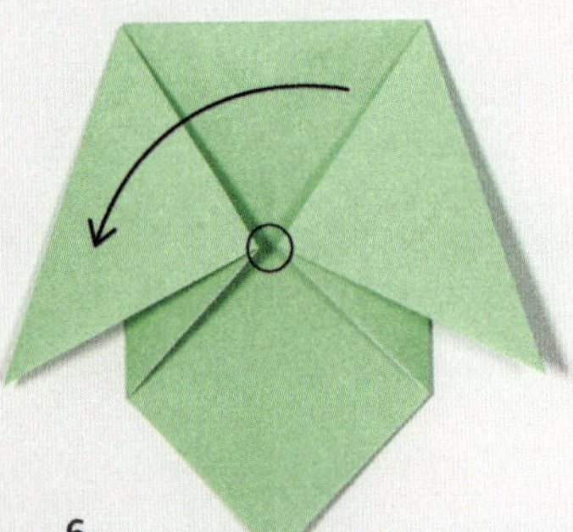

6

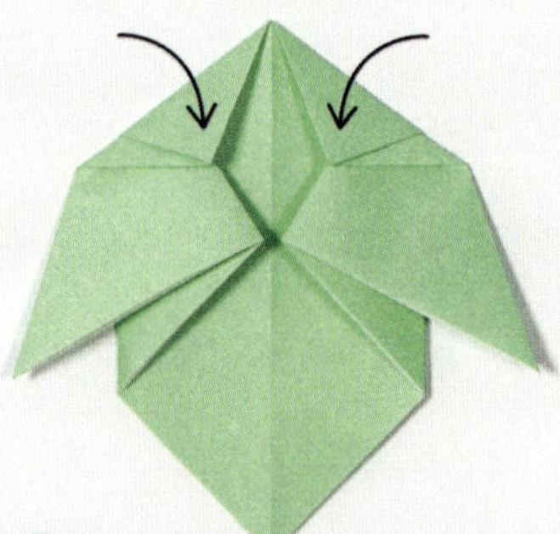

7

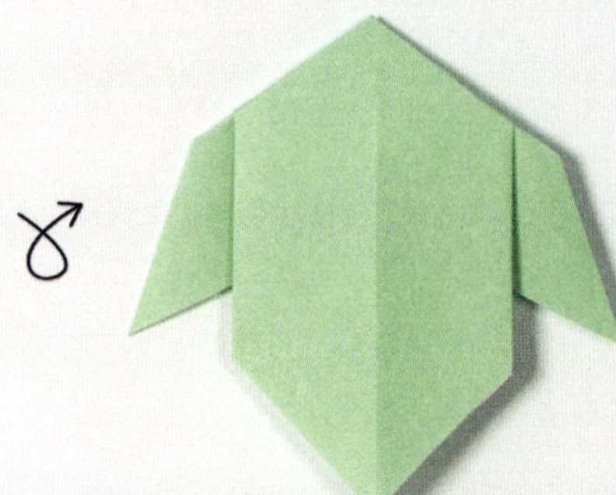

8

GRÜN KLINGT AUF AUS NEUGEBORENER QUELLE
NEU UND SINNVOLL WIRD DIE WELT VERTEILT
UND IM HERZEN WIRD ES FROH UND HELLE.

HERMANN HESSE, MALERFREUDE

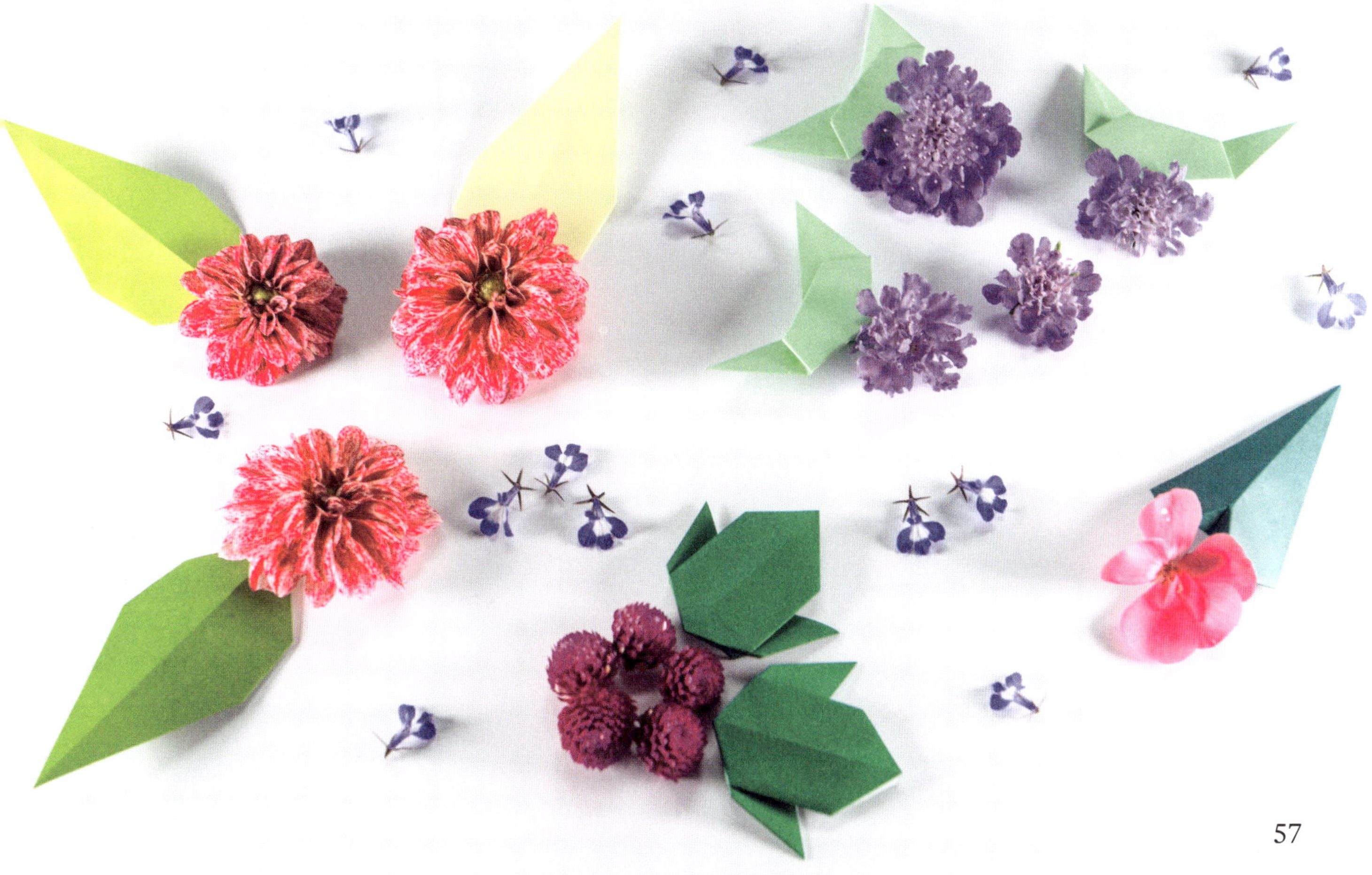

HORTENSIE

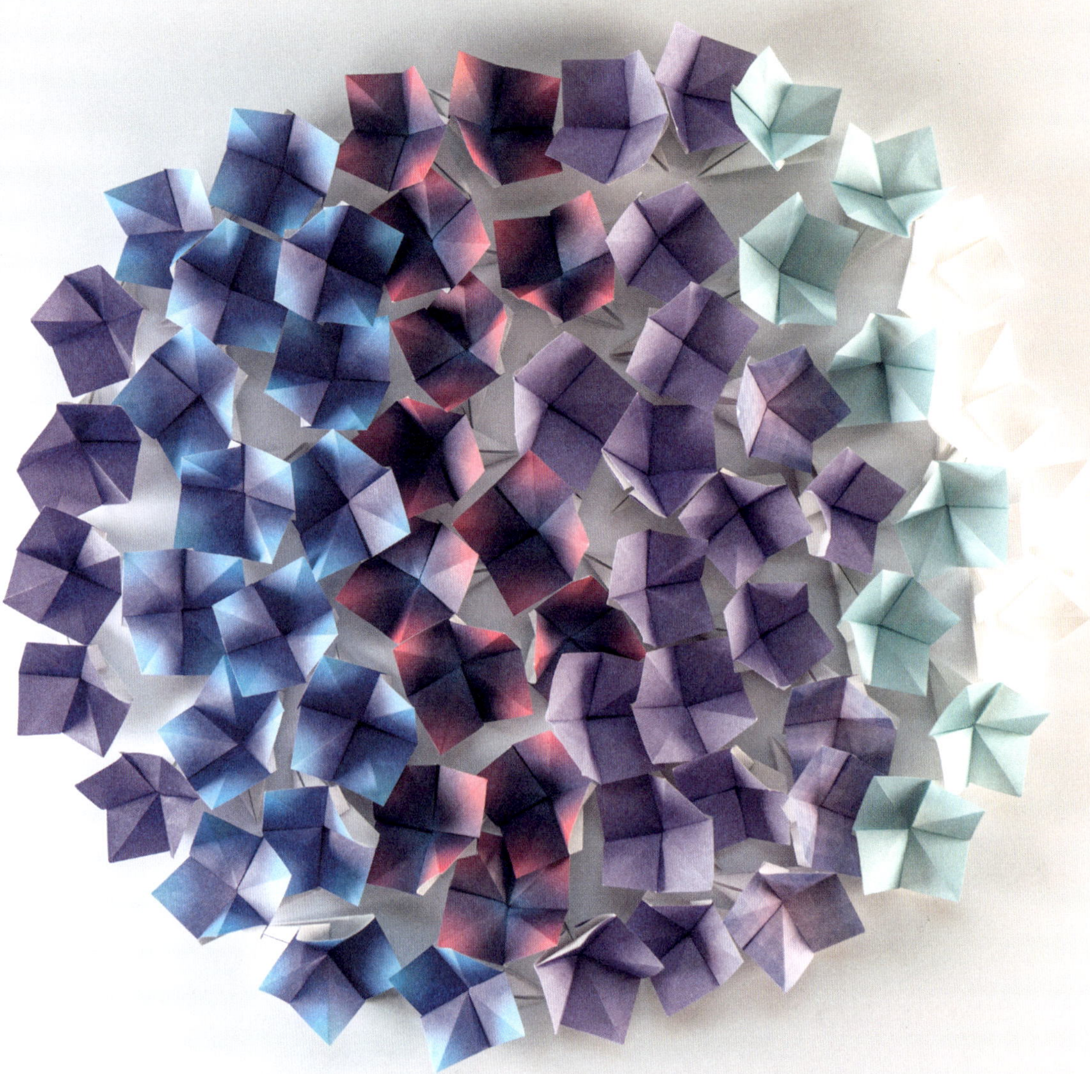

1

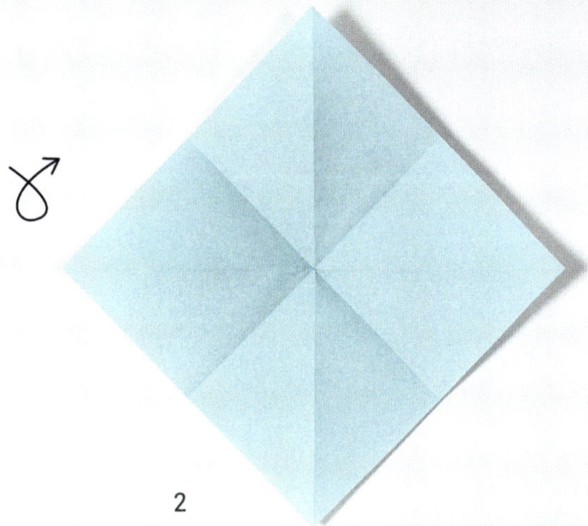

2

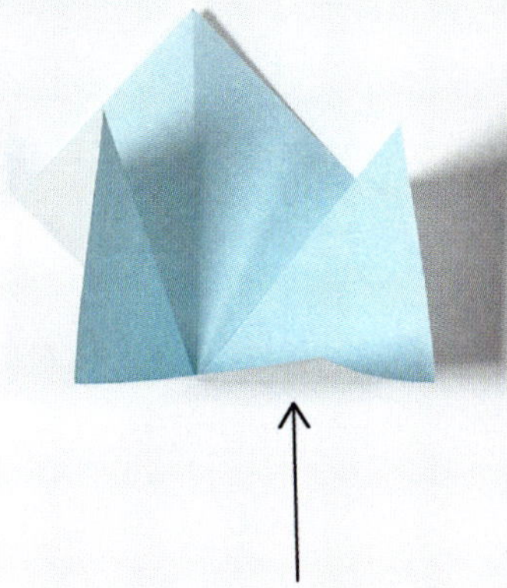

3

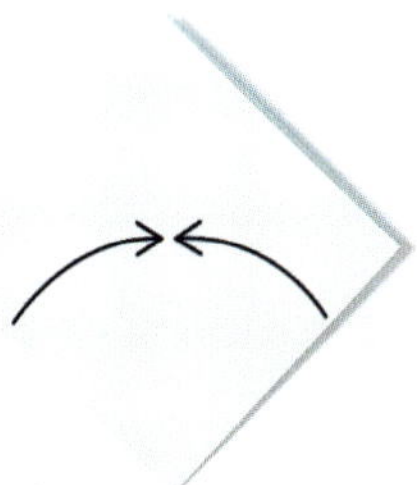

4

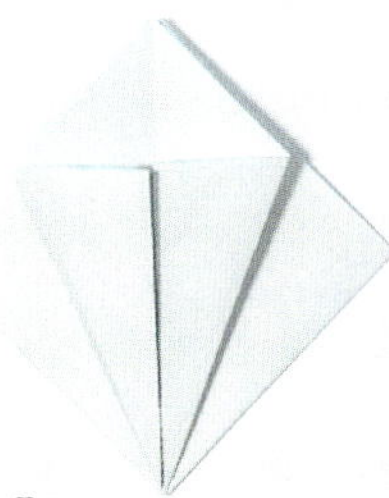

5

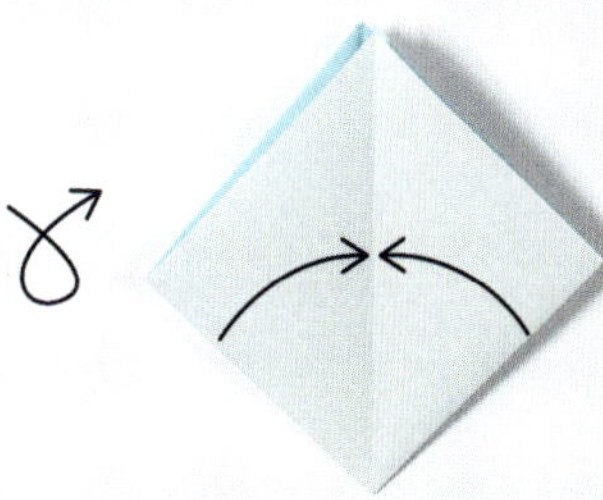

6

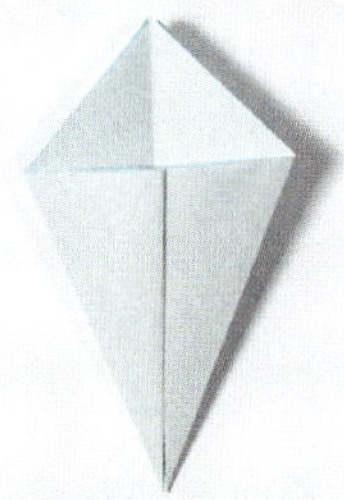

7

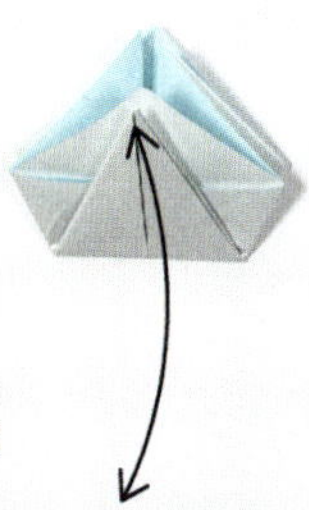

8

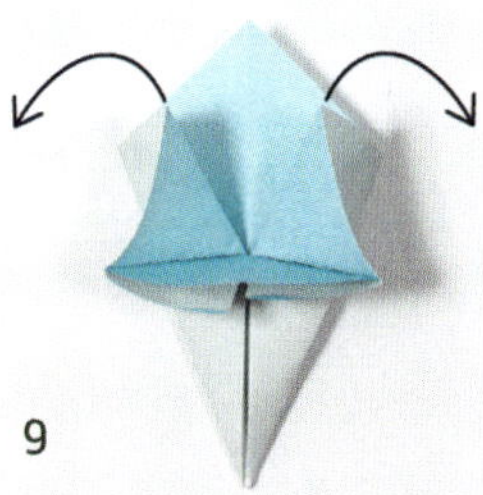

9

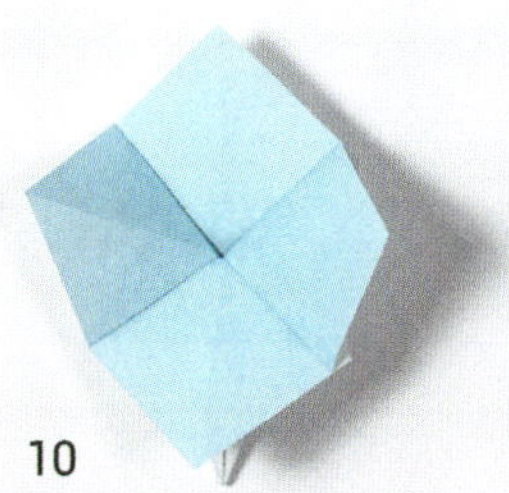

10

IN JEDEM BLATT
DIESER BLÜTEN
SIND HUNDERTE
WORTE VERBORGEN.
GEHT NICHT LEICHTSINNIG
MIT IHNEN UM!

FUJIWARA NO HIROTSUGU

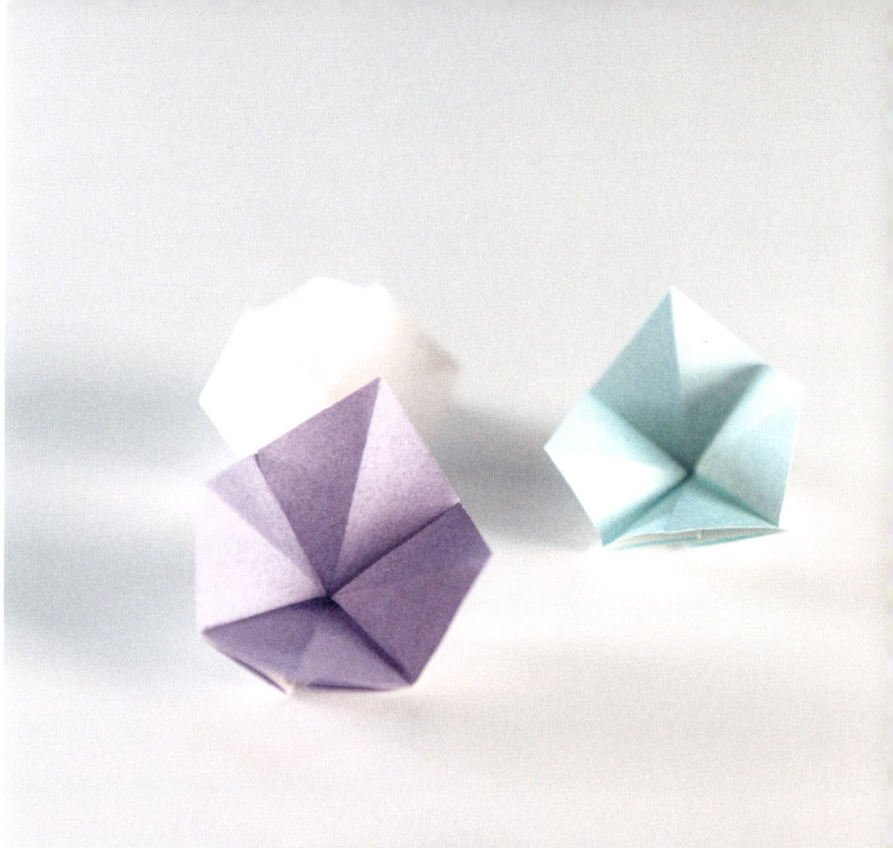

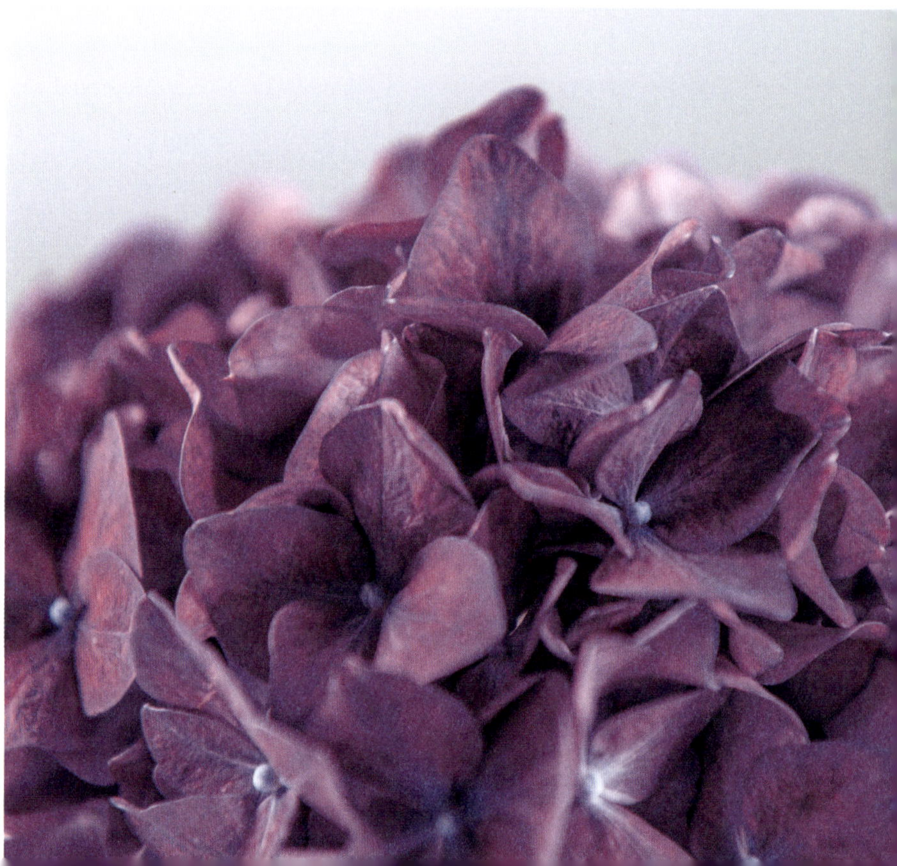

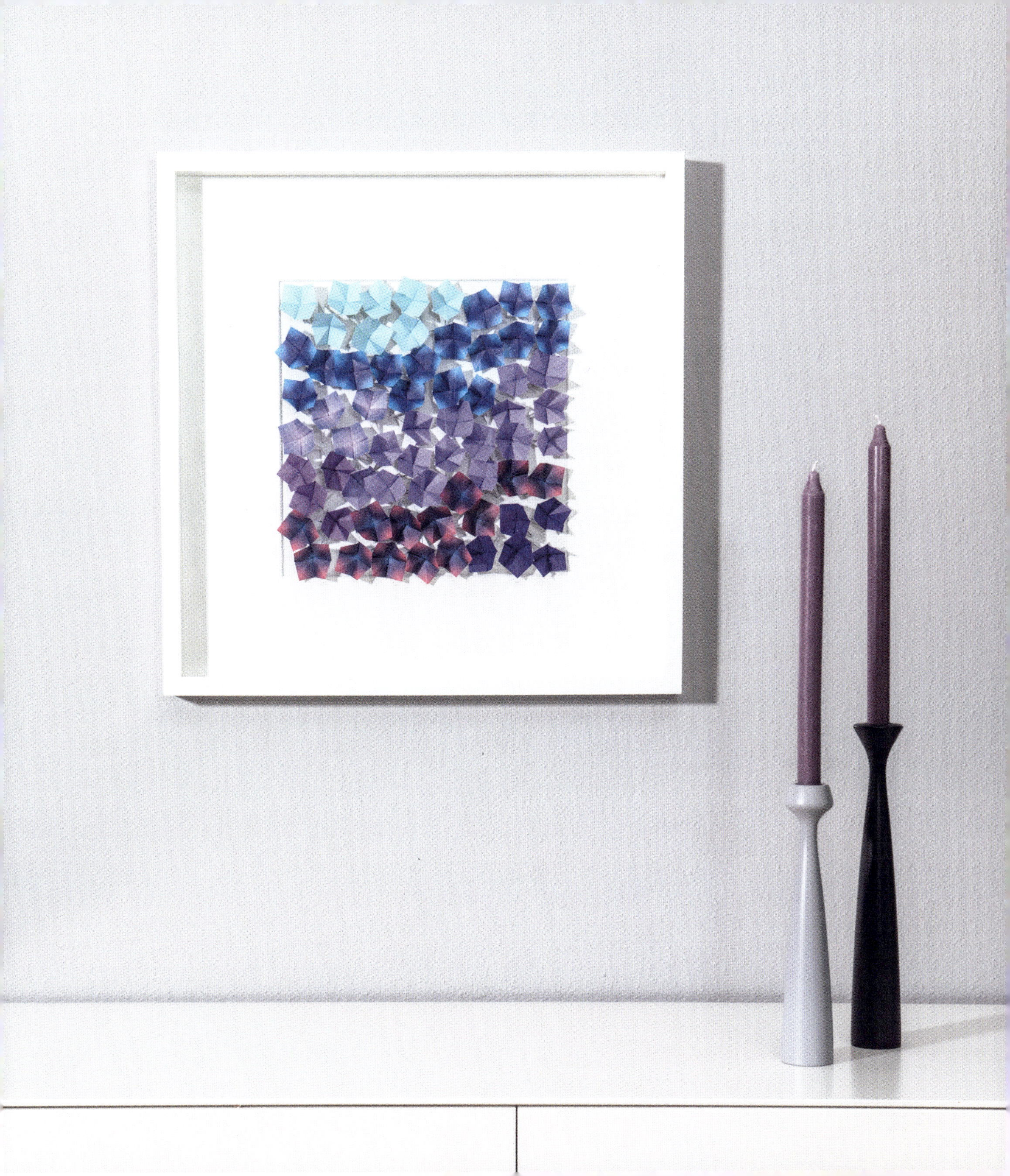

IRIS

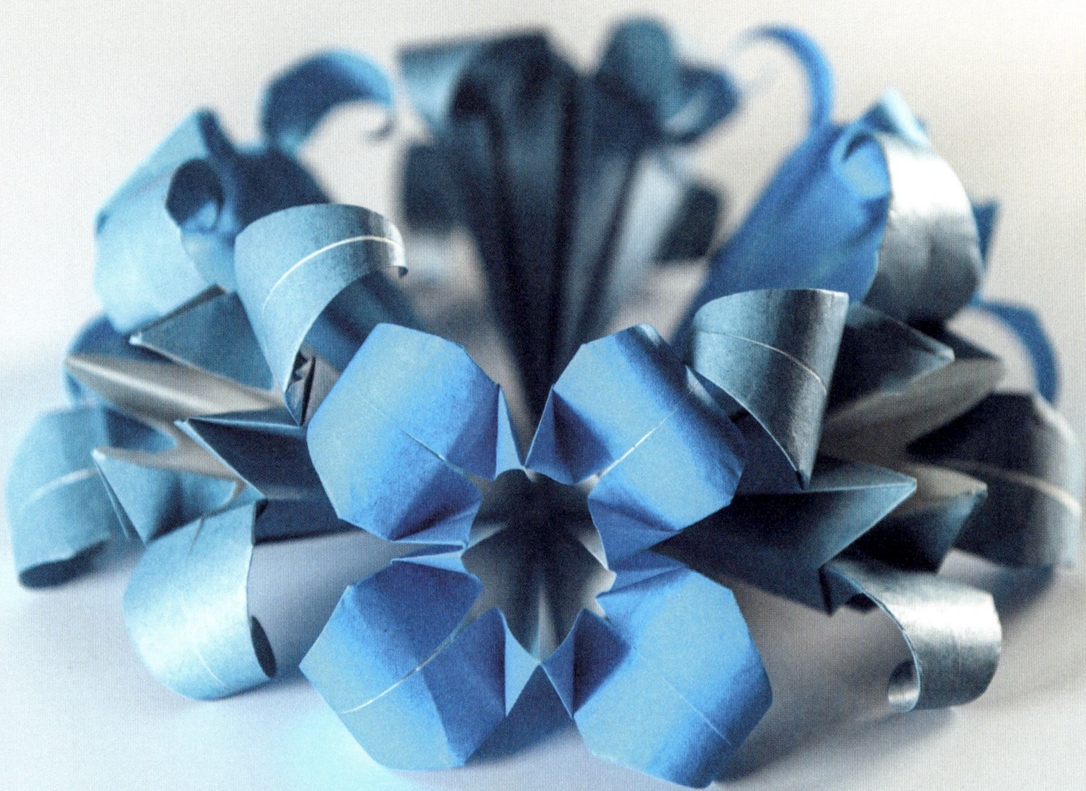

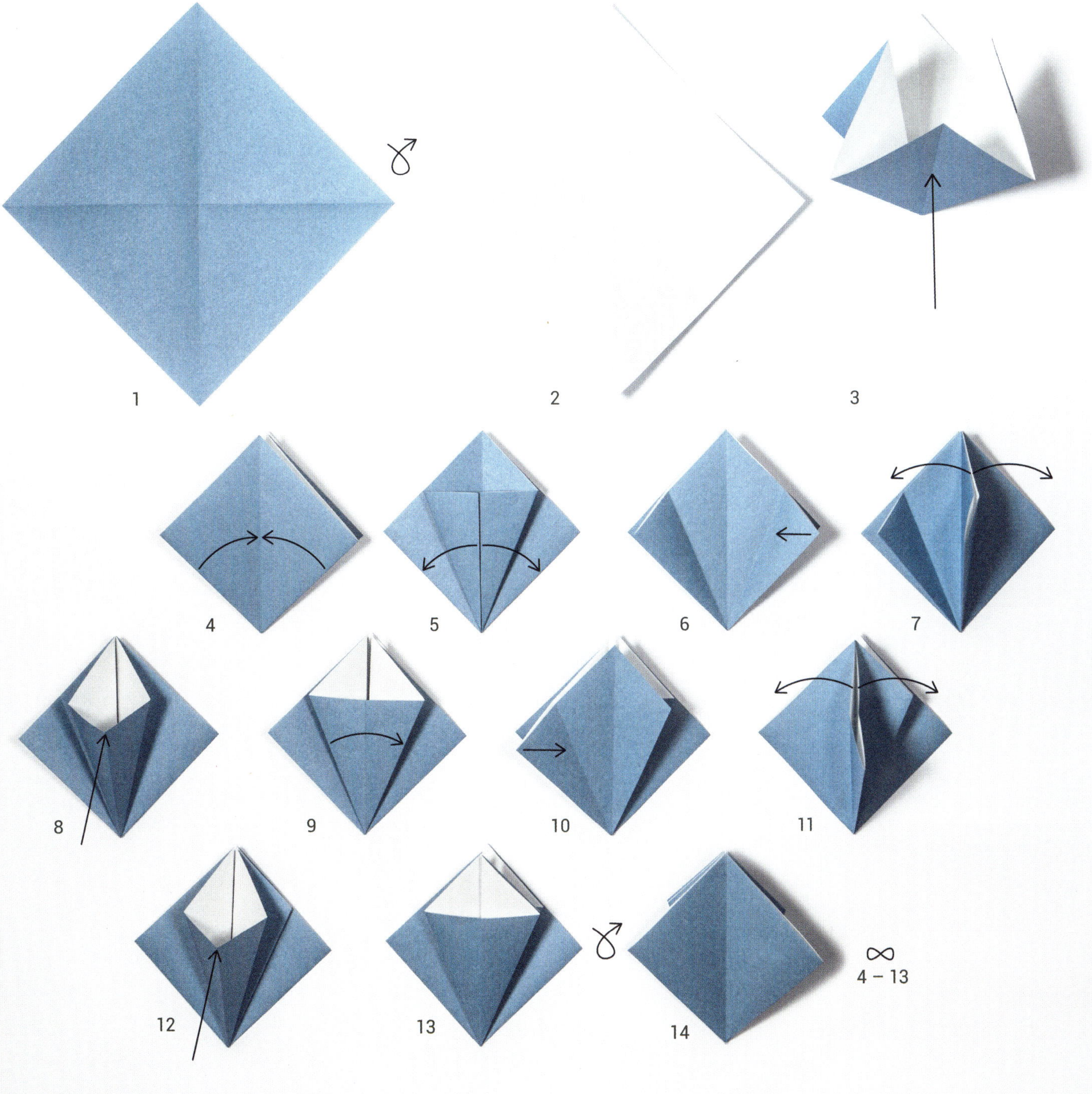

1
2
3
4
5
6
7
8
9
10
11
12
13
14
∞
4 – 13

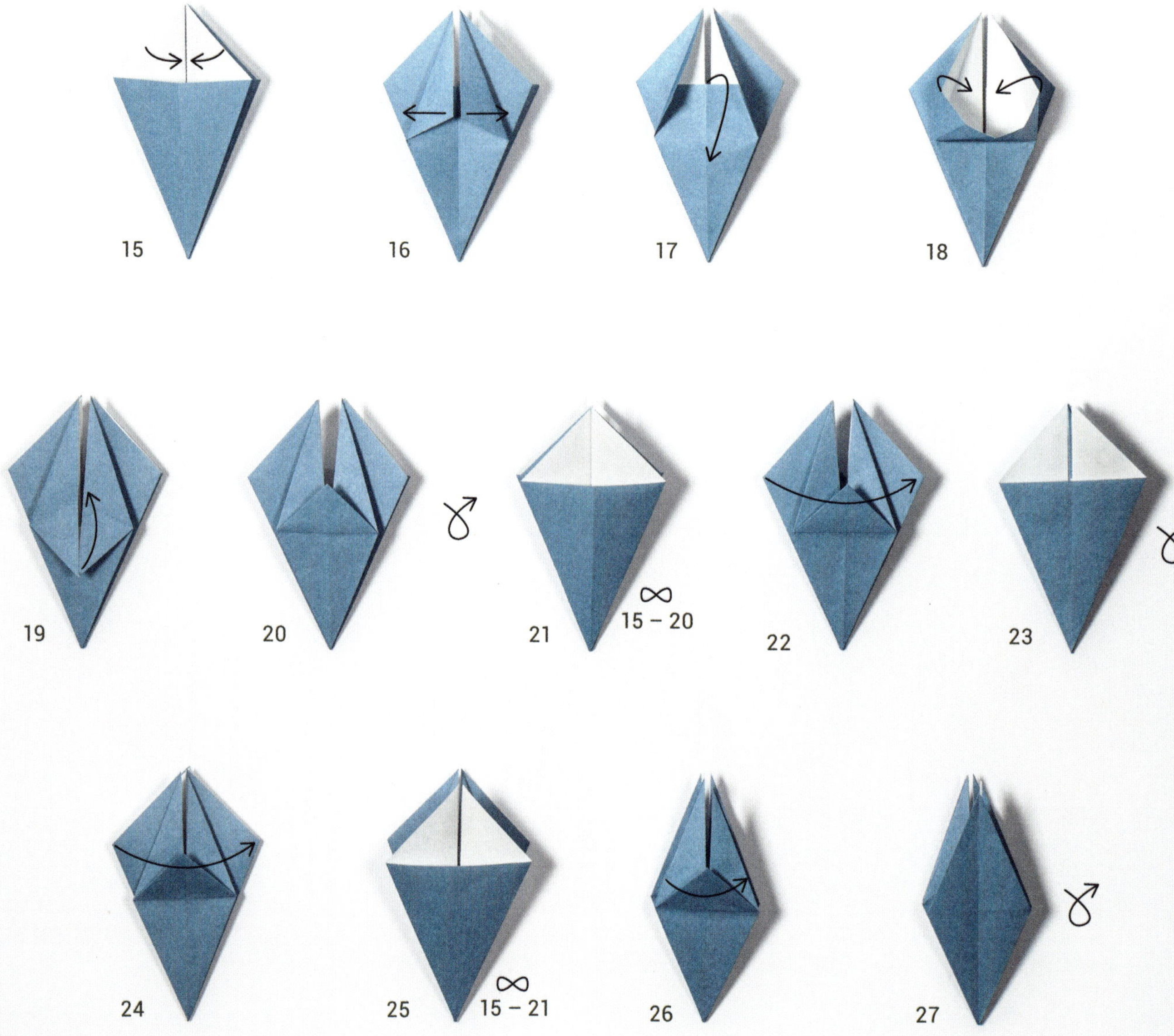
15
16
17
18
19
20
21
15 – 20
22
23
24
25
15 – 21
26
27

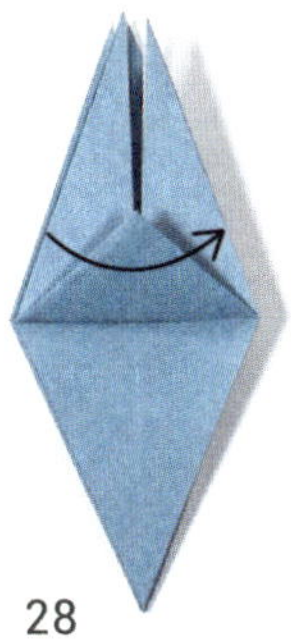
28

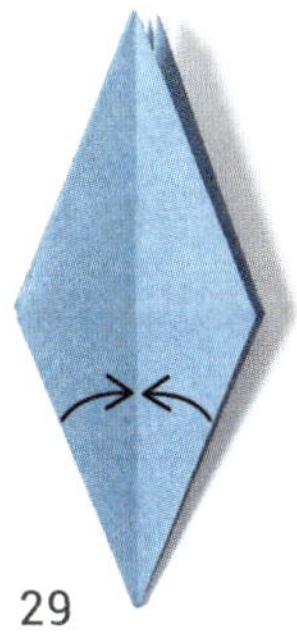
29

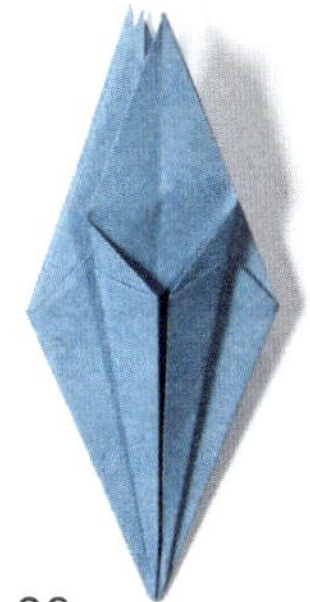
30

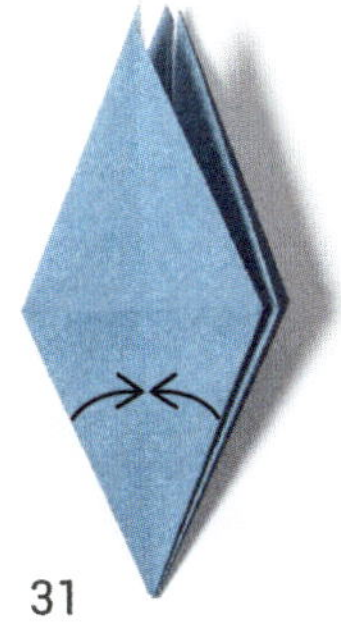
31

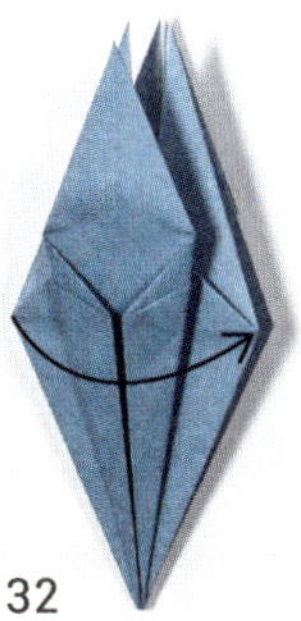
32

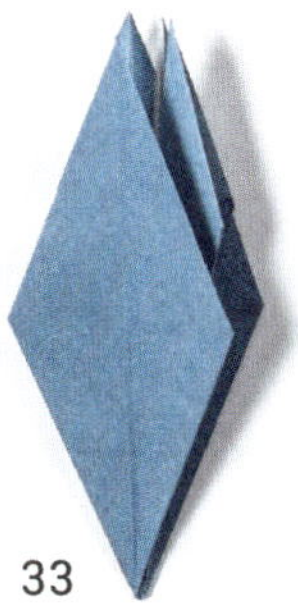
33

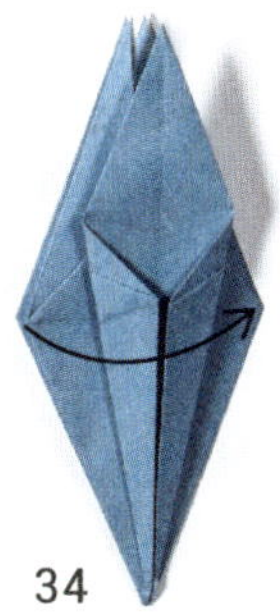
34

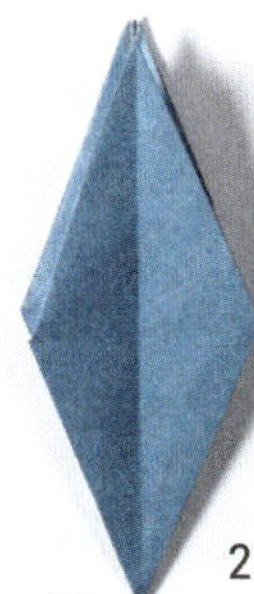
35

∞
29 – 31

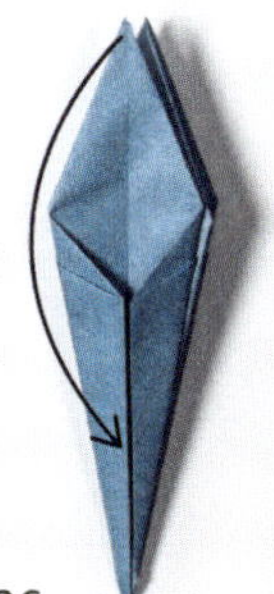
36

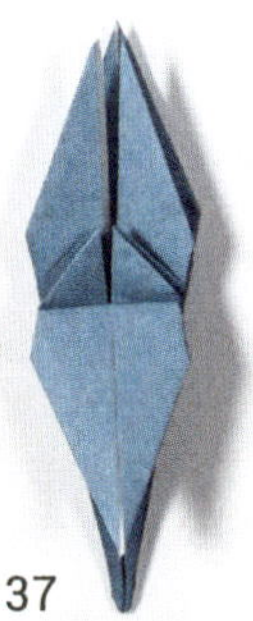
37

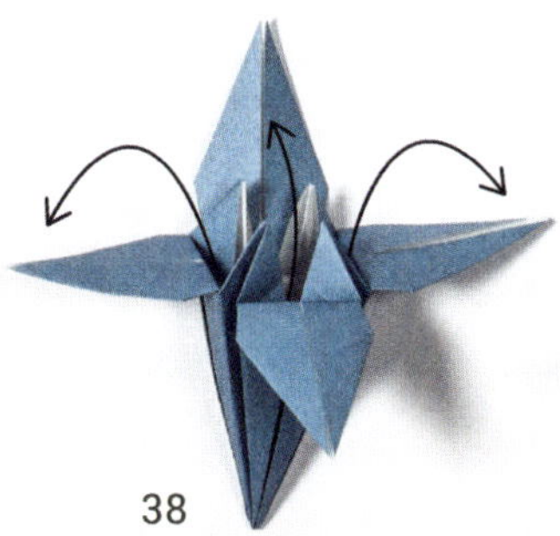
38

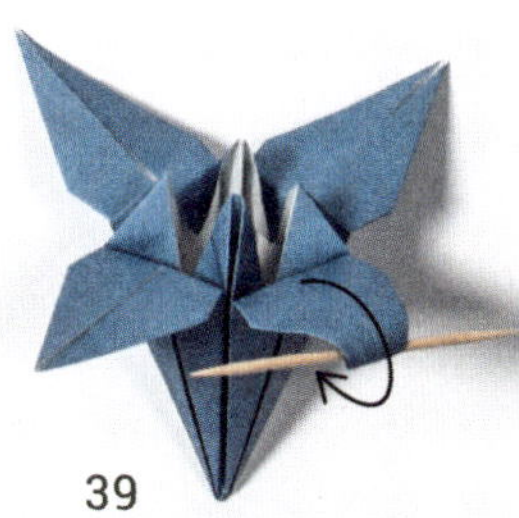
39

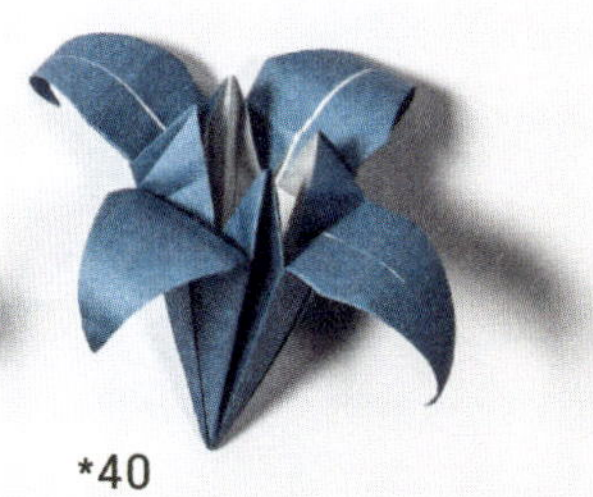
*40

DIE IRISBLÜTEN
ÖFFNEN SICH ALLMÄHLICH
VOR MEINEN AUGEN.
DIESES JAHR ZUM LETZTEN MAL
DER FRÜHLING SCHEIDET.

SHIKI MASAOKA

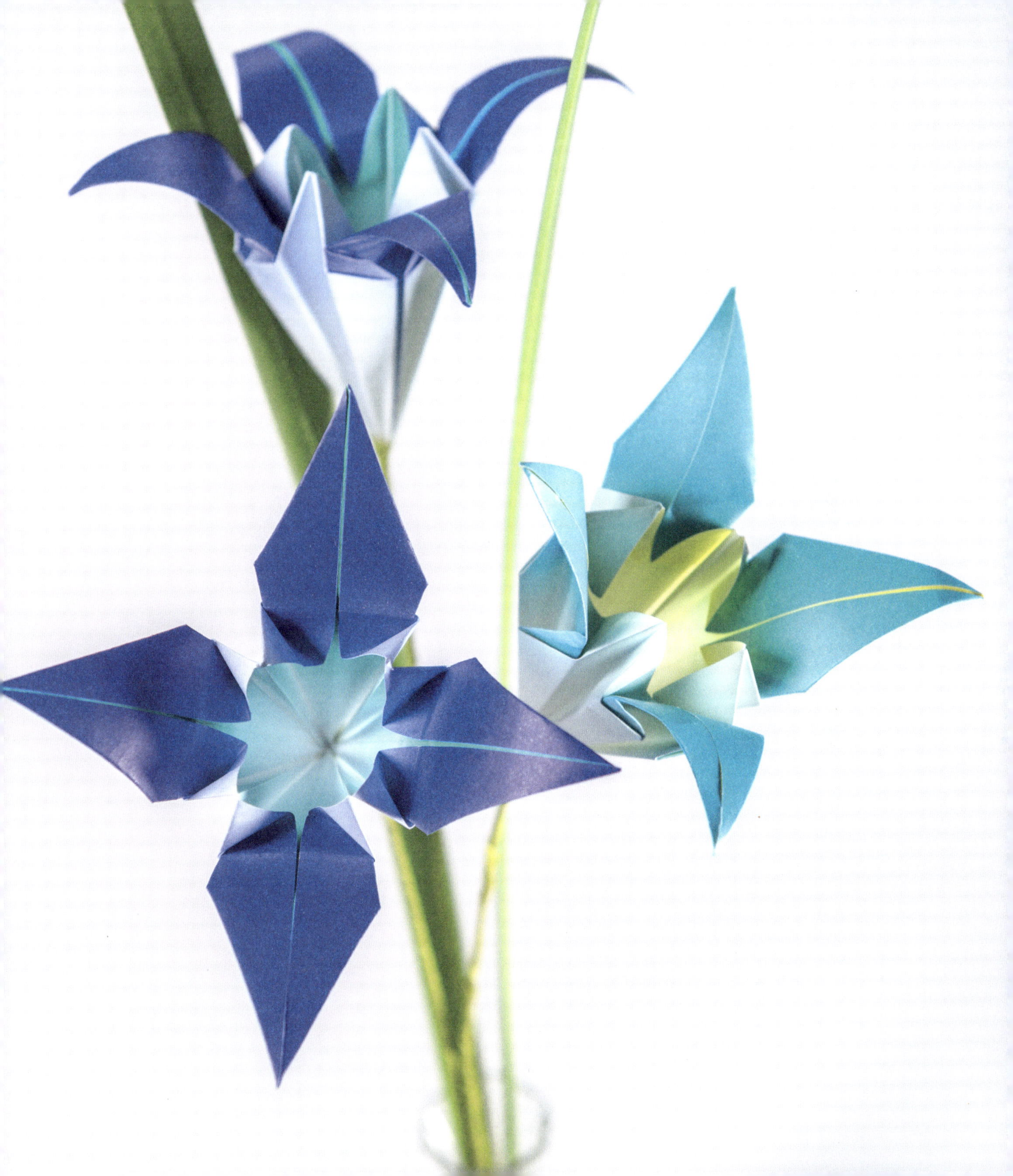

AN EINEM RUHIGEN FLUSS IST DAS UFER GESÄUMT VON BLUMEN.

FERNÖSTLICHES SPRICHWORT

GLOCKENBLUME

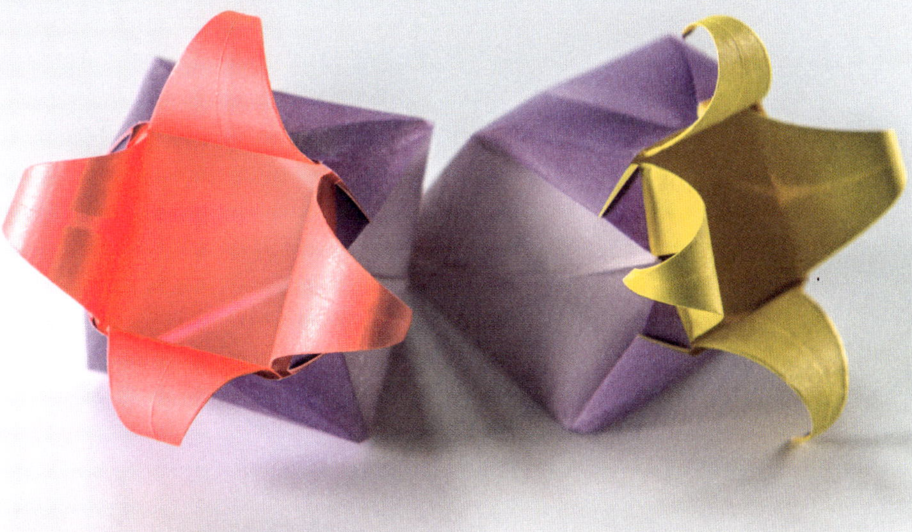

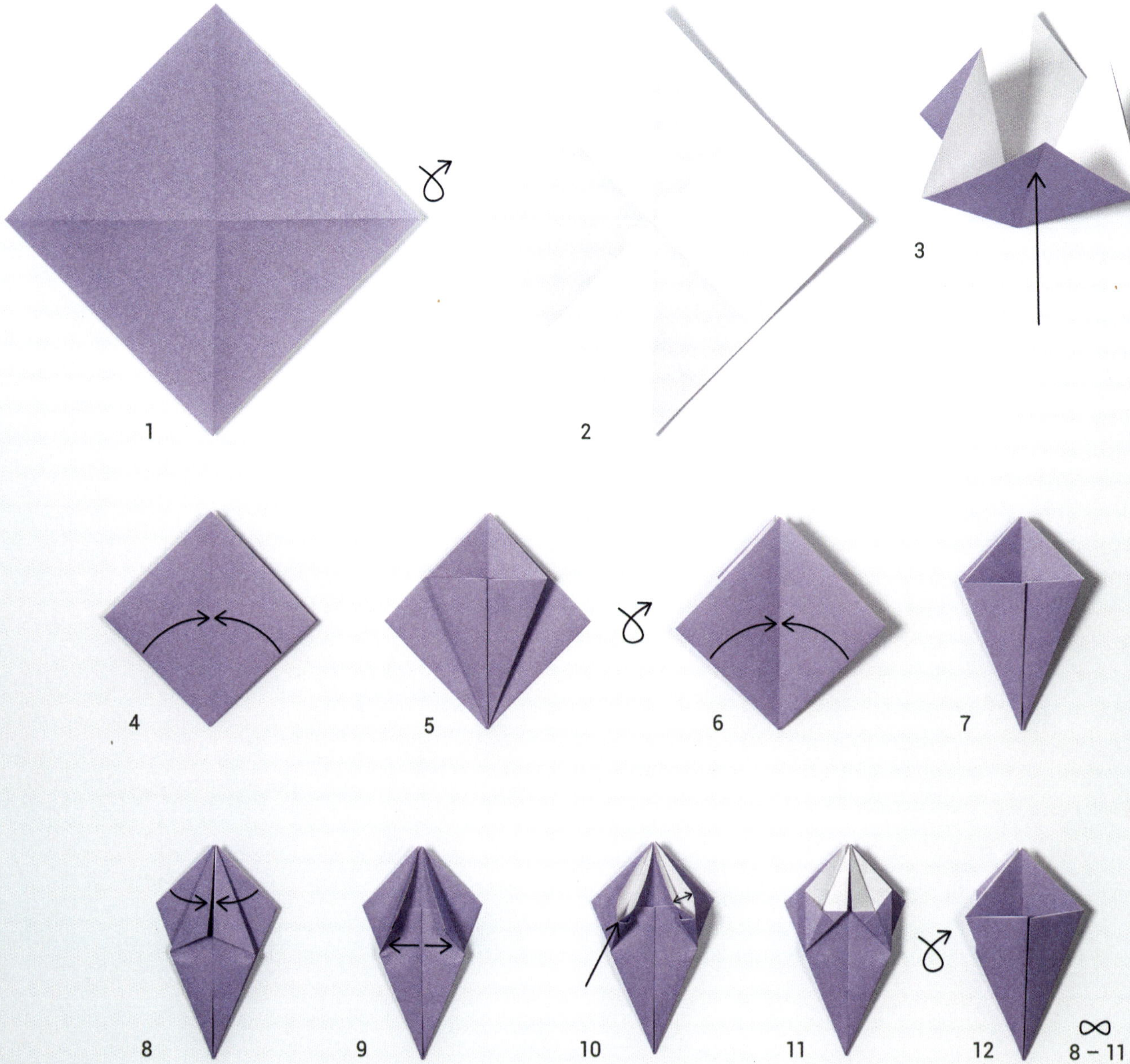
1
2
3
4
5
6
7
8
9
10
11
12
∞
8 – 11

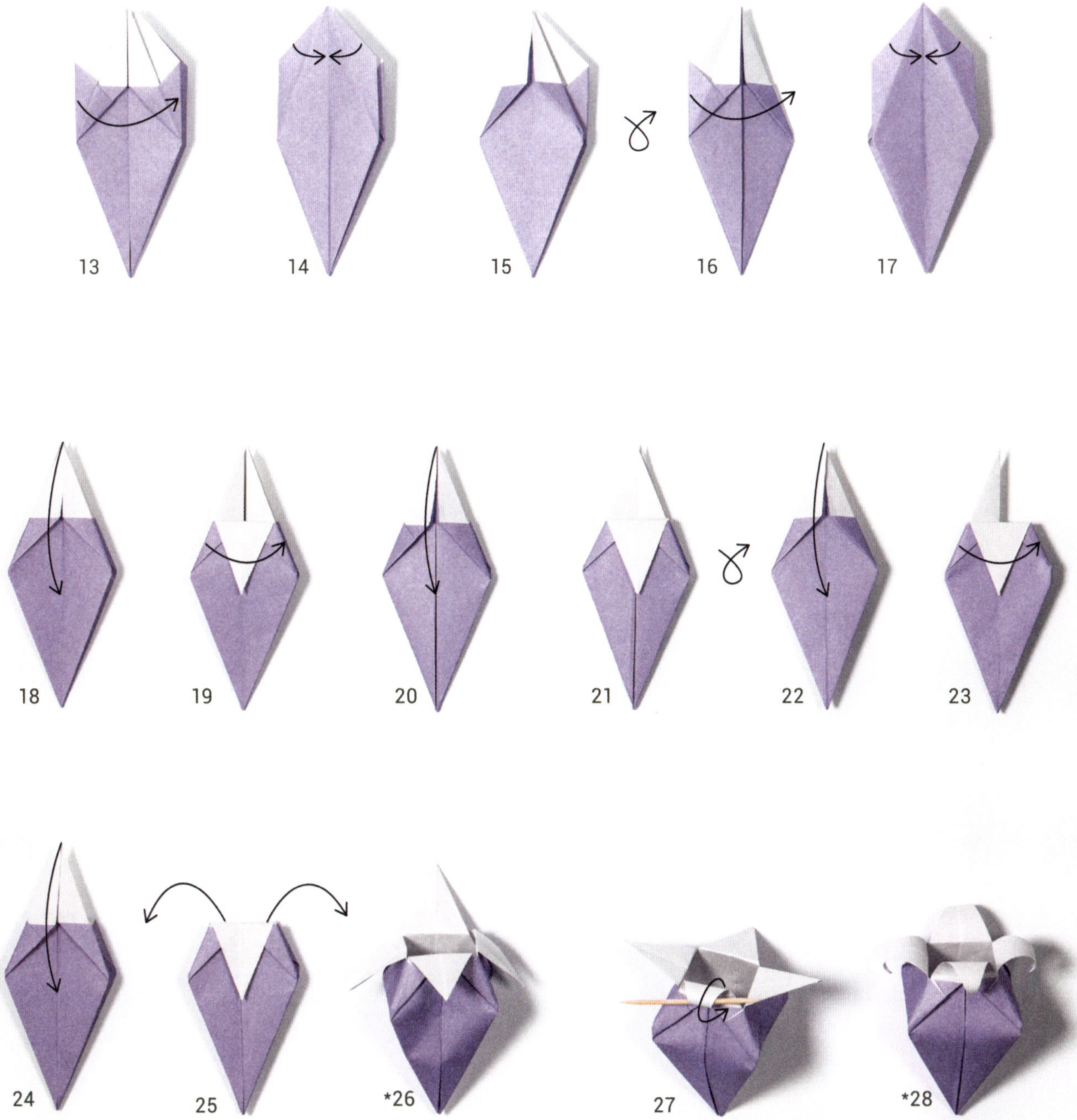
13
14
15
16
17
18
19
20
21
22
23
24
25
*26
27
*28

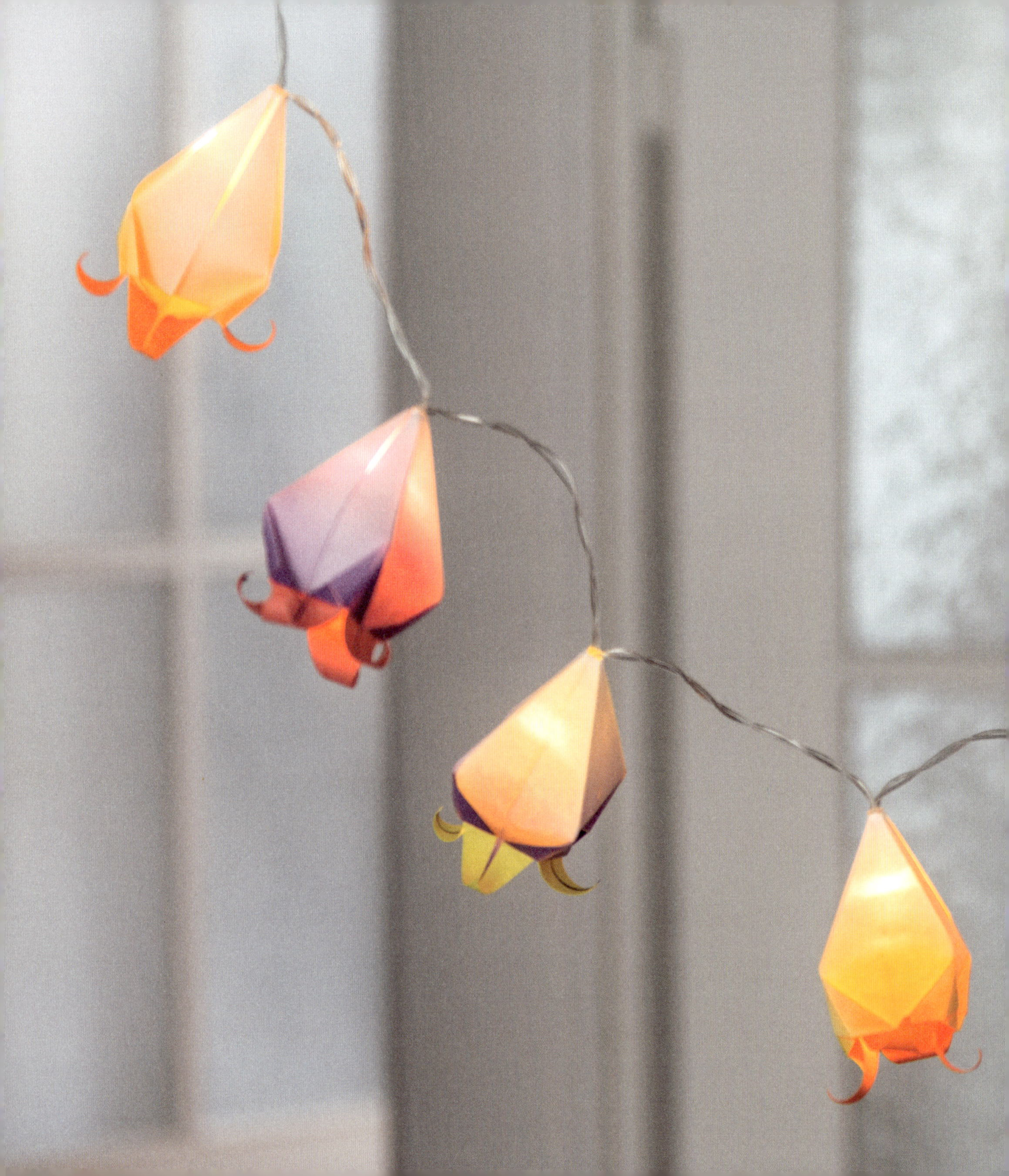

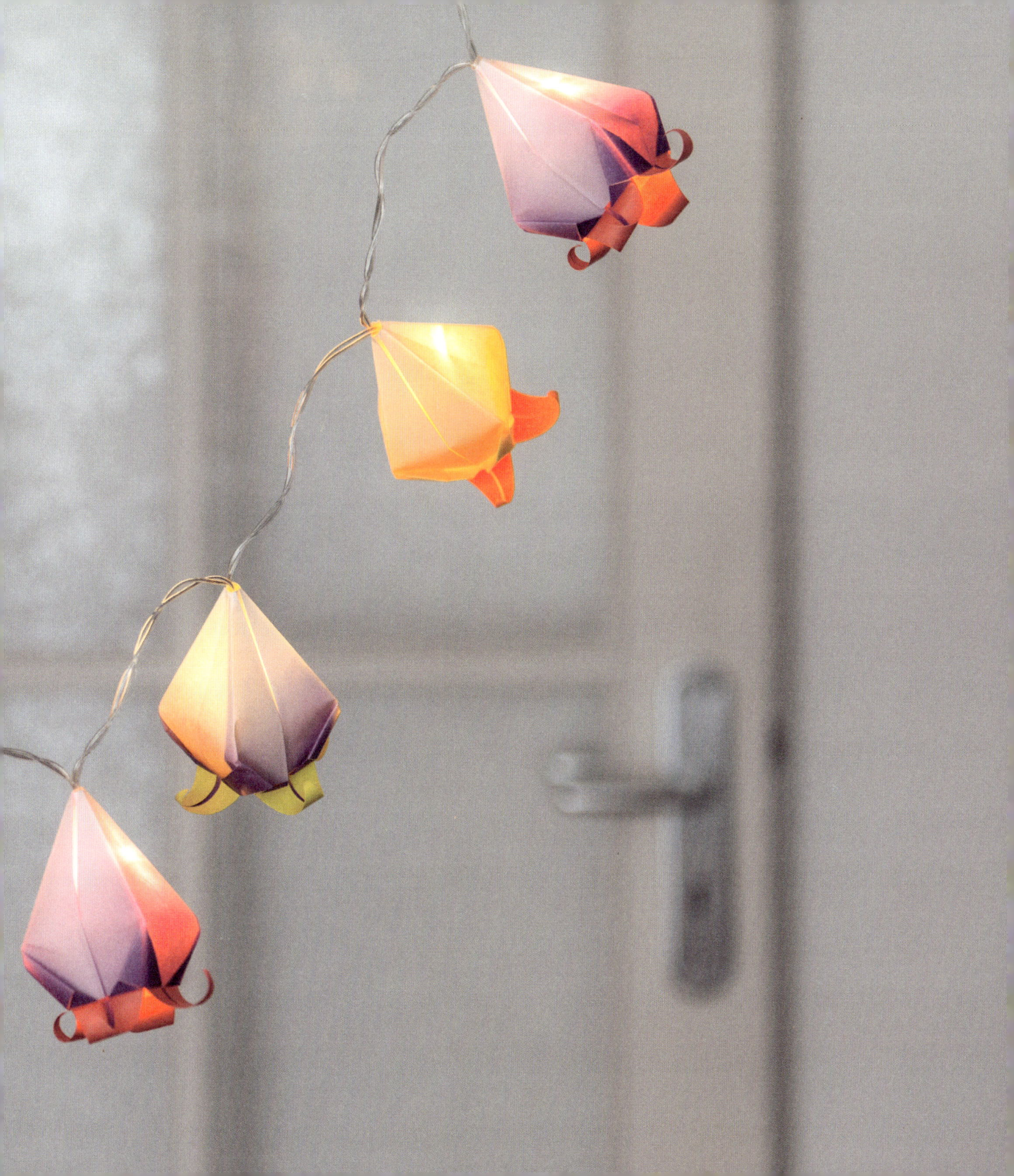

PRUNKWINDE

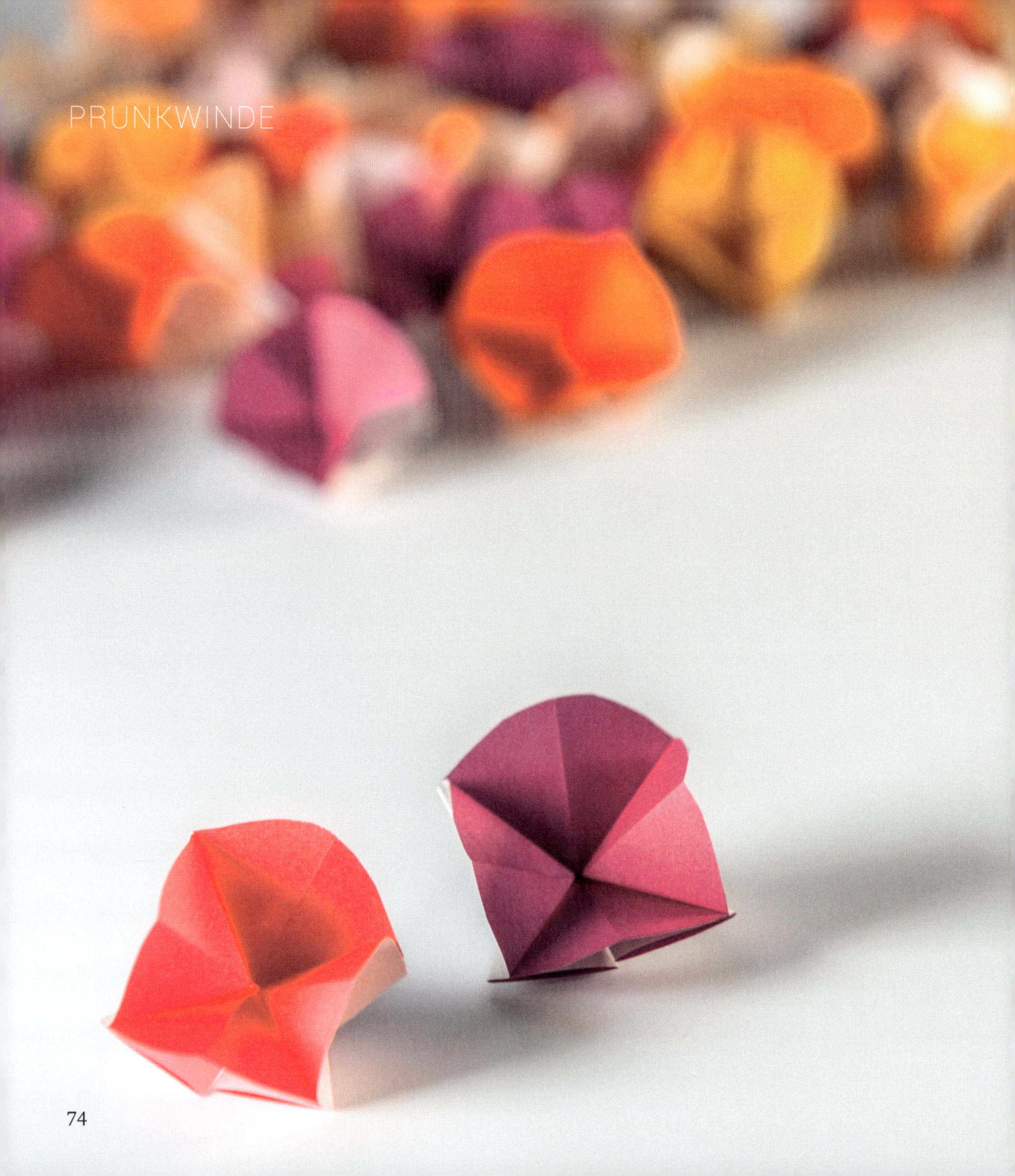

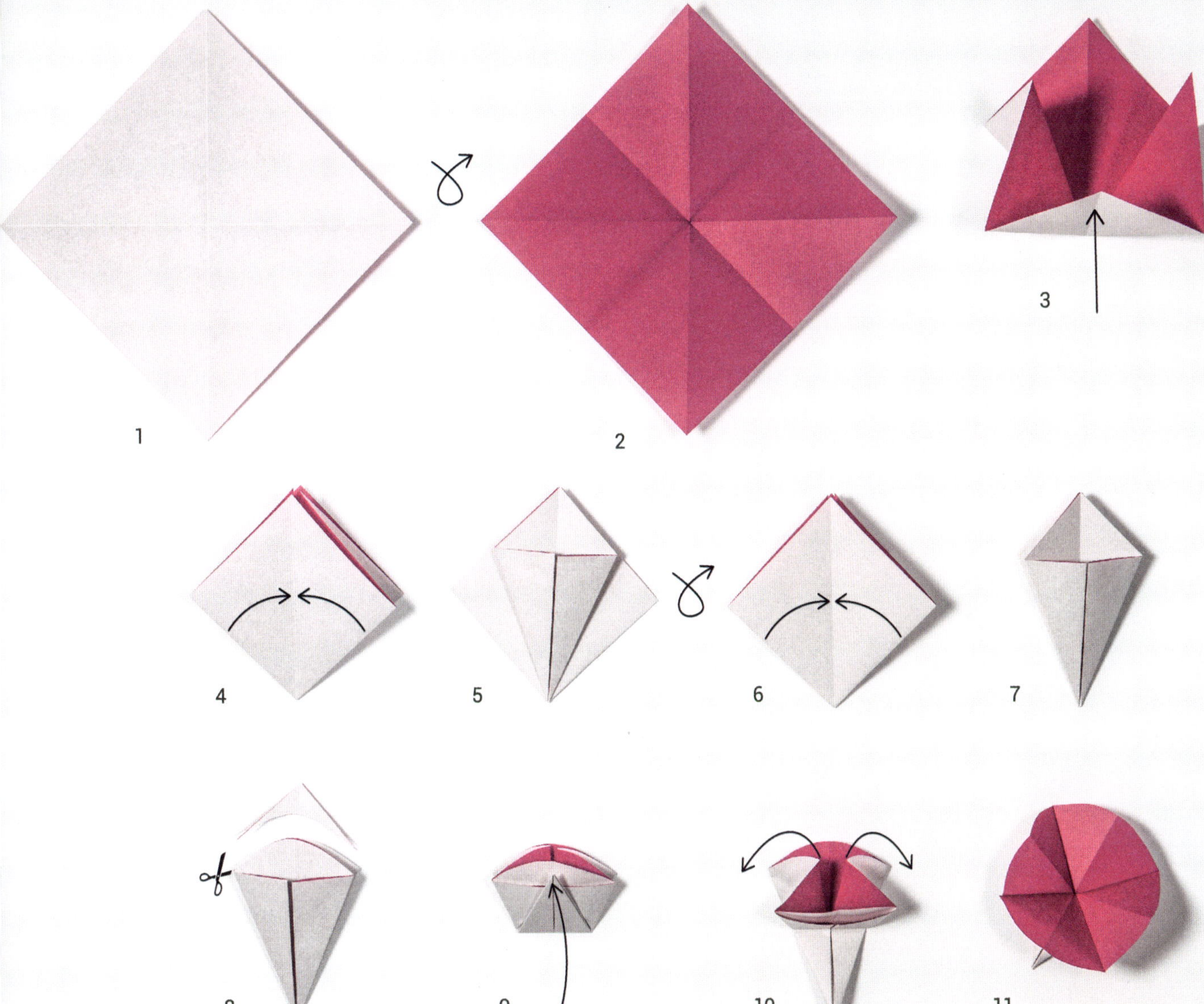
1
2
3
4
5
6
7
8
9
10
11

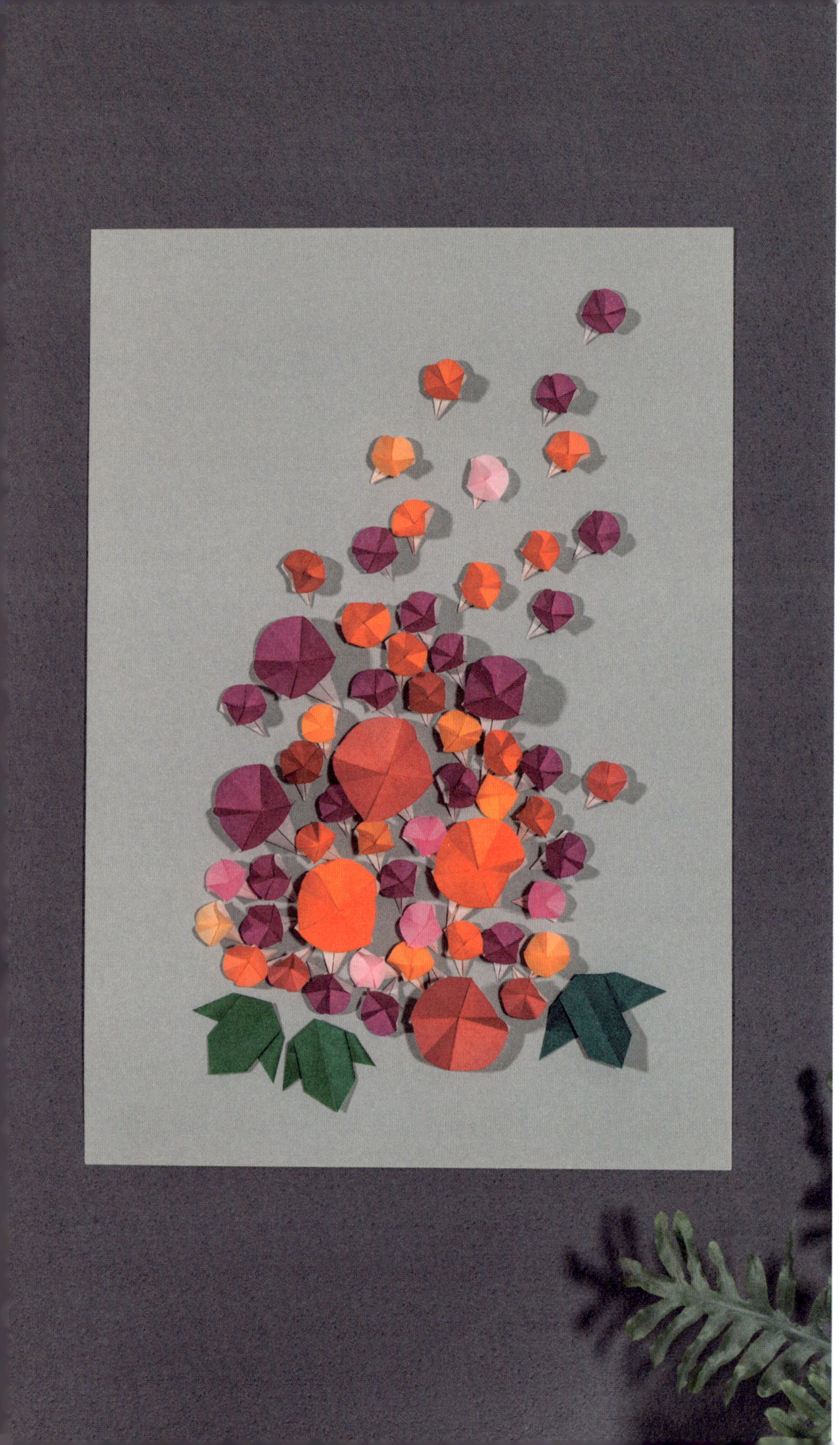

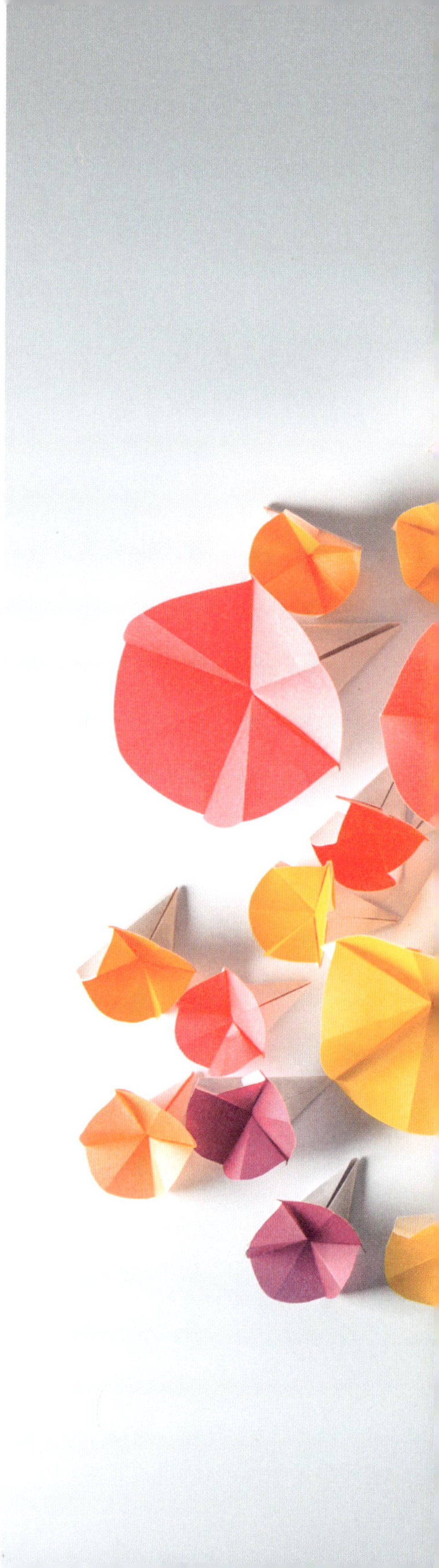

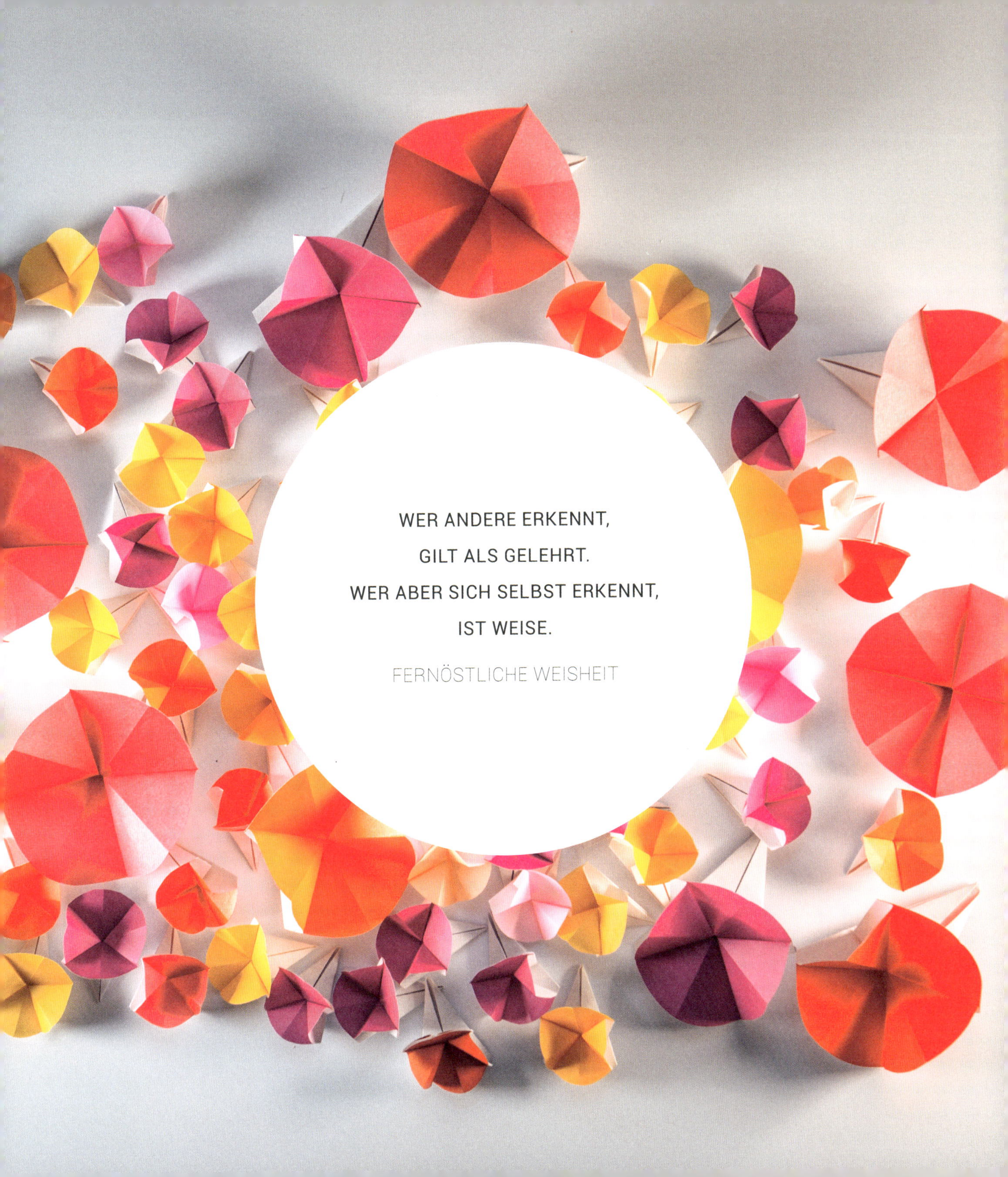

WER ANDERE ERKENNT,
GILT ALS GELEHRT.
WER ABER SICH SELBST ERKENNT,
IST WEISE.

FERNÖSTLICHE WEISHEIT

BOUGAINVILLEA

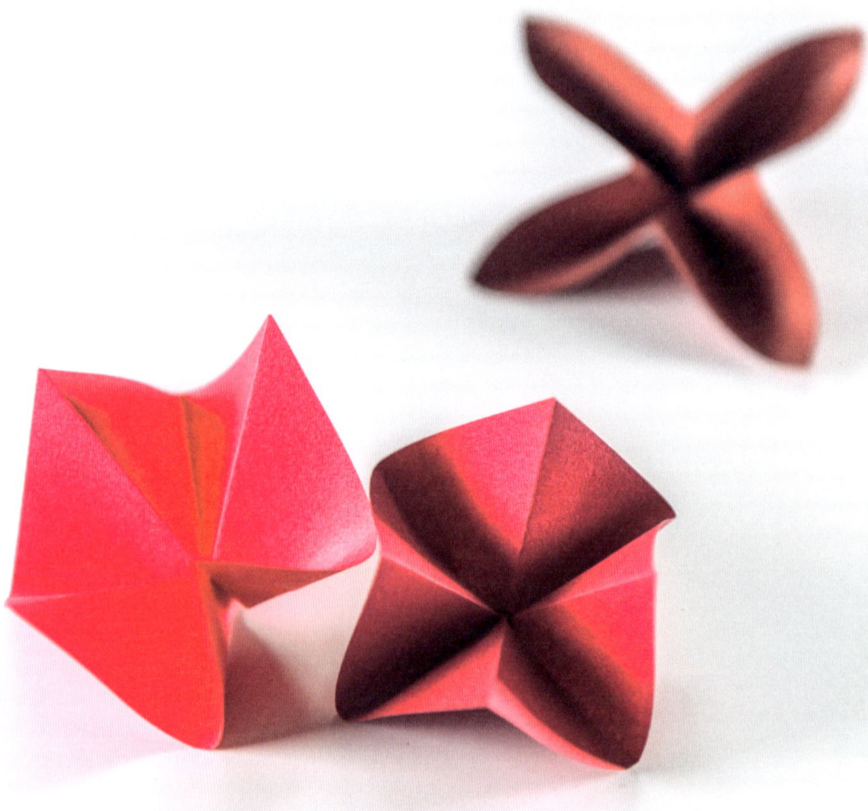

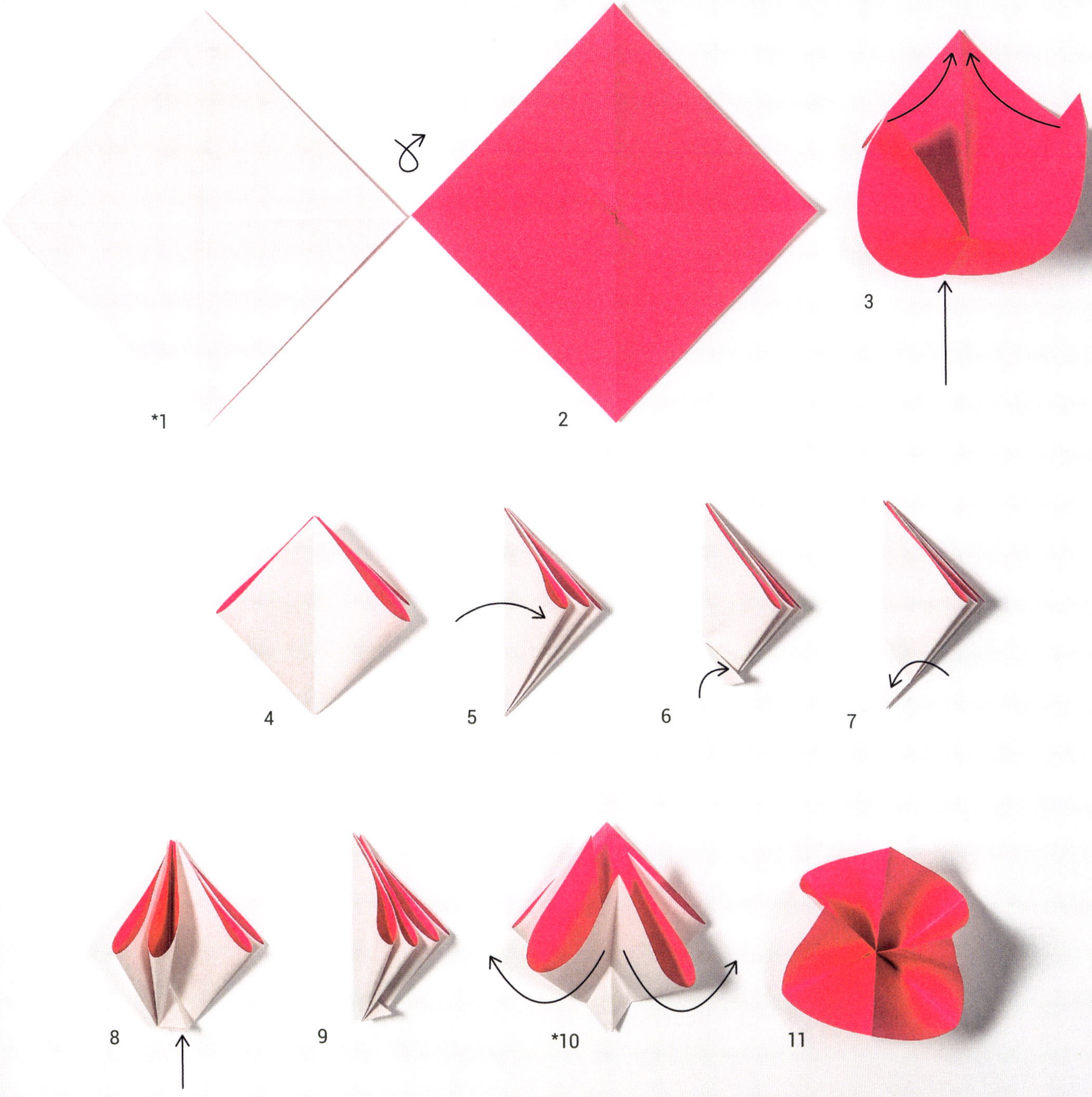
*1
2
3
4
5
6
7
8
9
*10
11

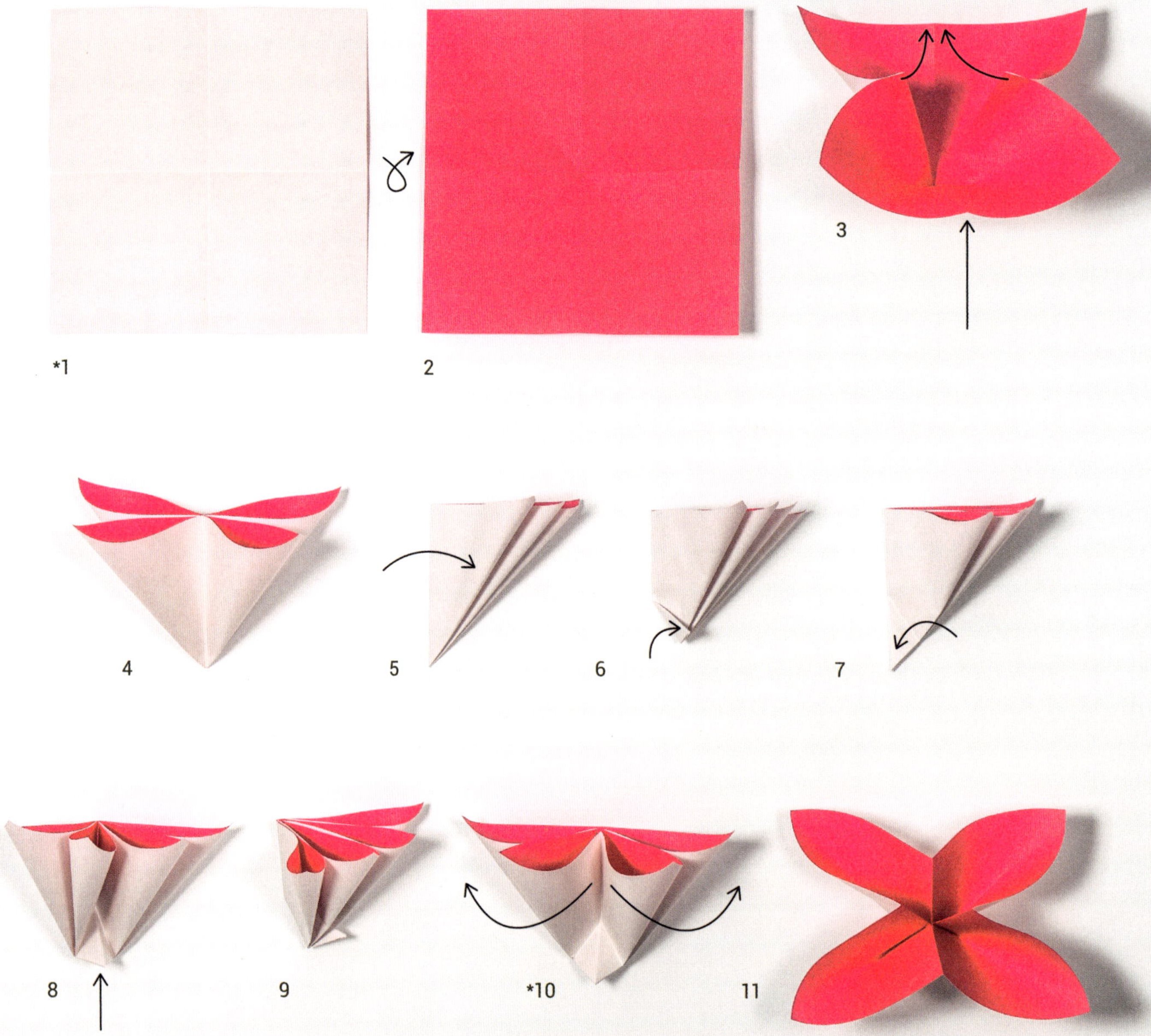

*1
2
3
4
5
6
7
8
9
*10
11

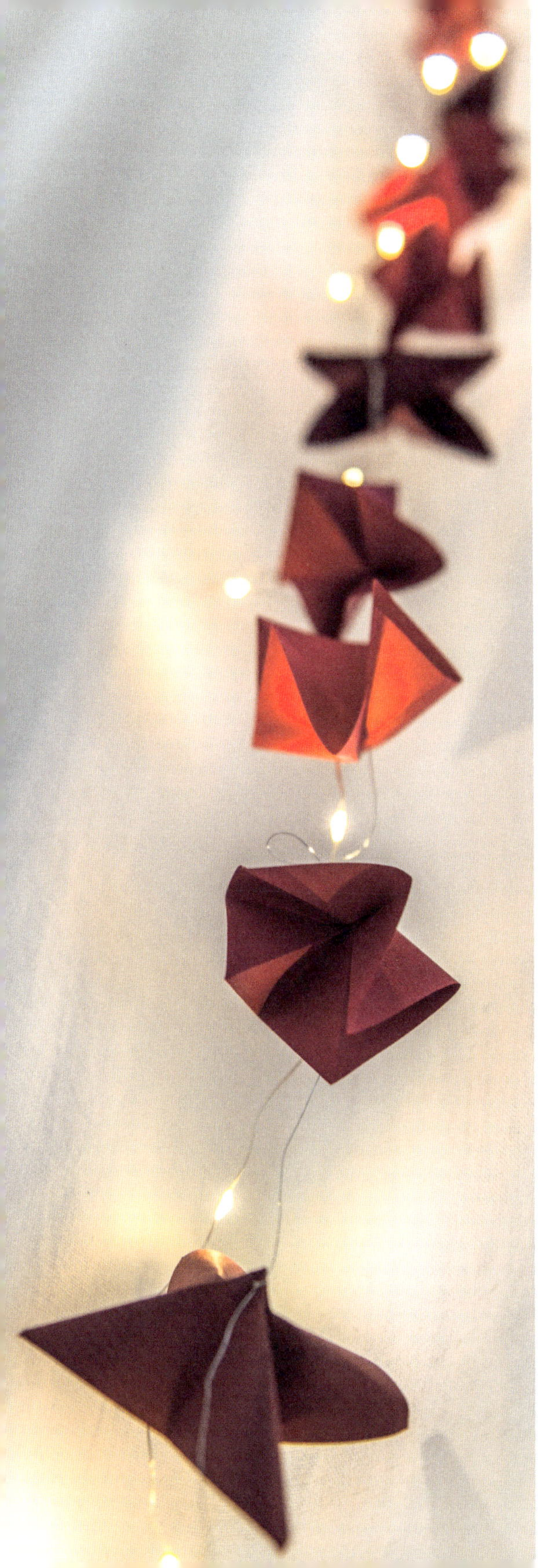

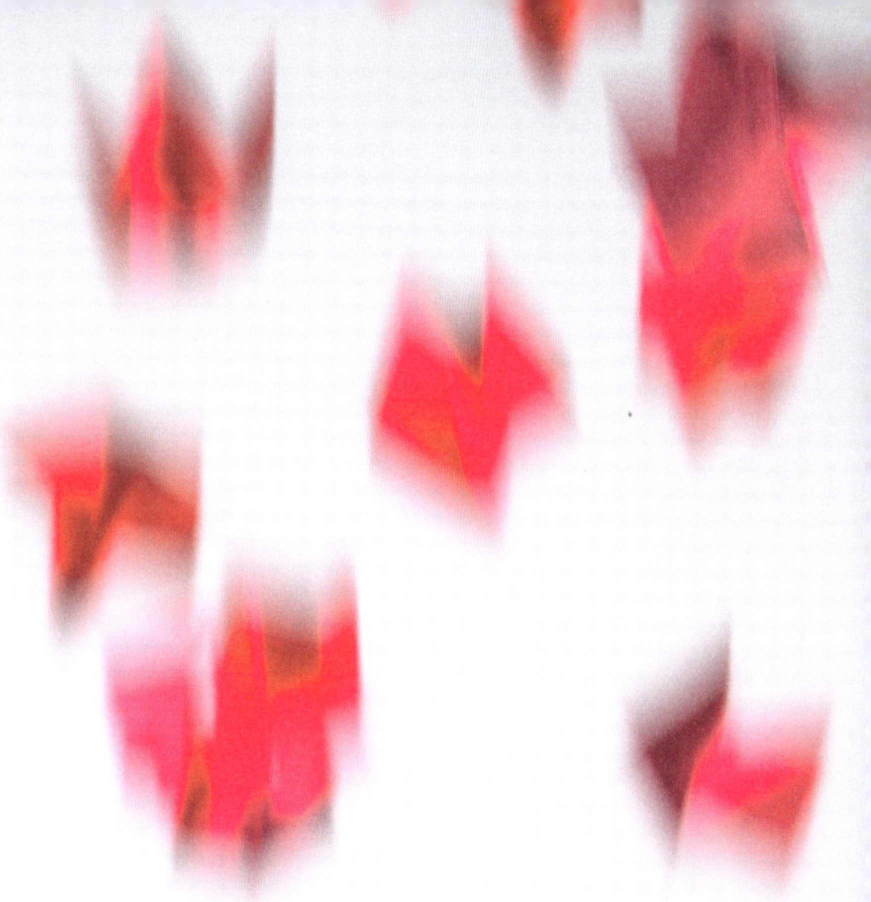

DER BOTE REICHT

ZUERST DEN BLÜTENZWEIG UND DANN

DEN BRIEF.

KIKAKU

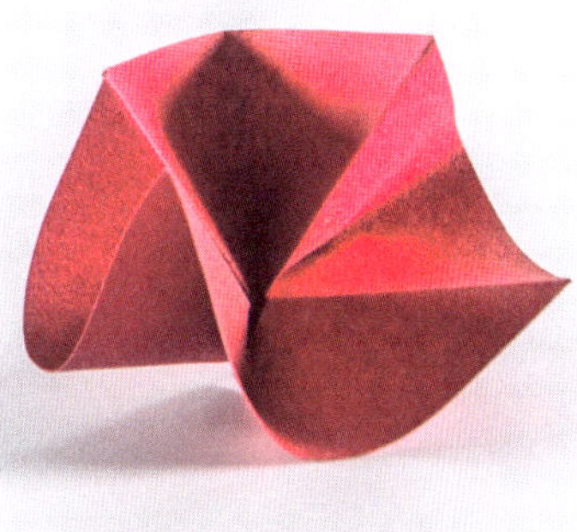

LOTUS

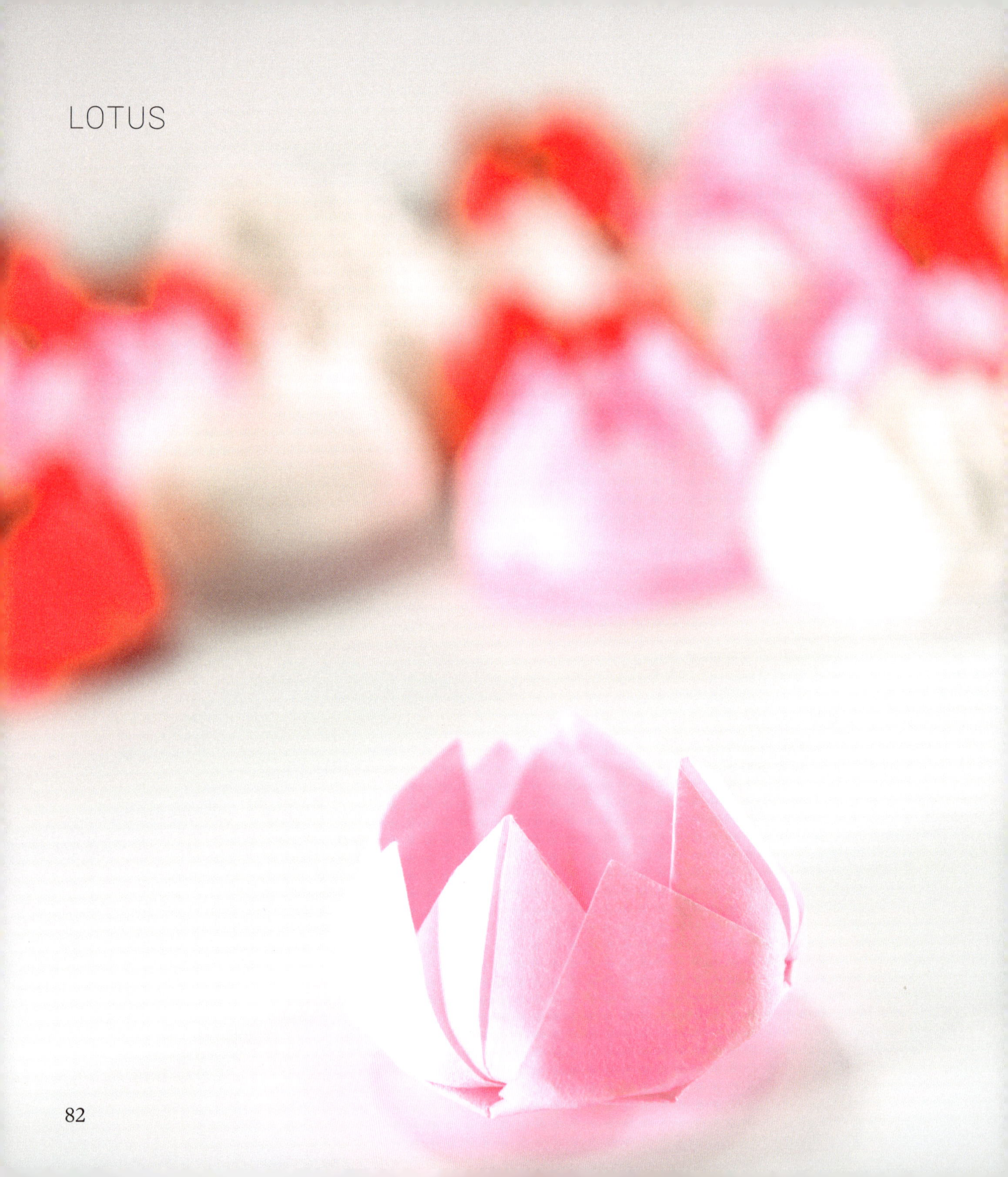

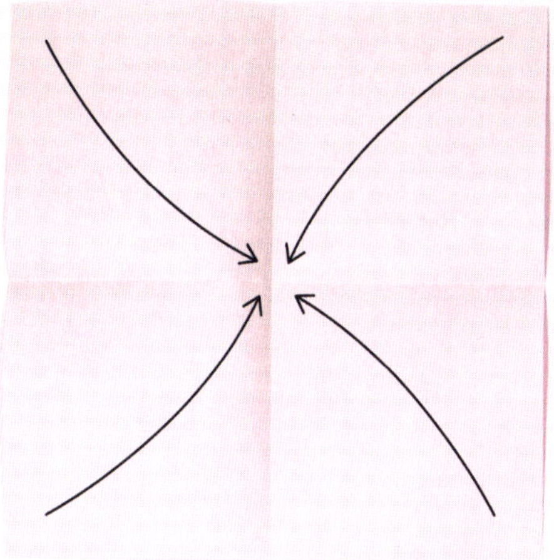

*1

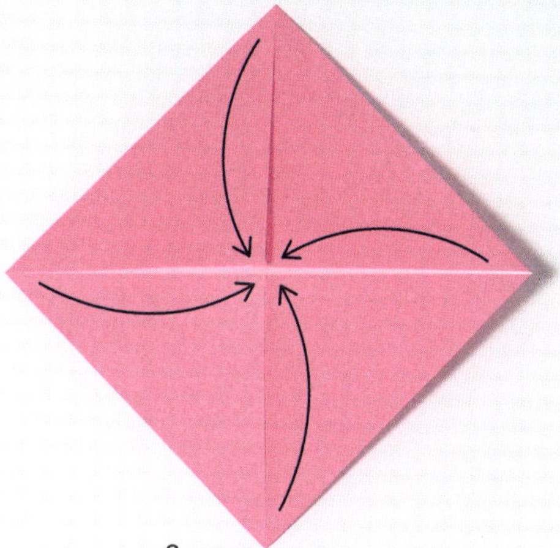

2

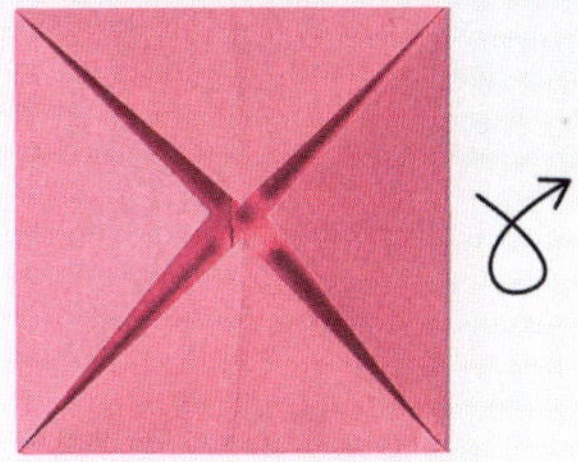

3

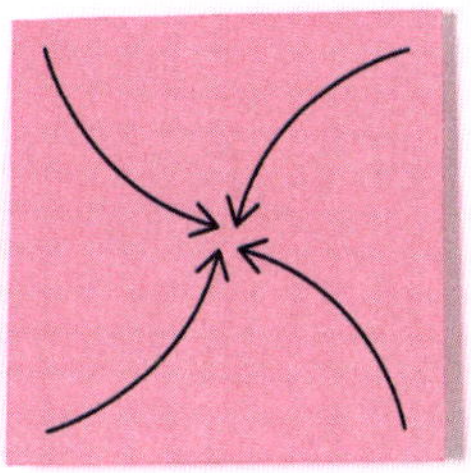

4

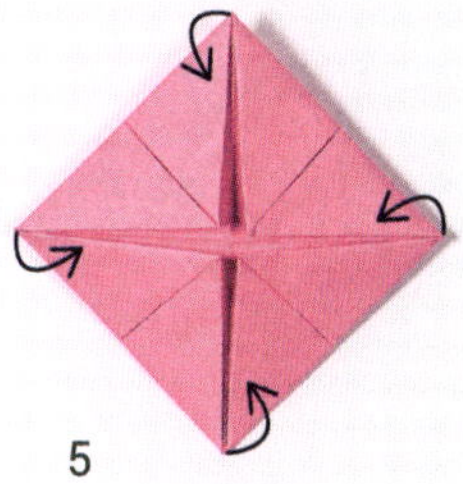

5

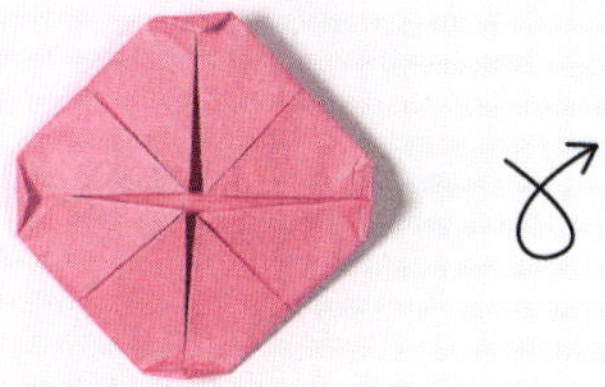

6

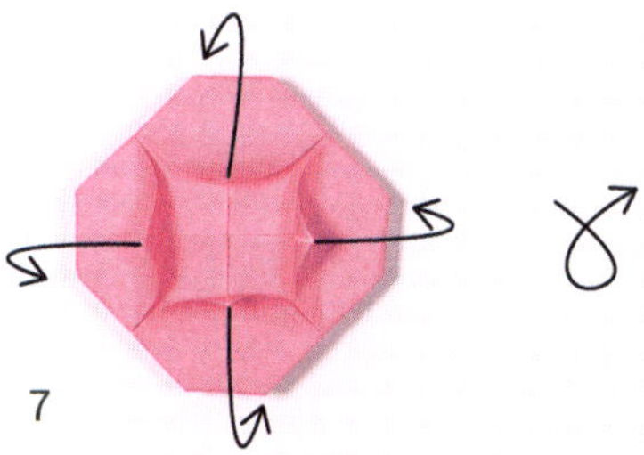

7

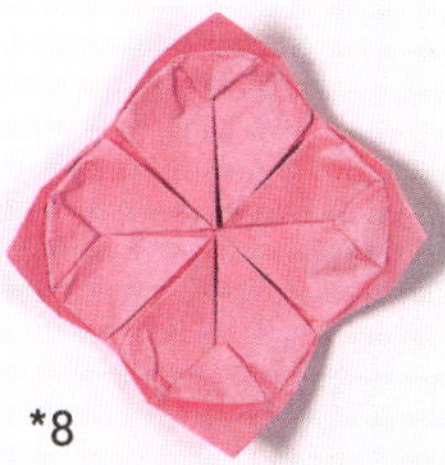

*8

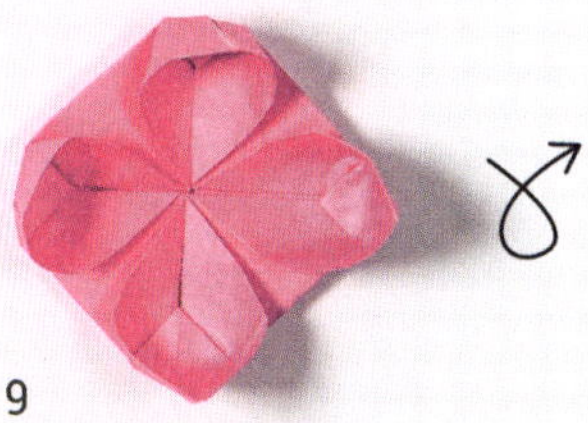

9

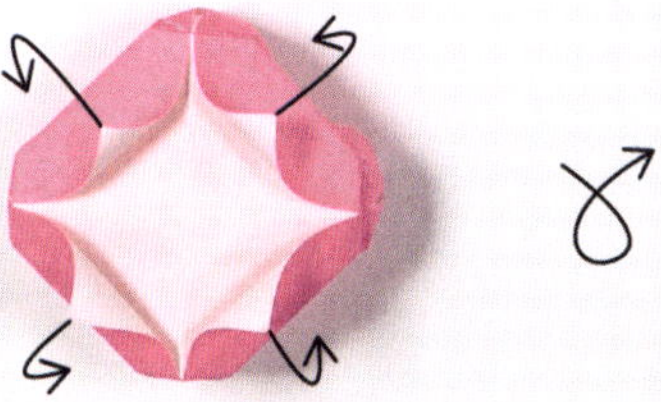

10

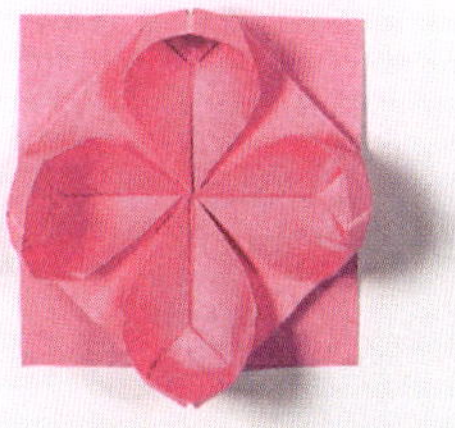

*11

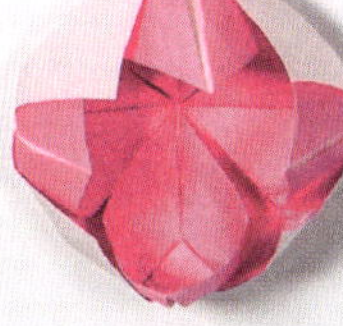

12

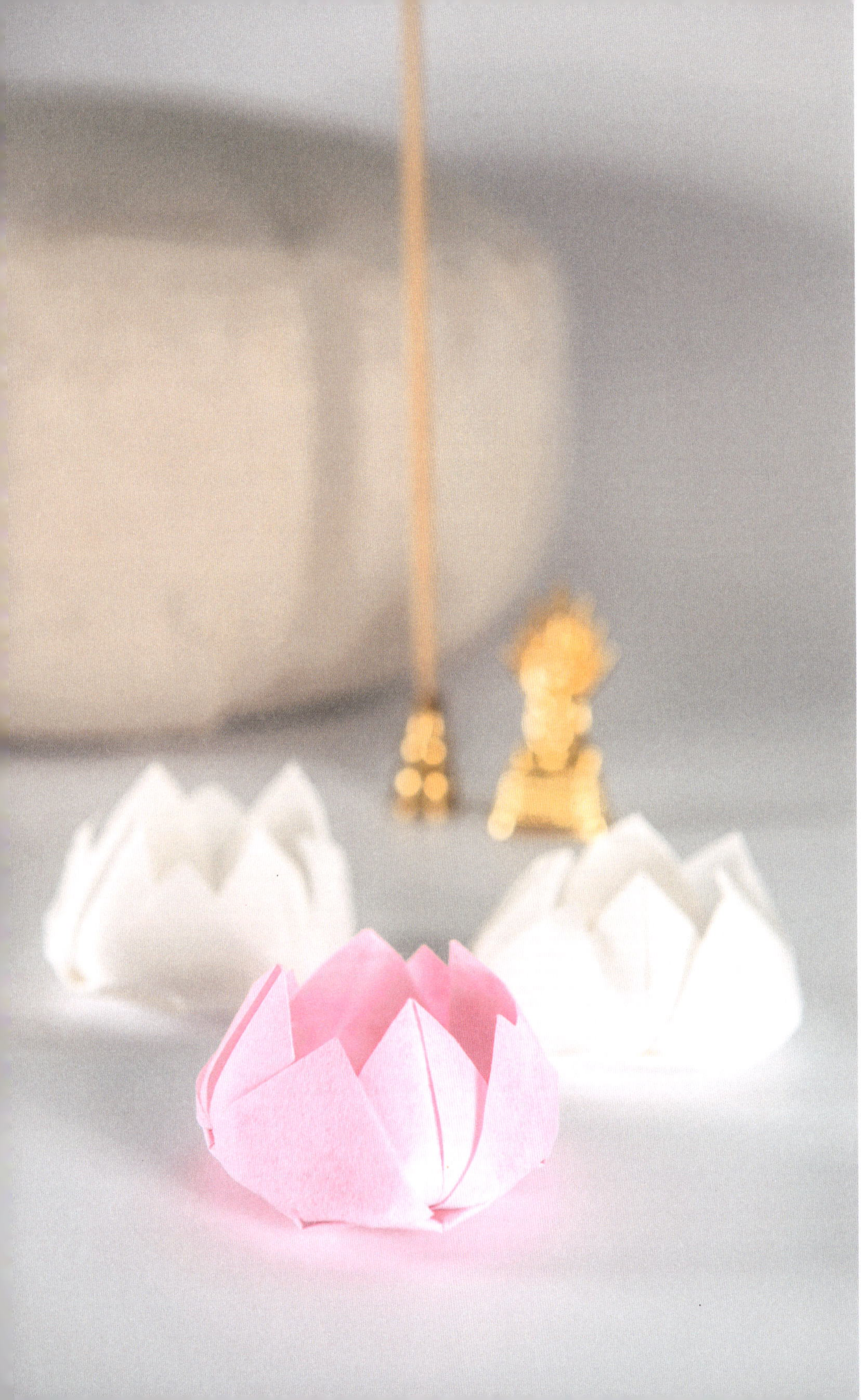
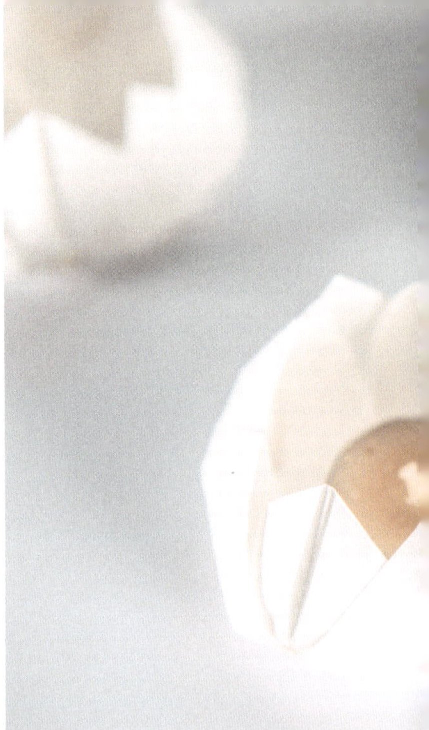
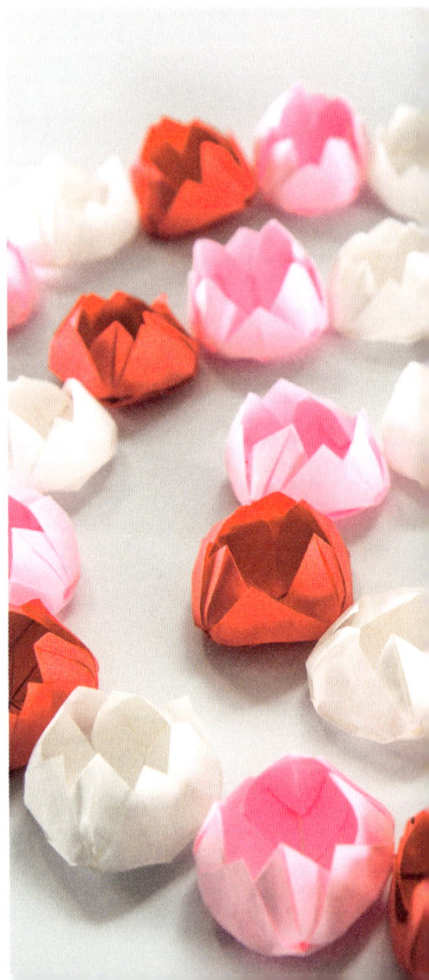

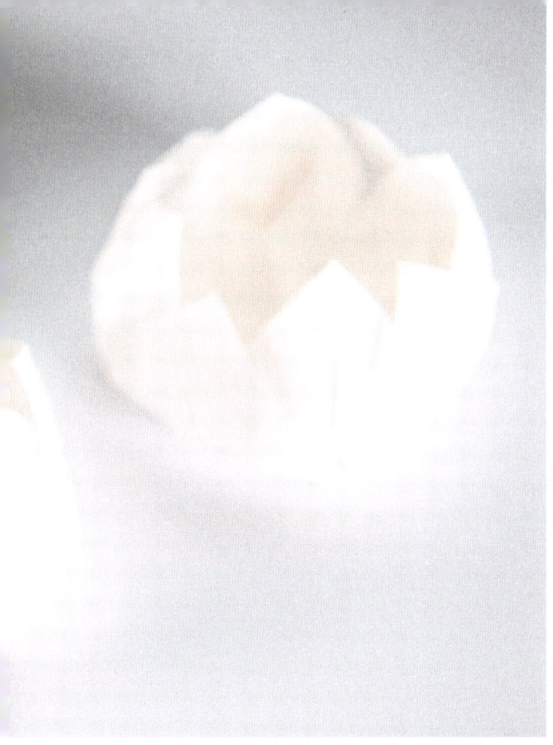

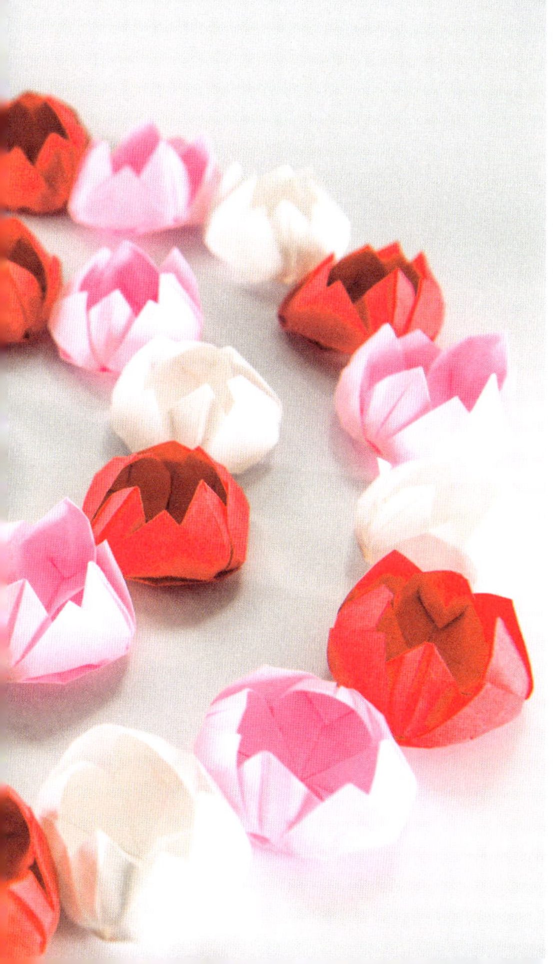

DIE WITTERUNG IST NOCH MILD, DAS LICHT NOCH HELL: DOCH DIE LOTUSBLÜTEN WURDEN SCHON VON DER MORGENKÄLTE BERÜHRT UND BEUGEN IHRE GELBEN BLÄTTER ÜBER DAS WASSER. DIE MELANCHOLIE DES NOVEMBERS GESELLT SICH ZU JENER DES TOTEN ALTERTUMS, DAS MAN RINGSUM SPÜRT, UNTER GRAS UND MOOS VERSUNKEN.

PIERRE LOTI

ROSE

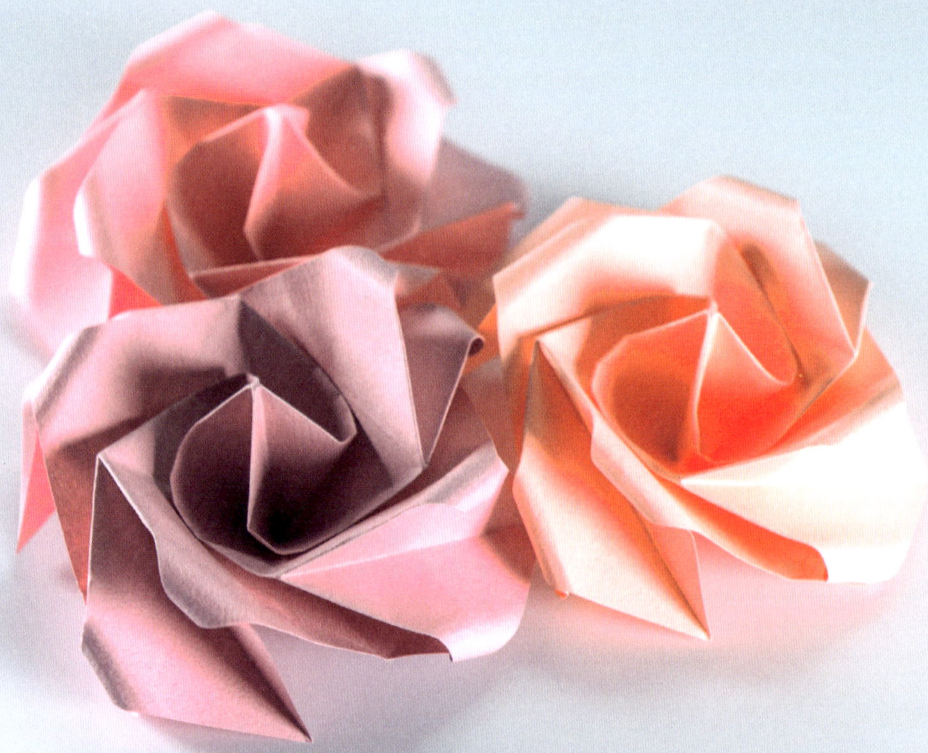

OH, WER UM ALLE ROSEN WÜSSTE,
DIE RINGS IN STILLEN GÄRTEN STEHN –
OH, WER UM ALLE WÜSSTE, MÜSSTE
WIE IM RAUSCH DURCHS LEBEN GEHN.
DU BRICHST HINEIN MIT RAUEN SINNEN,
ALS WIE EIN WIND IN EINEN WALD
UND WIE EIN DUFT WEHST DU VON HINNEN,
DIR SELBST VERWANDELTE GESTALT.

OH, WER UM ALLE ROSEN WÜSSTE,
DIE RINGS IN STILLEN GÄRTEN STEHN –
OH, WER UM ALLE WÜSSTE, MÜSSTE
WIE IM RAUSCH DURCHS LEBEN GEHN.

CHRISTIAN MORGENSTERN

*1

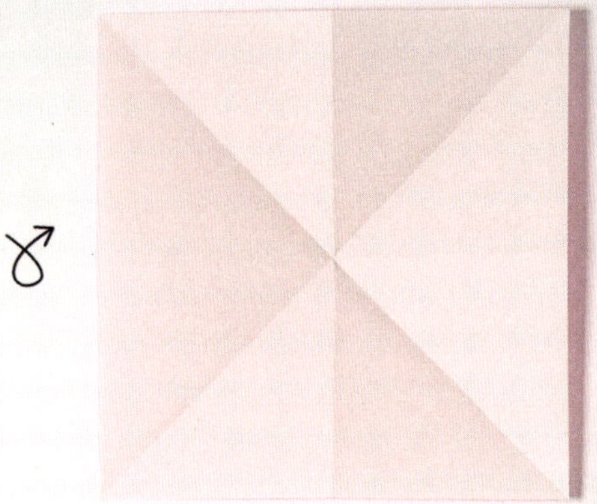

2

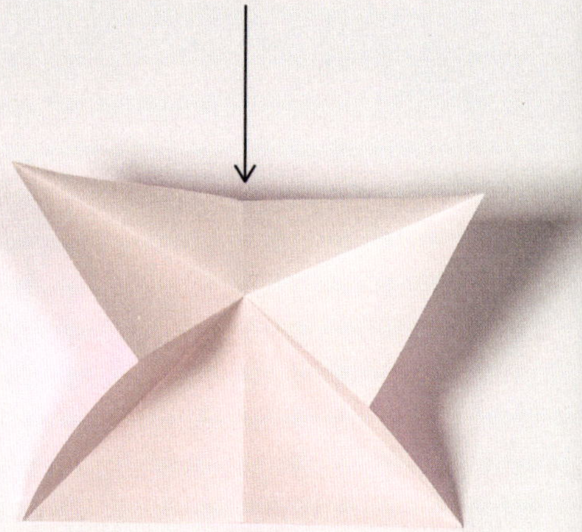

3

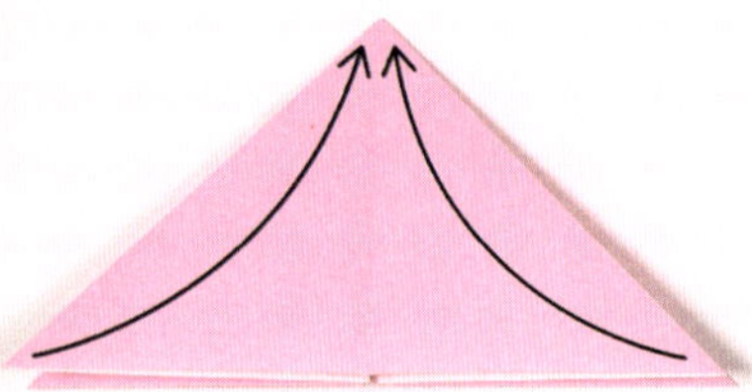

4

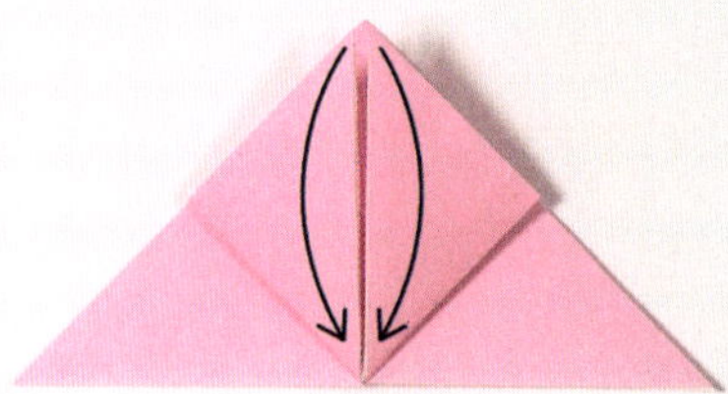

5

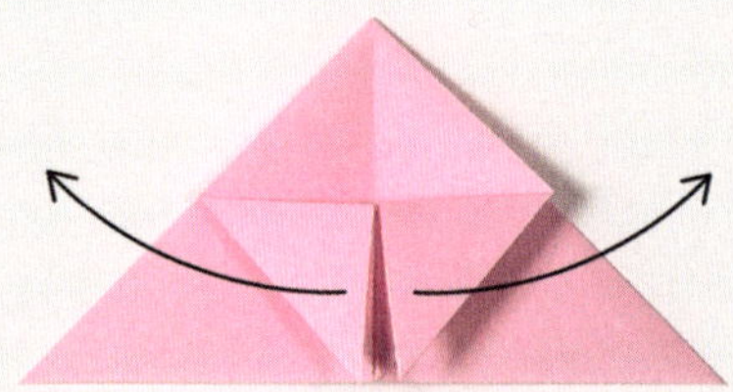

6

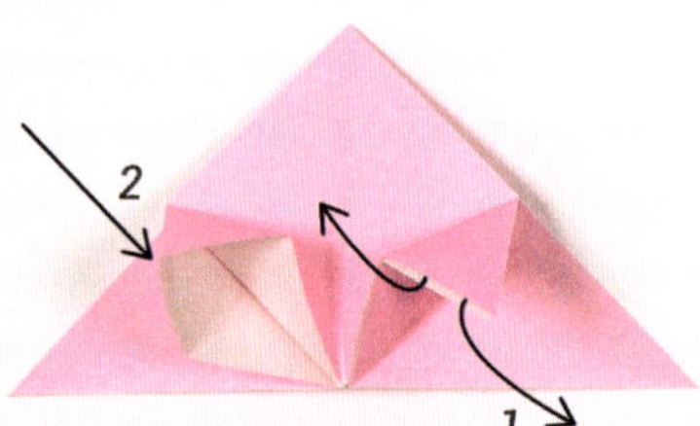

7

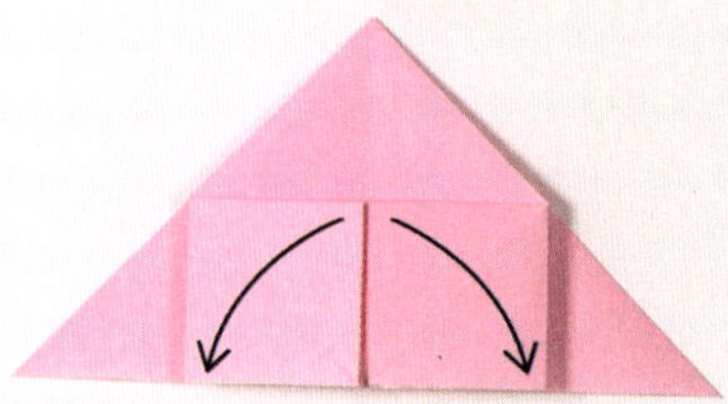

8

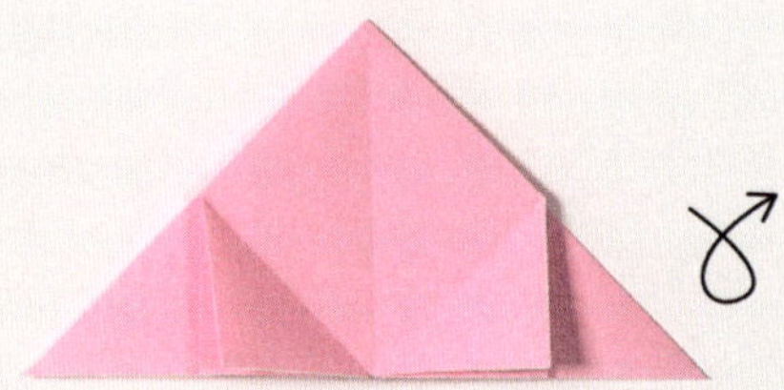

9

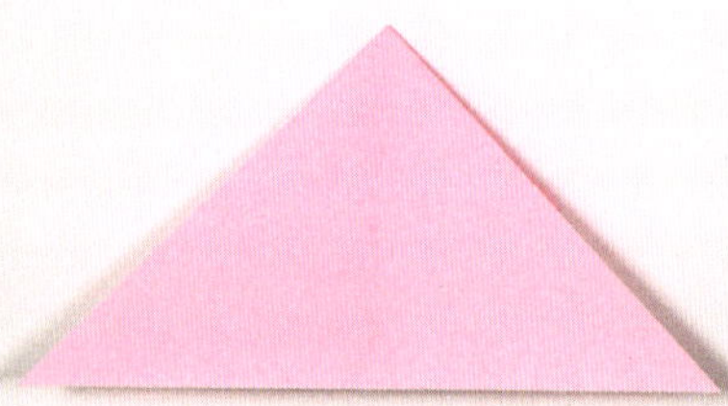

10

∞ 4 – 9

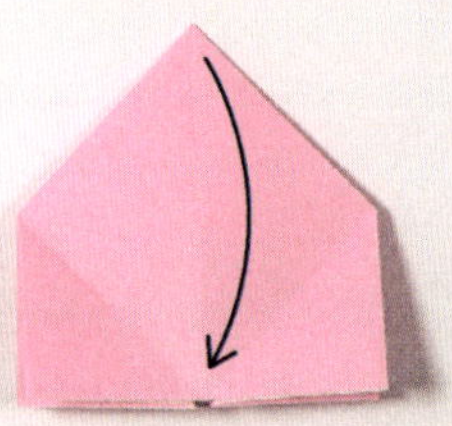

11

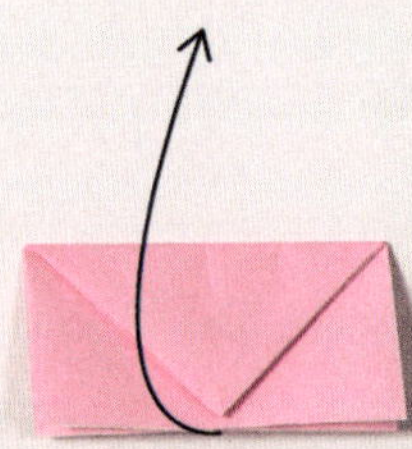

12

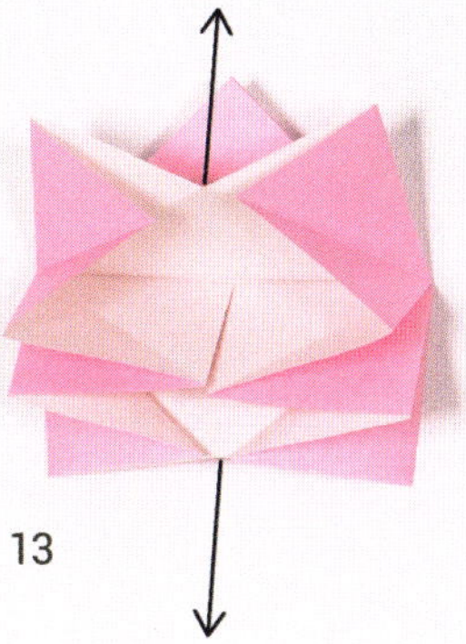

13

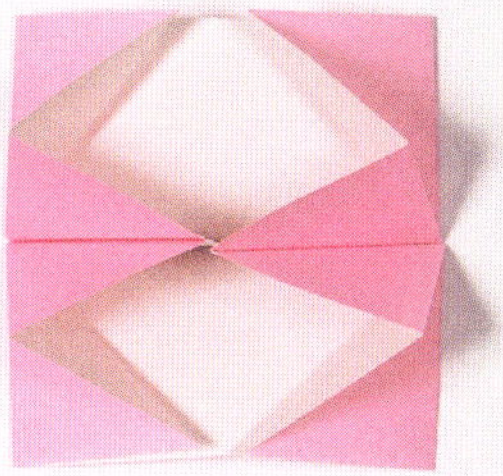

14

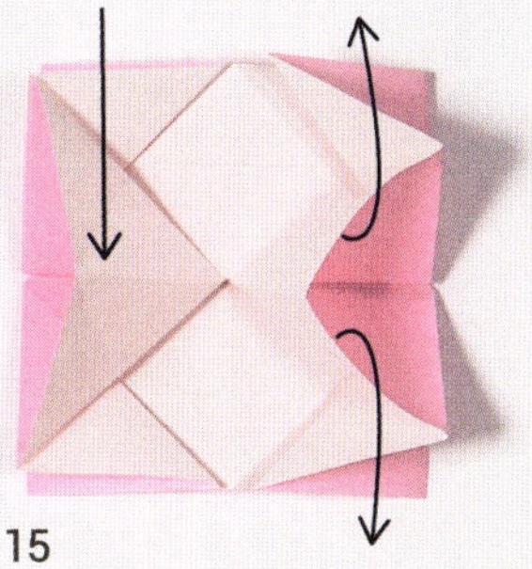

15

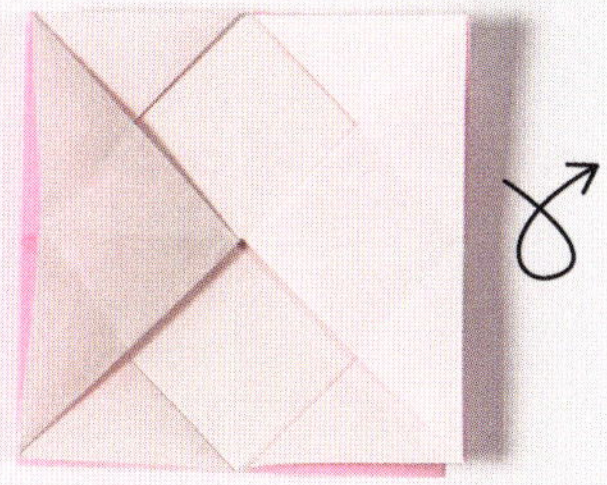

16

17

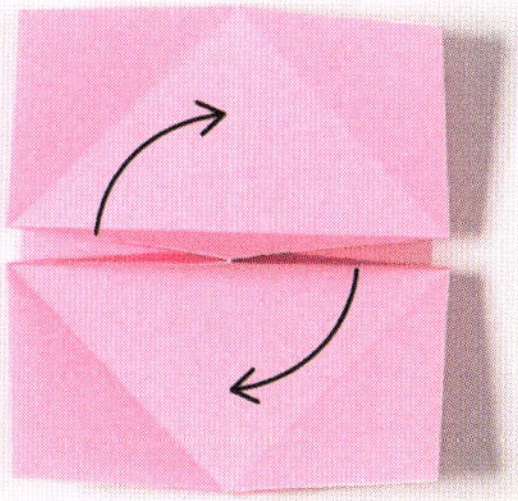

18

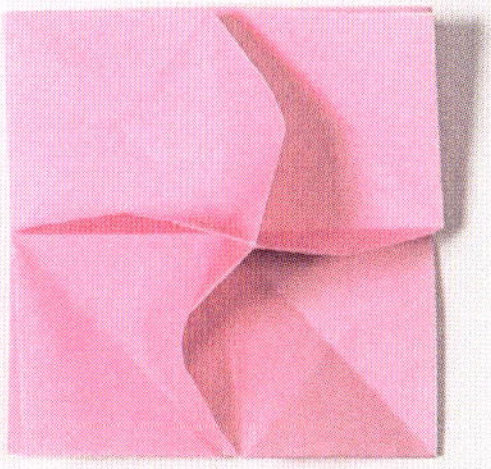

19

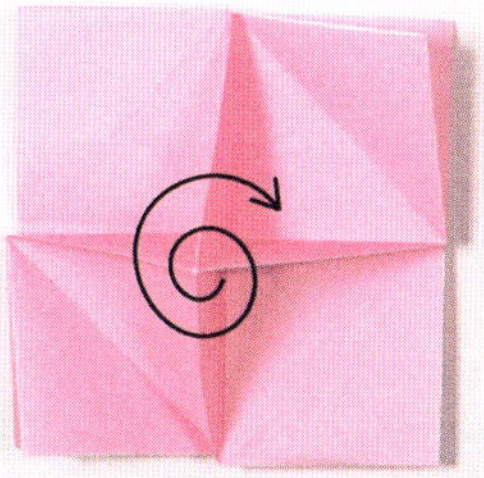

*20

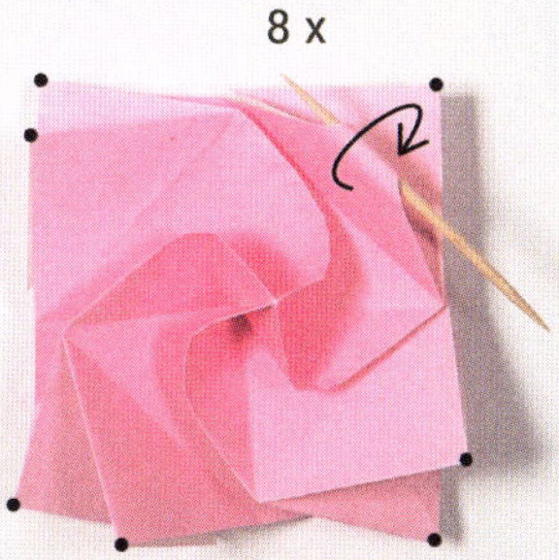

21

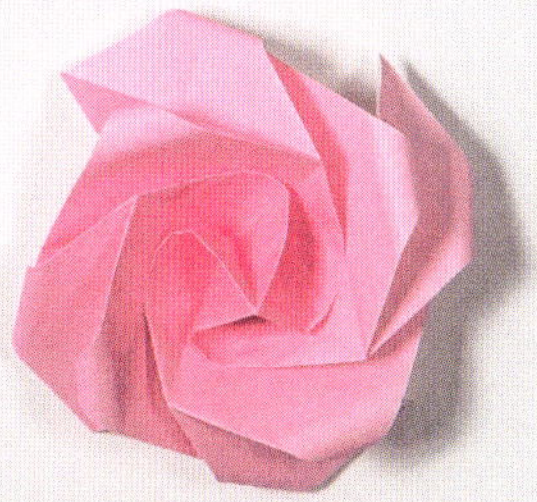

*22

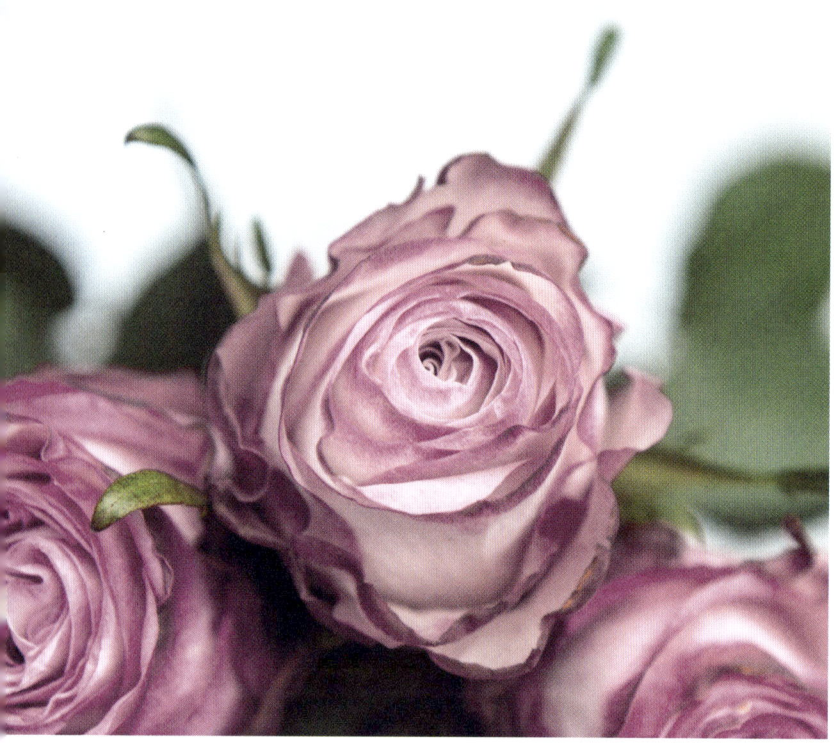
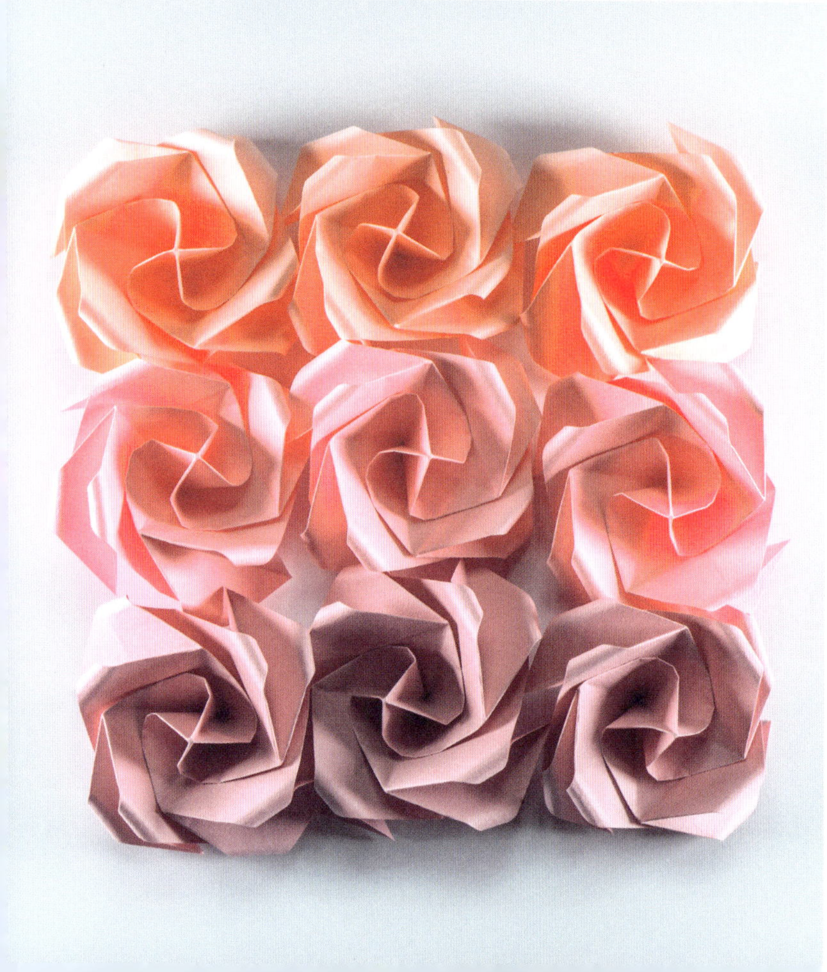
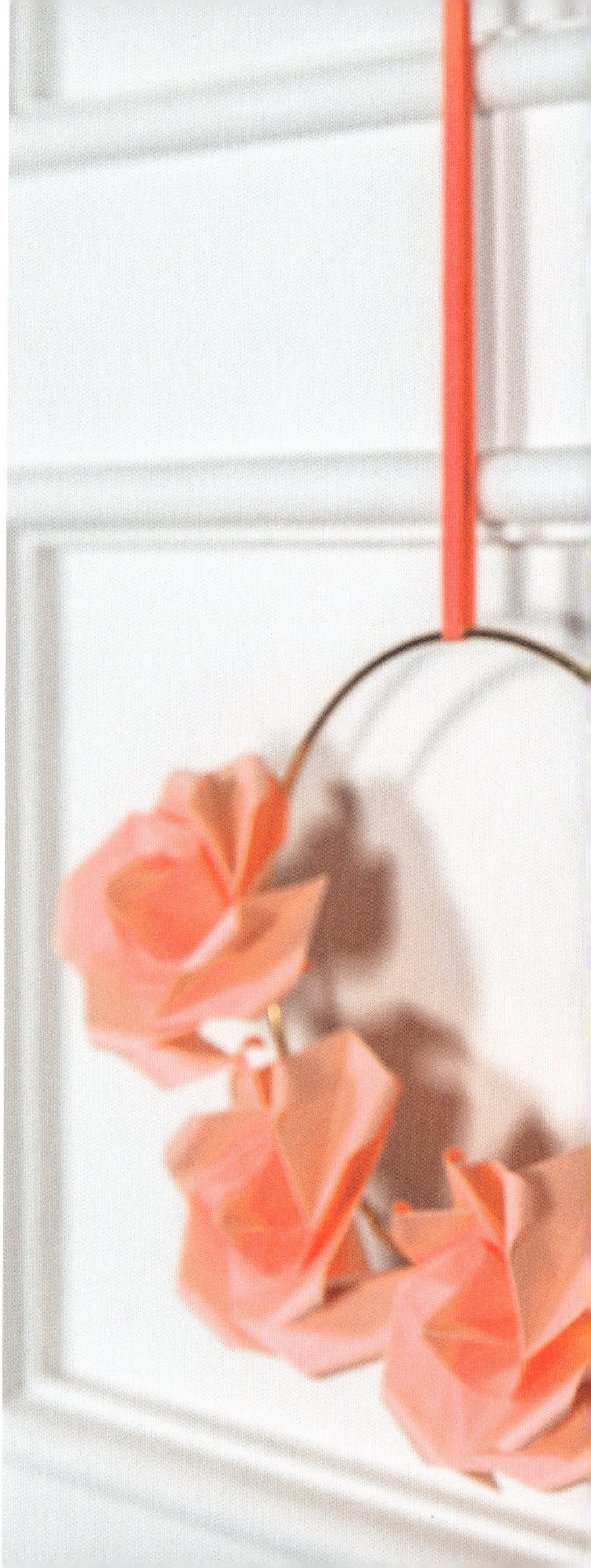

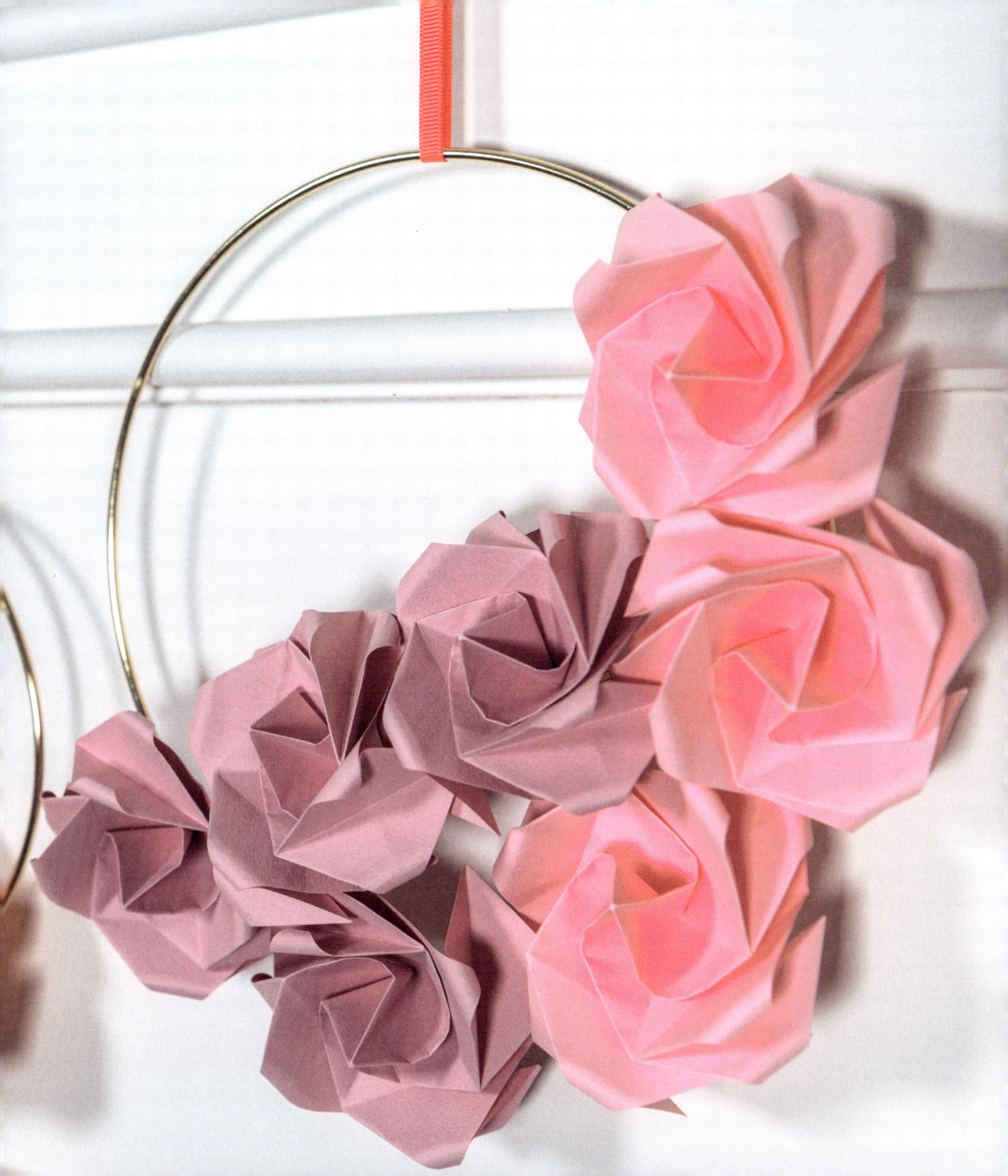

WÜRDE DAS BLÜTENMEER DER KIRSCHBÄUME
LÄNGER ANDAUERN ALS NUR EINIGE TAGE,
WIR WÜRDEN ES NICHT SO INNIG LIEBEN.

JAPANISCHE WEISHEIT

KIRSCHBLÜTE

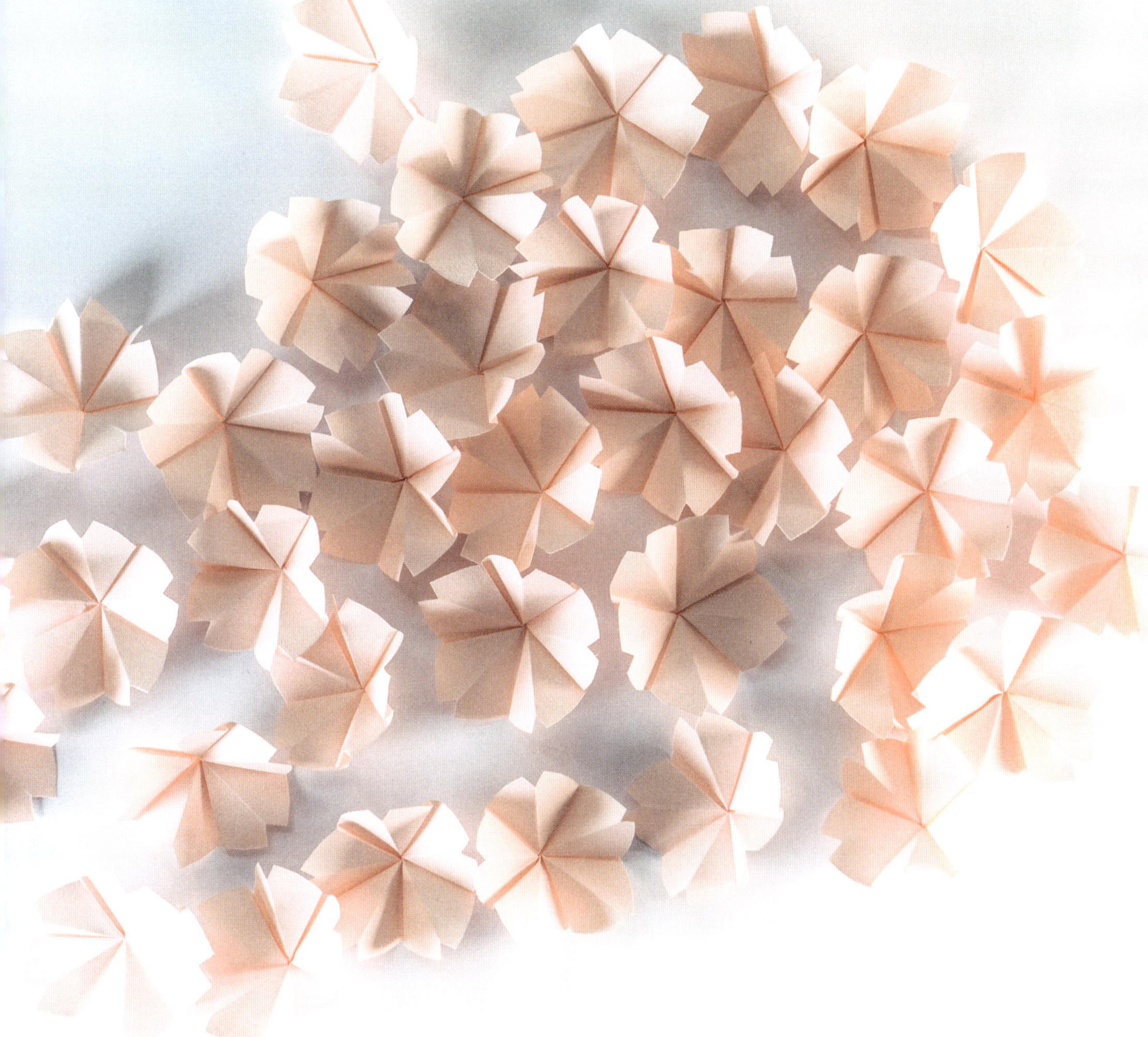

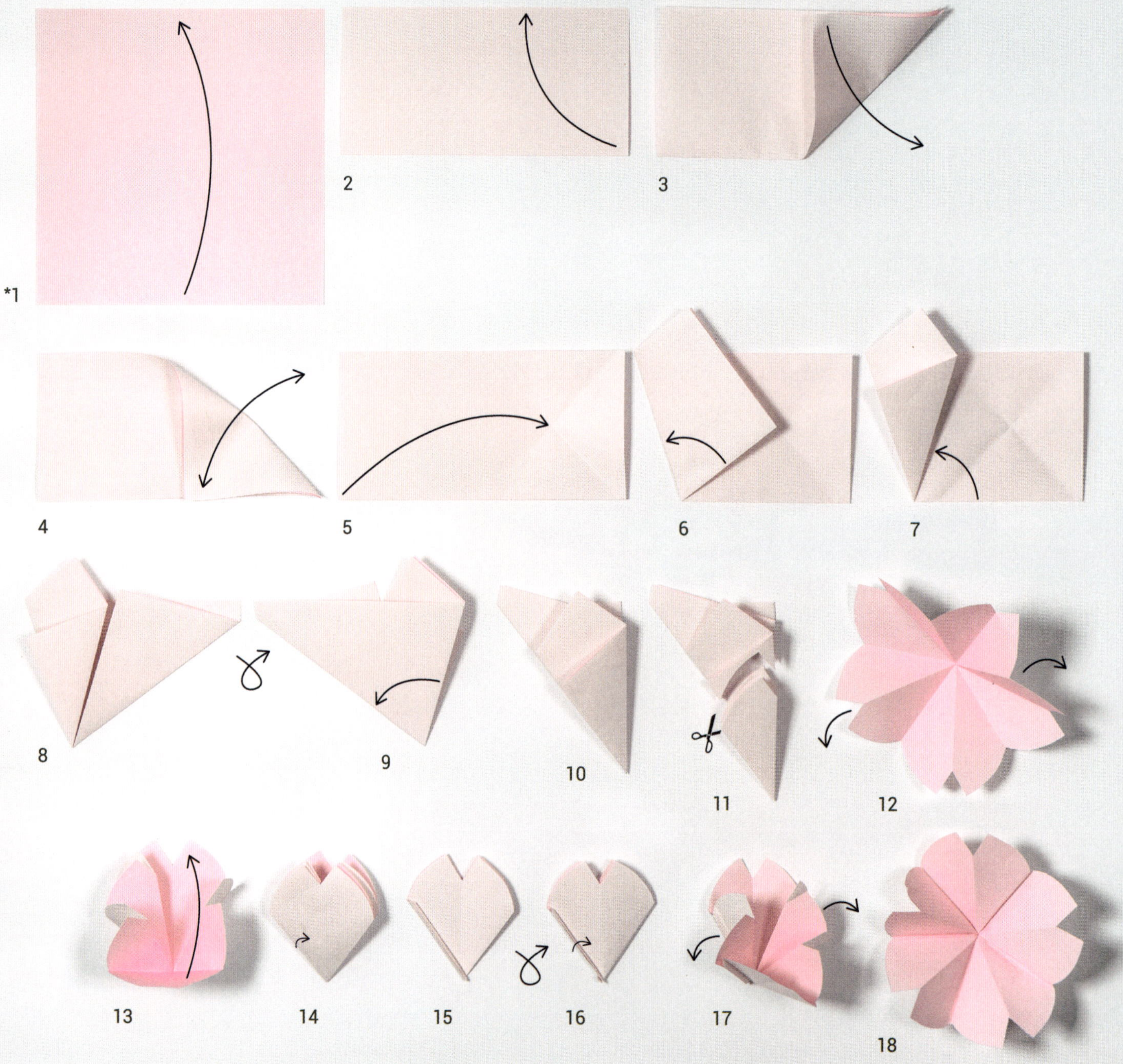
*1
2
3
4
5
6
7
8
9
10
11
12
13
14
15
16
17
18

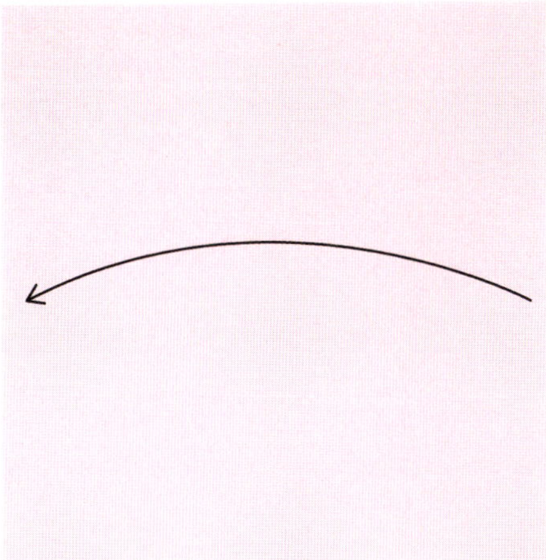

1

2

3

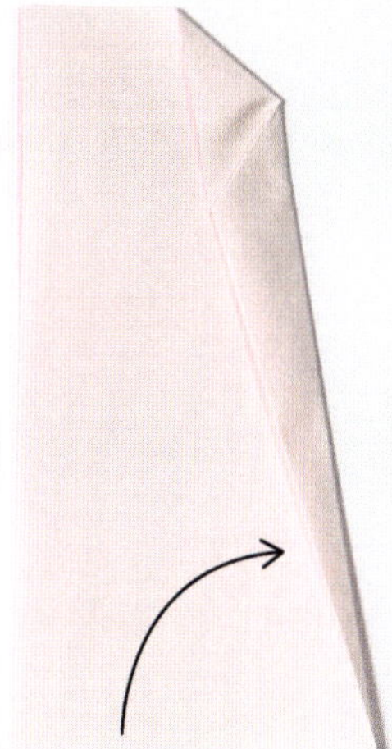

4

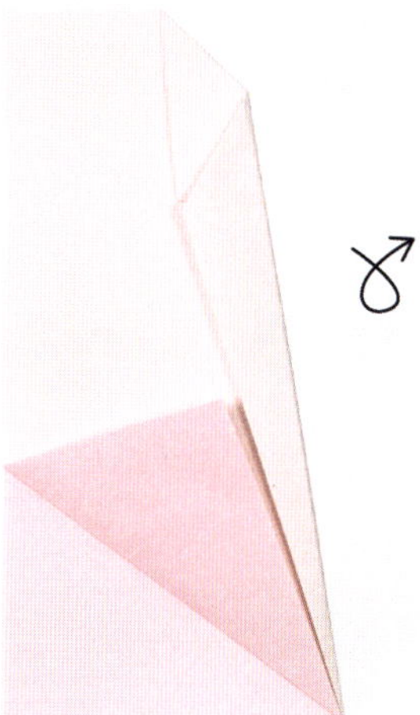

5

6

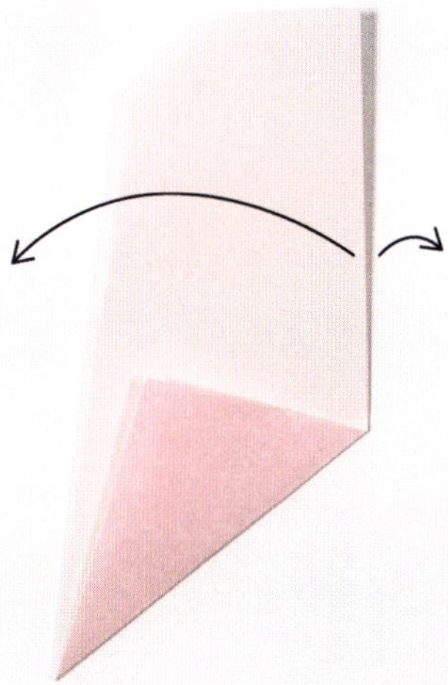

7

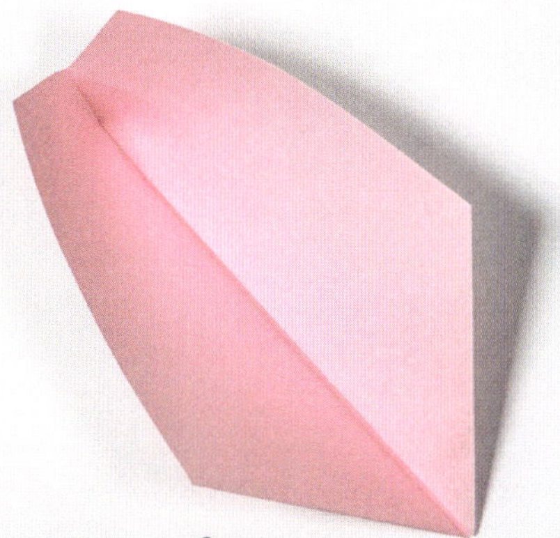

*8

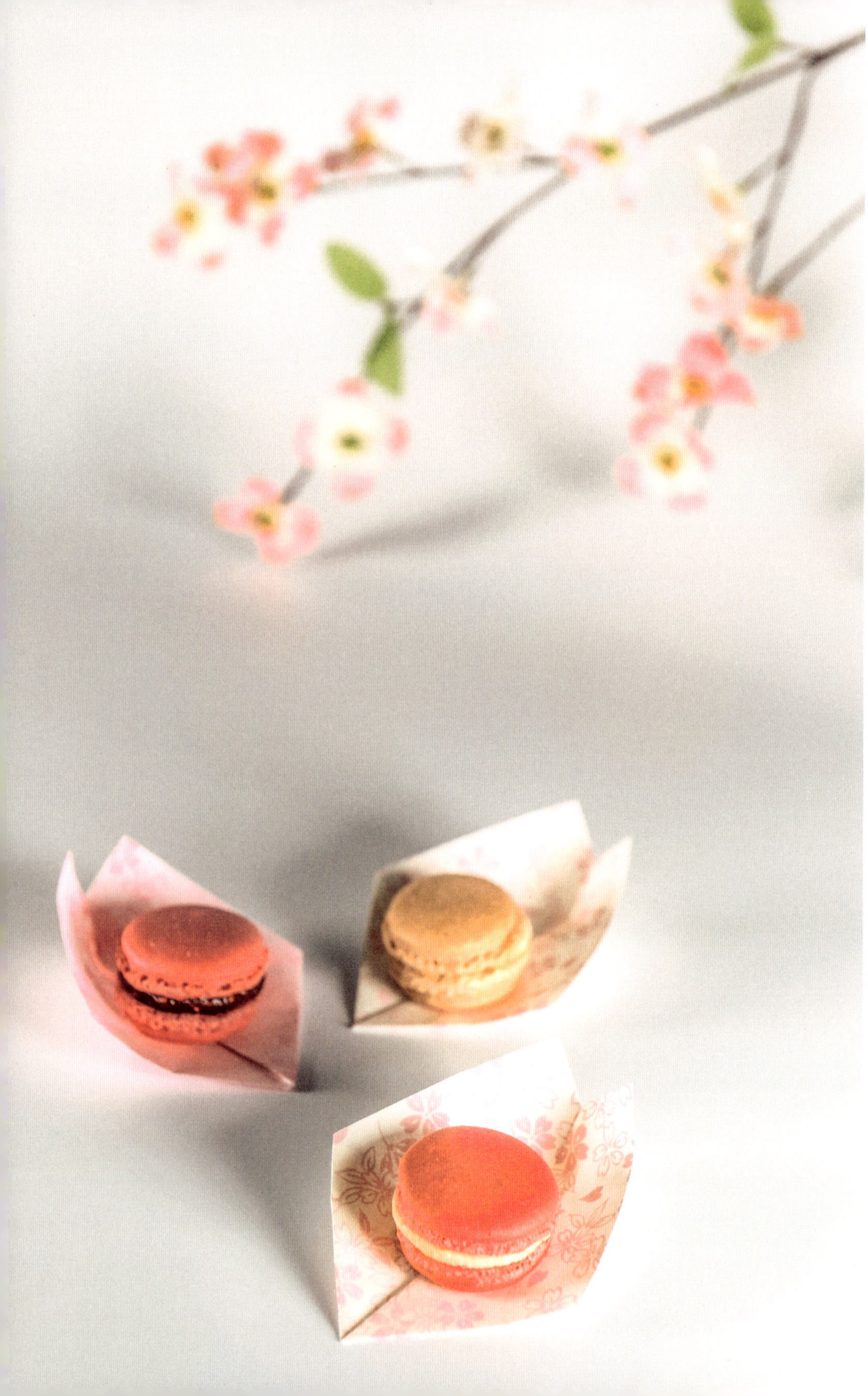
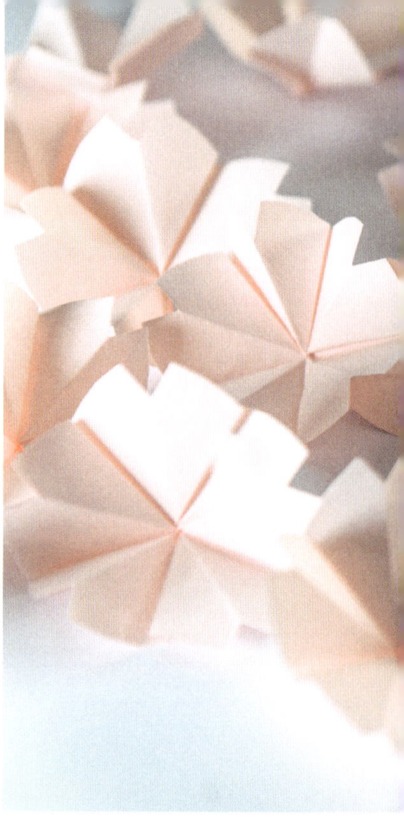
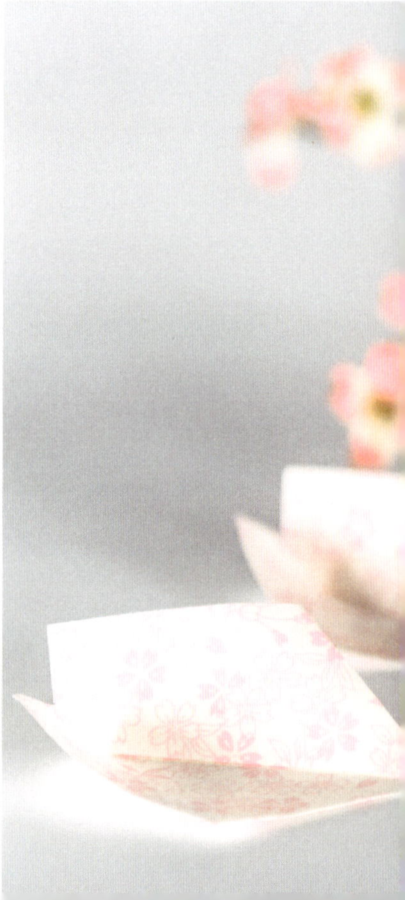

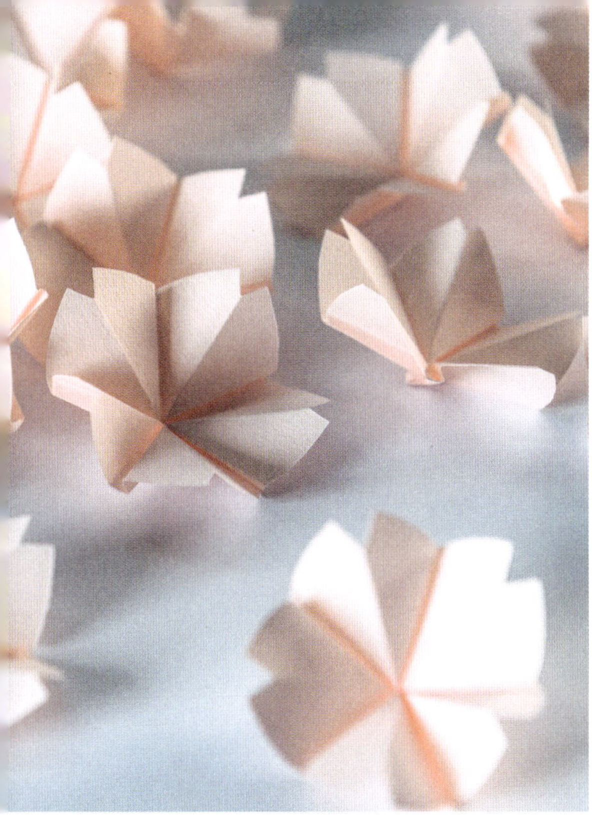

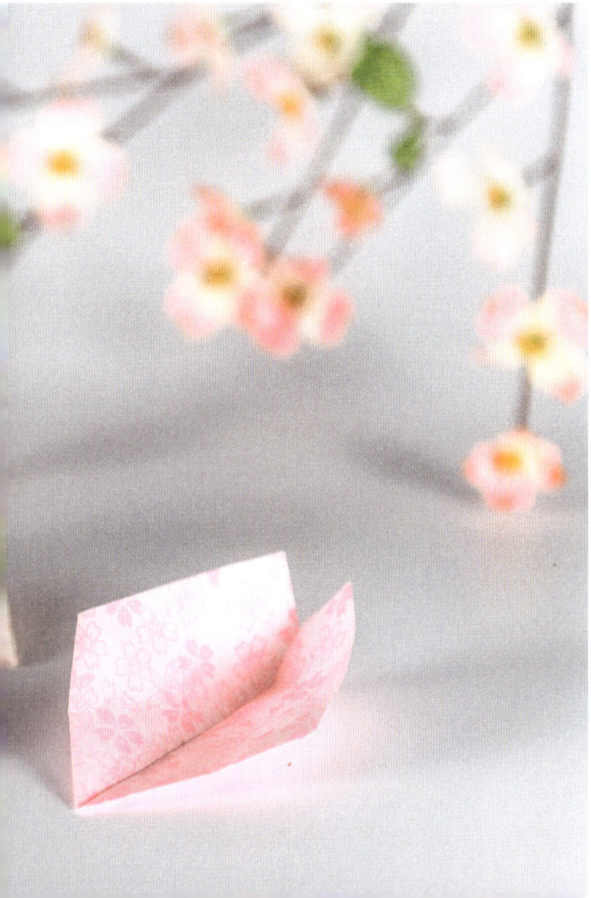

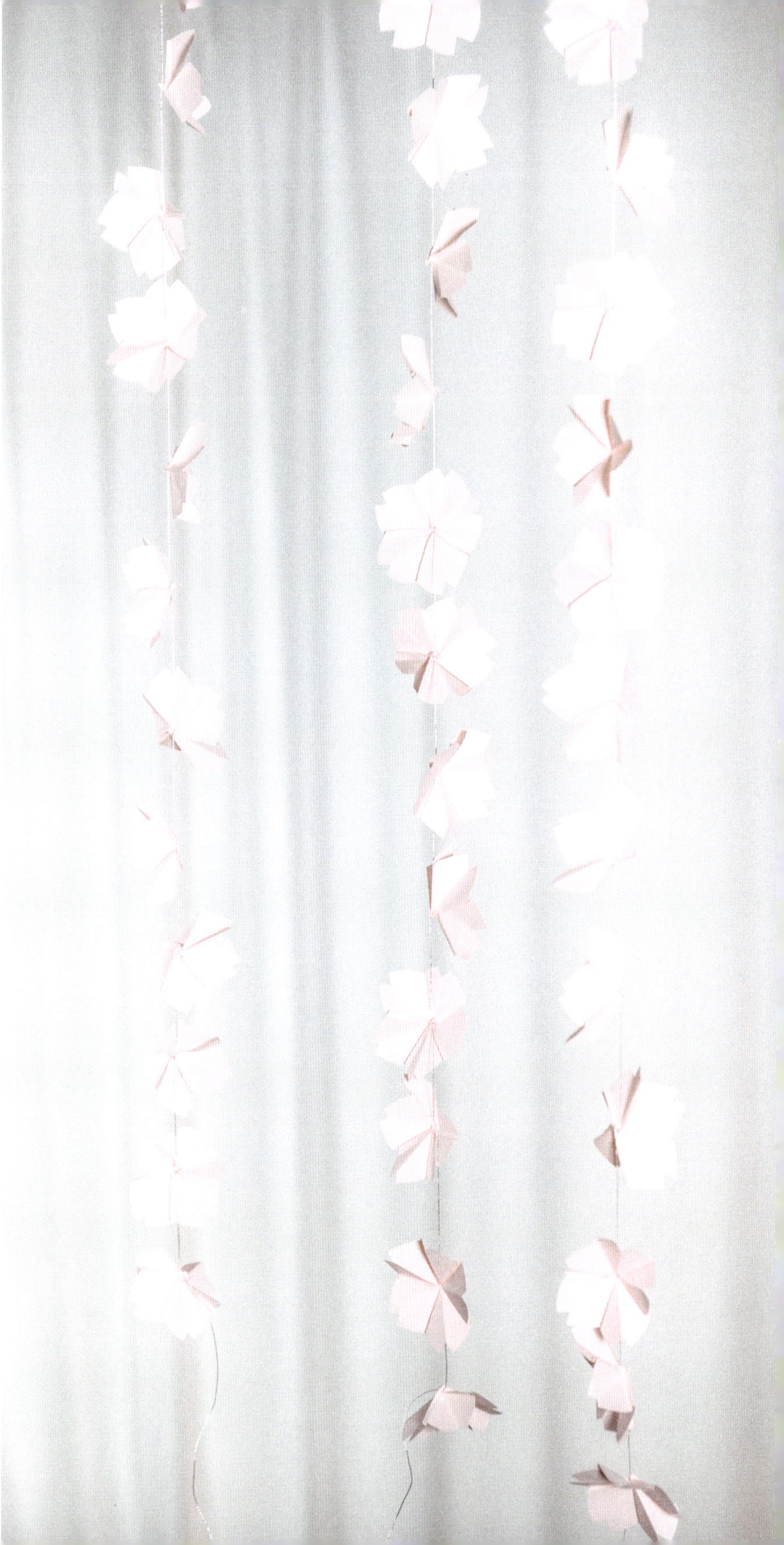

DER PFLAUMENBLÜTENZWEIG

GIBT SEINEN DUFT

DEM, DER IHN BRACH.

CHIYO-NI

PFLAUMENBLÜTE

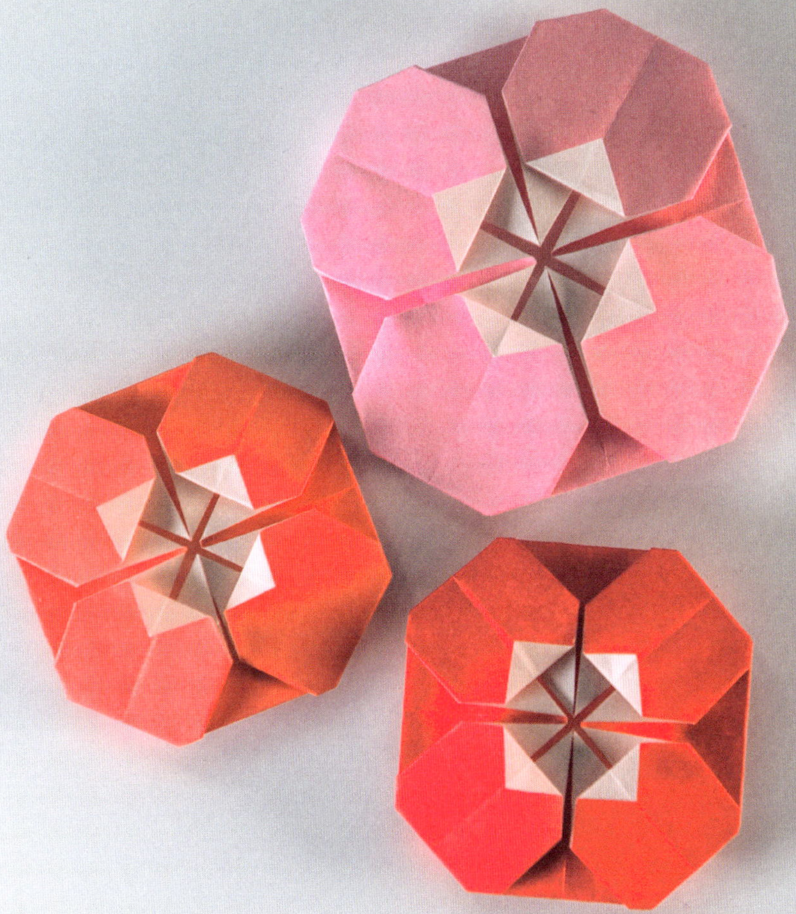

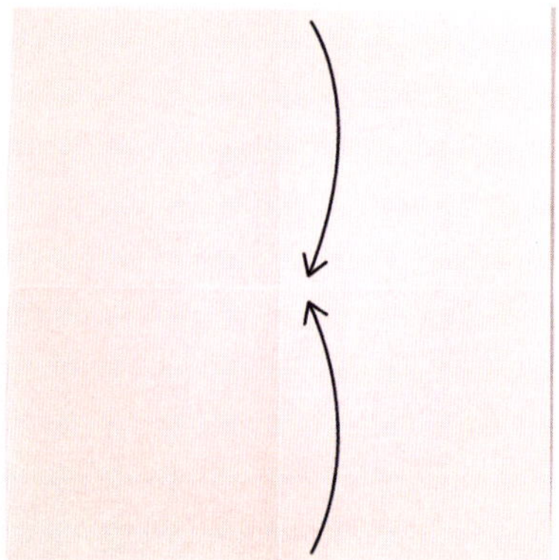

1

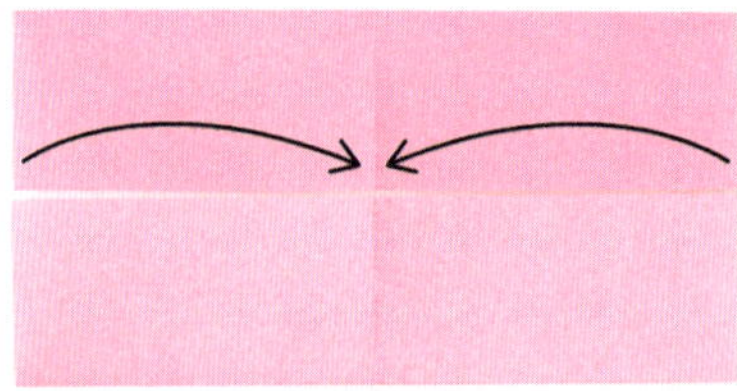

2

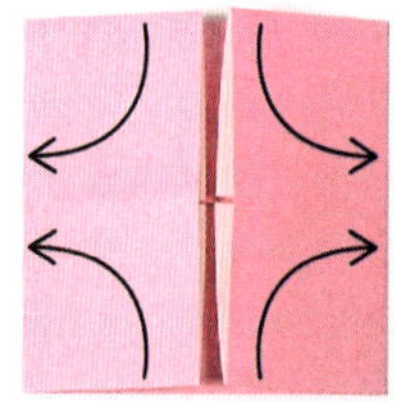

3

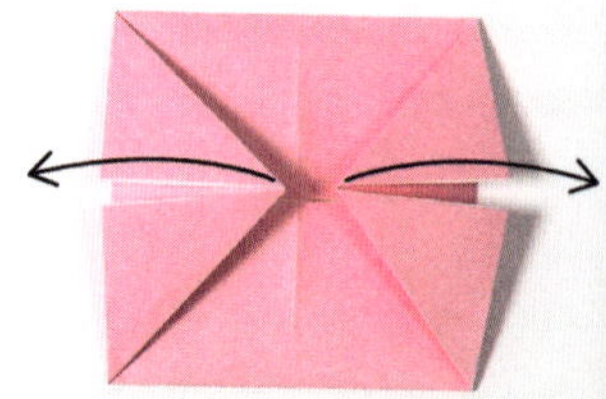

4

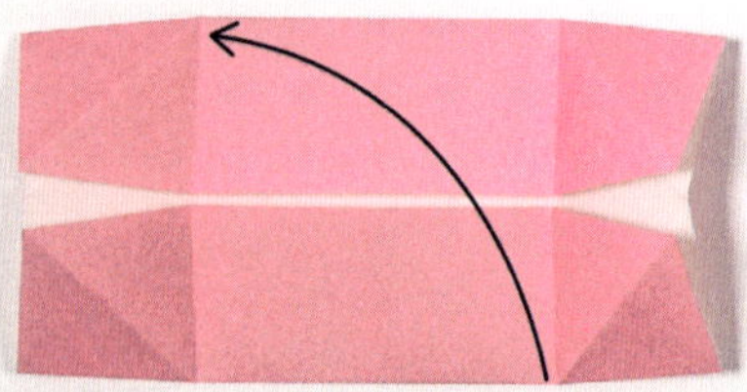

5

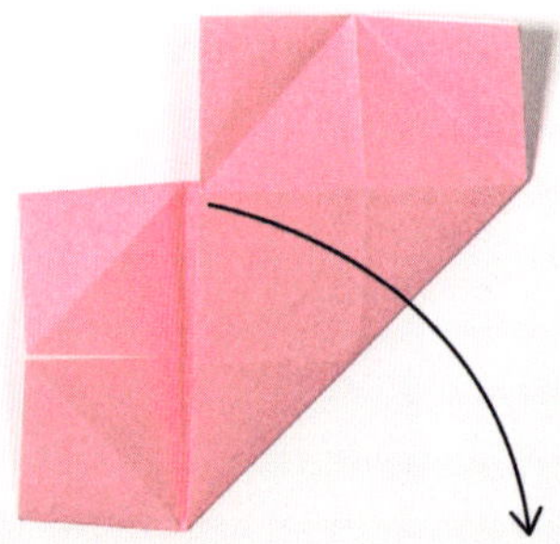

6

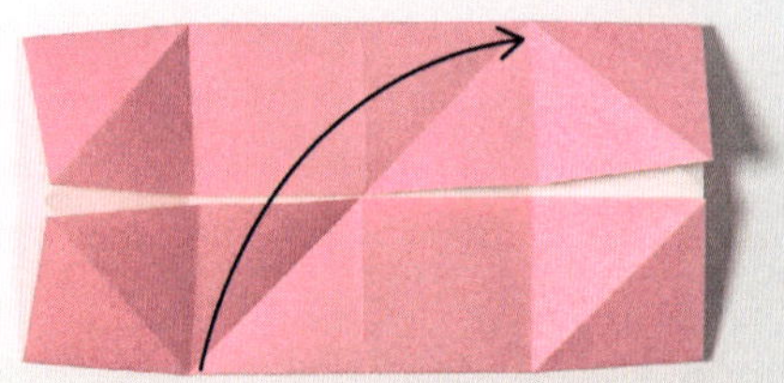

7

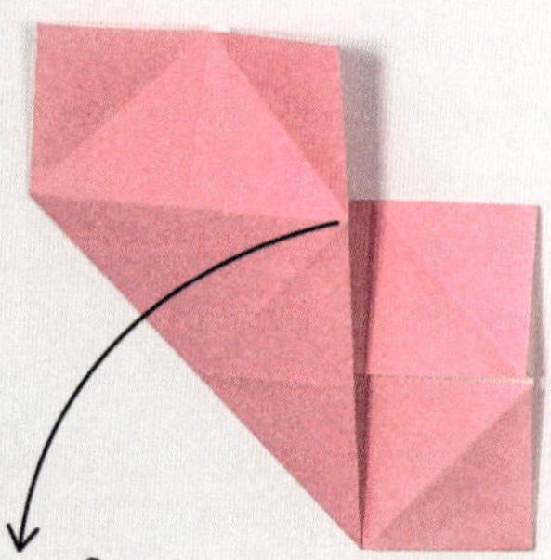

8

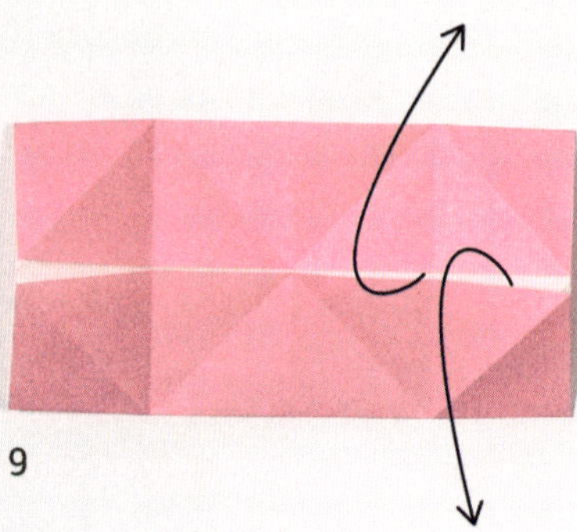

9

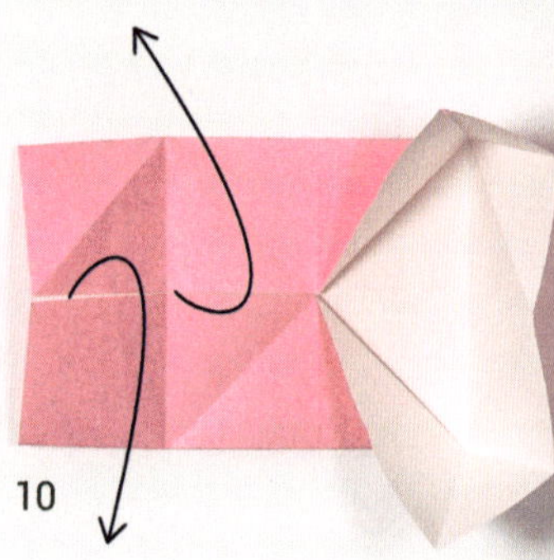

10

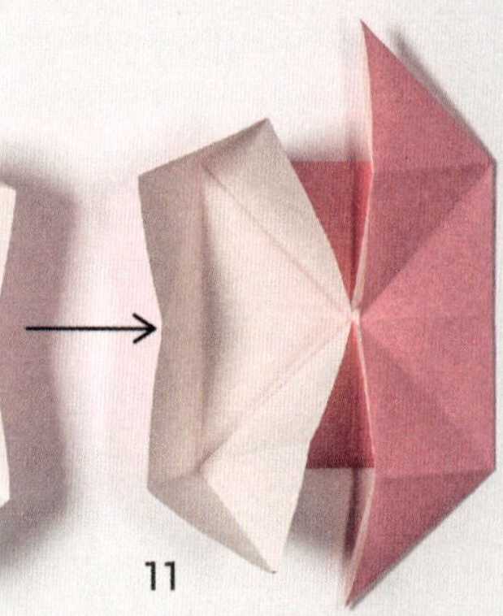

11

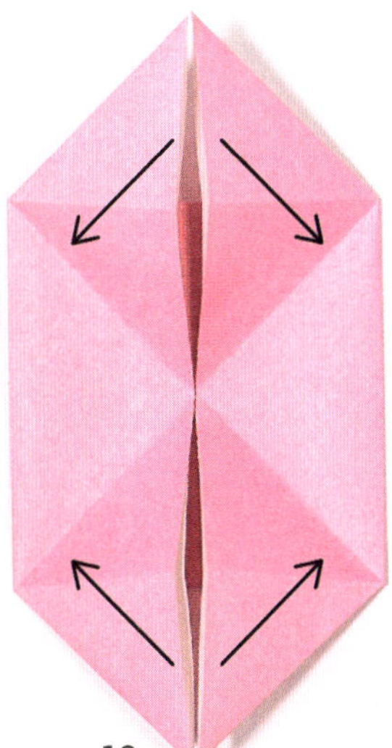

12

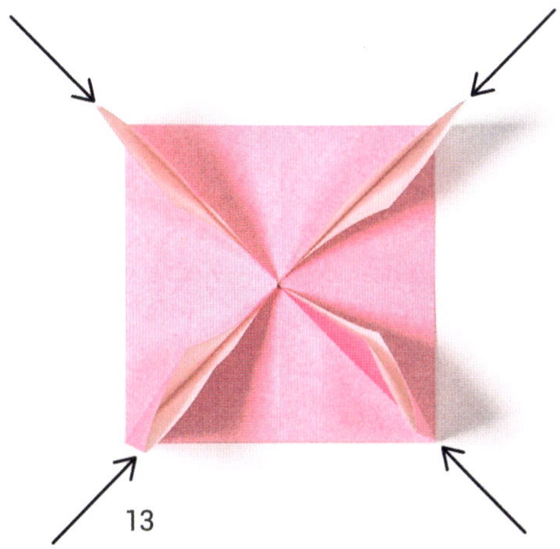

13

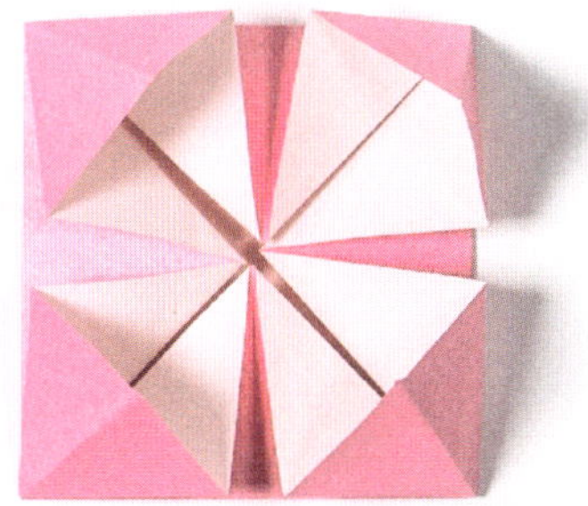

14

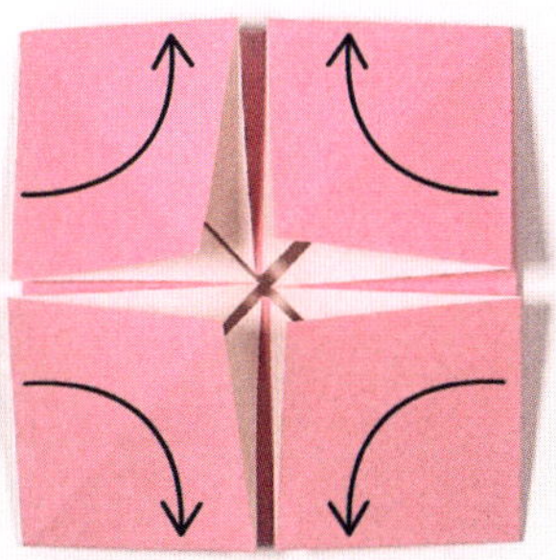

15

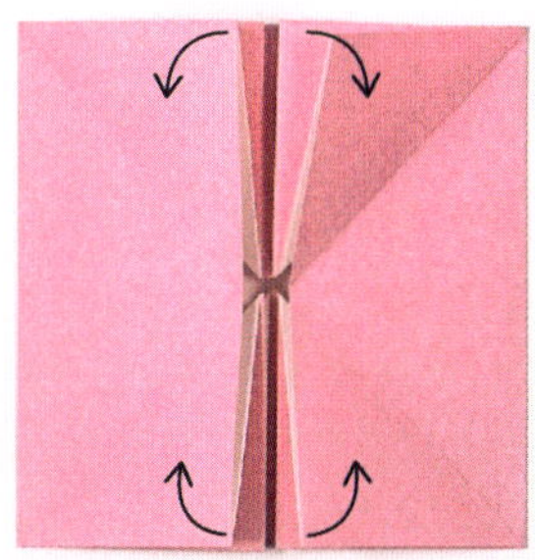

16

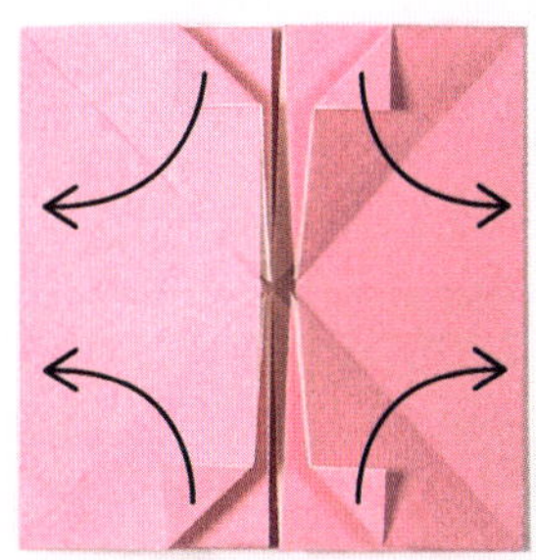

17

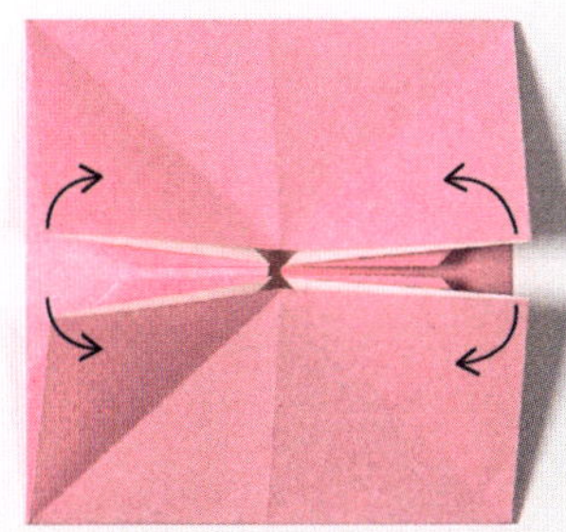

18

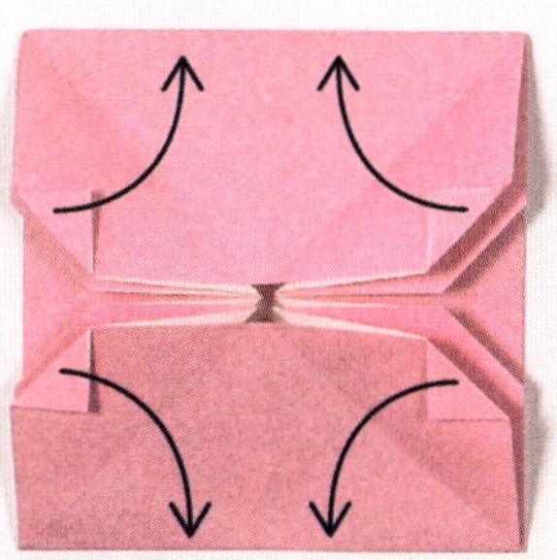

19

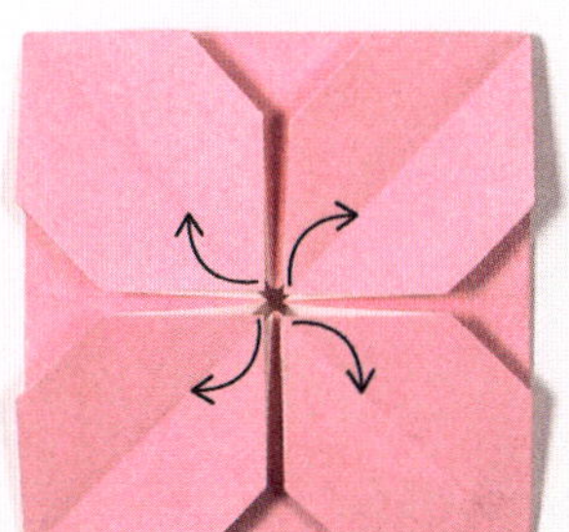

20

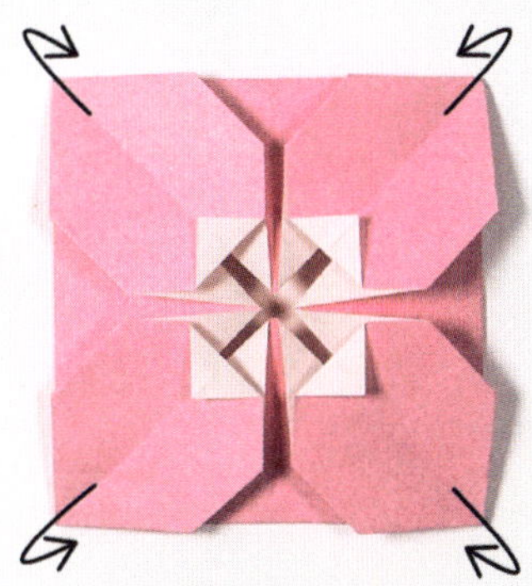

21

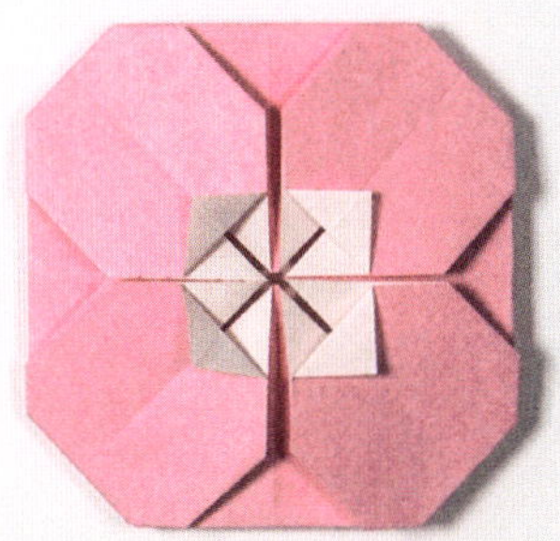

*22

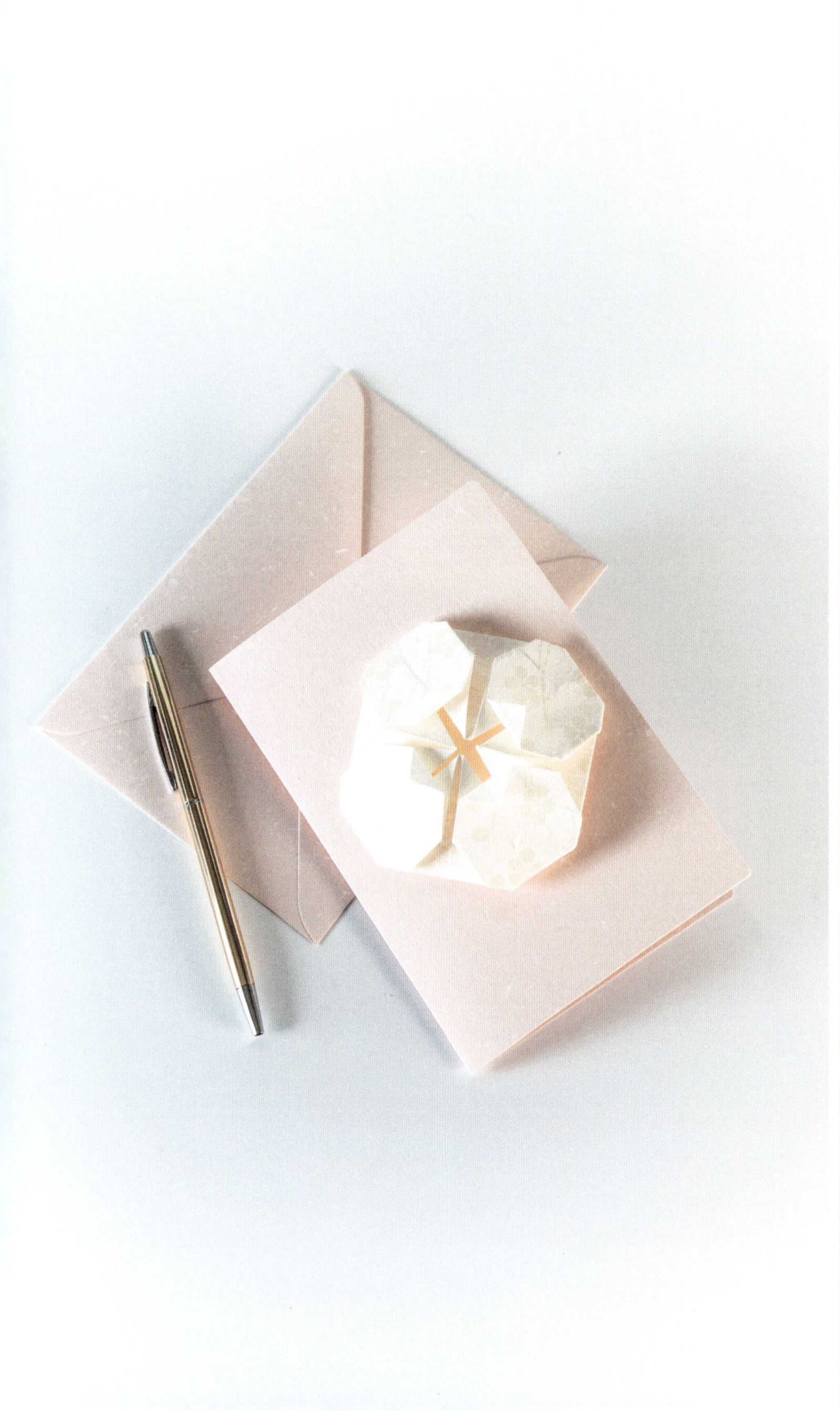

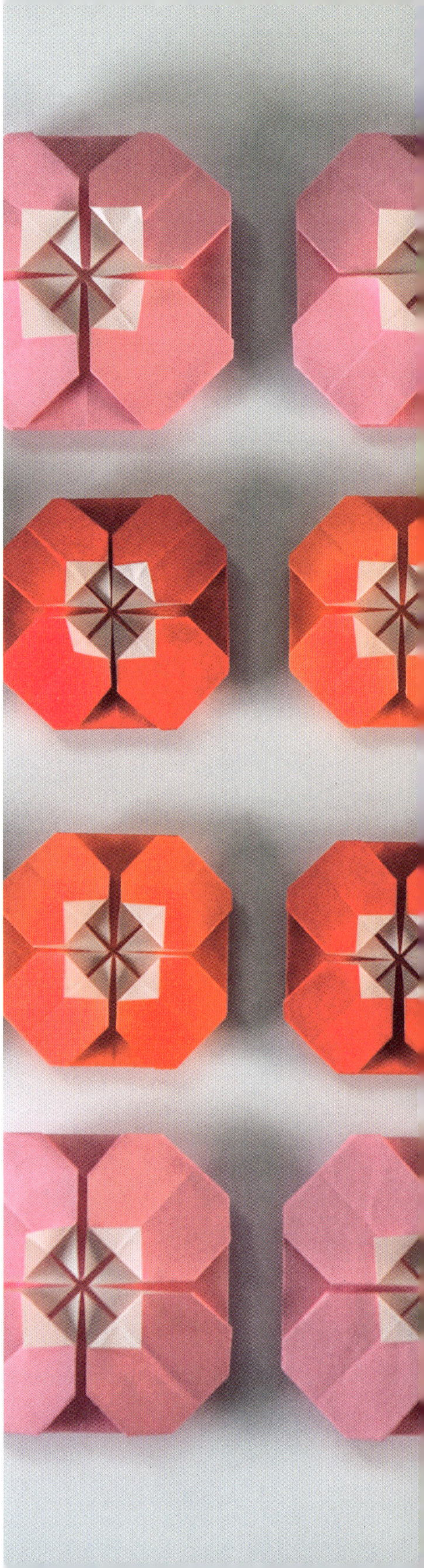

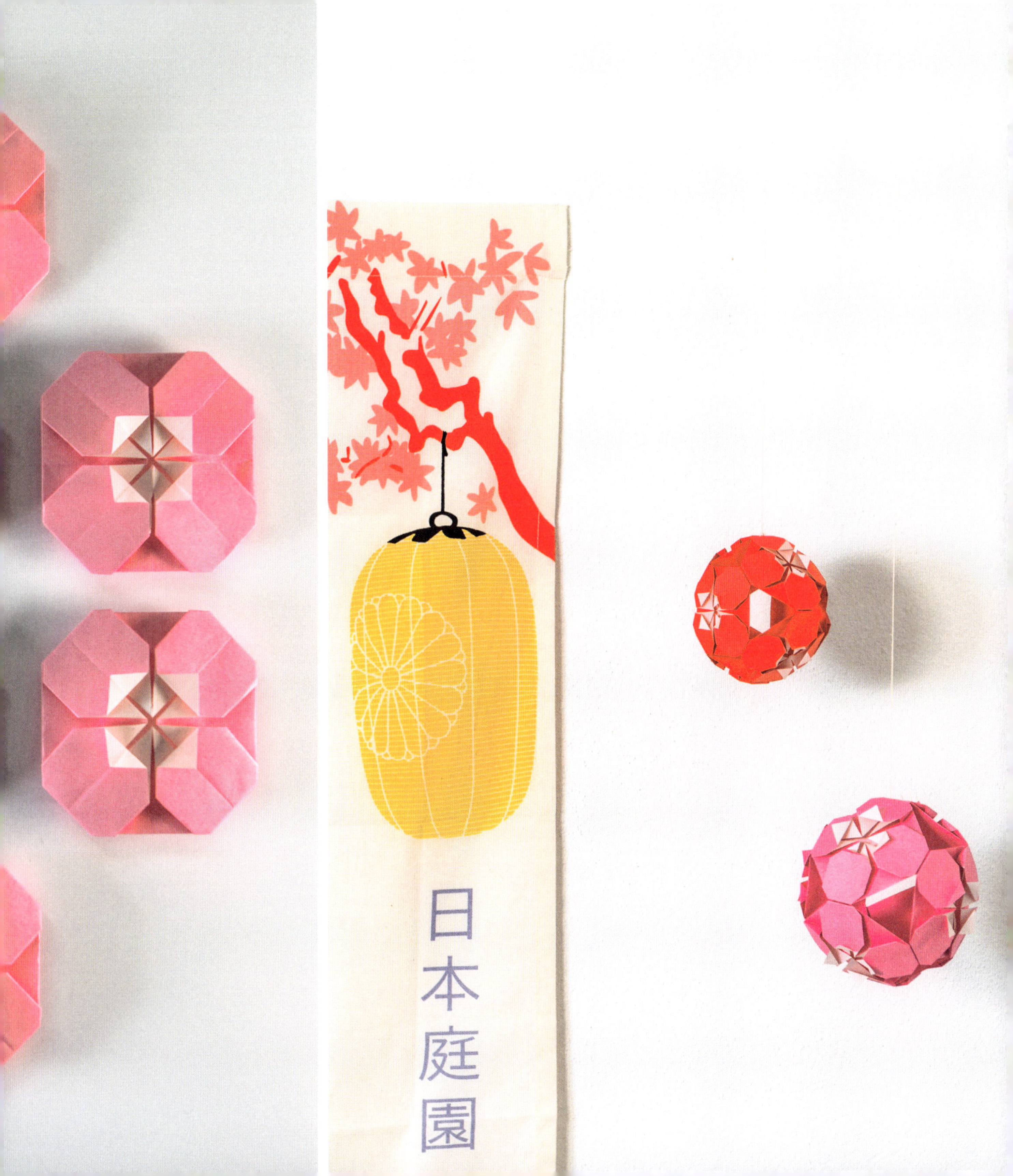
日本庭園

JAPANBLÜTE

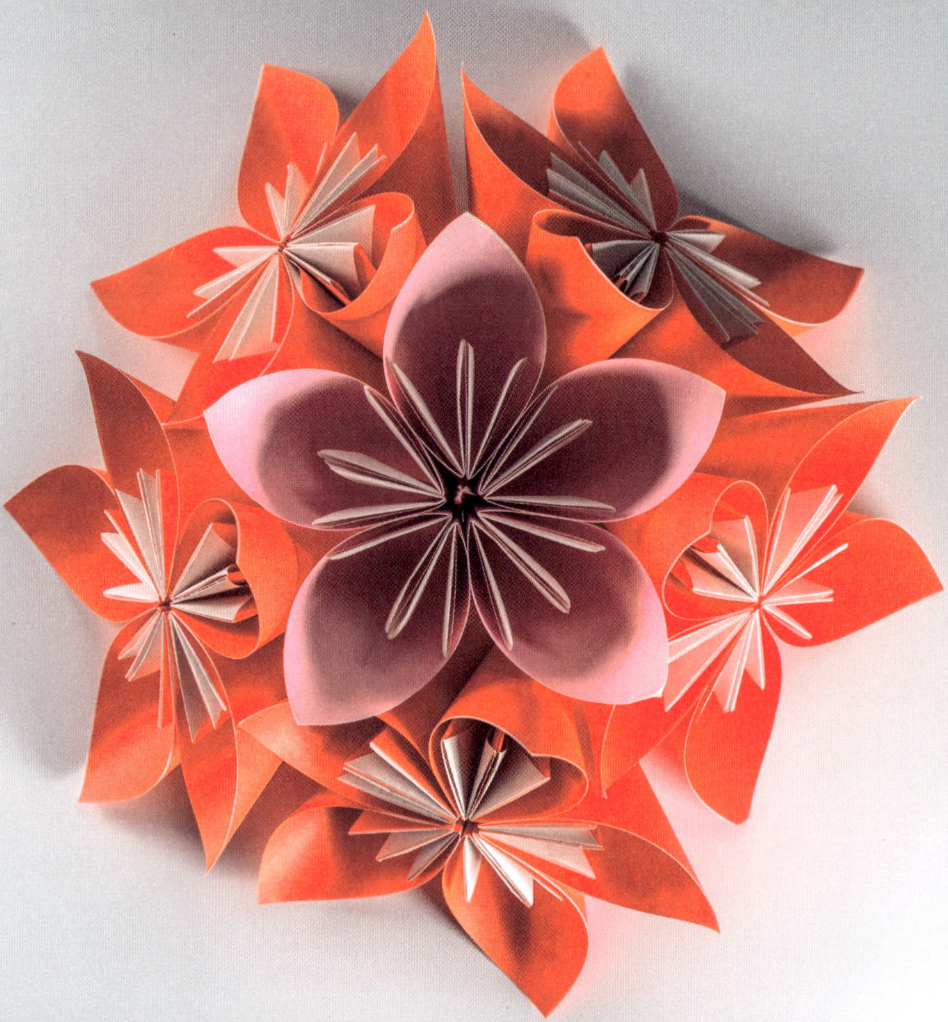

IN FREUD UND LEID SIND BLUMEN UNSERE STÄNDIGEN FREUNDE. WIR ESSEN, TRINKEN, TANZEN UND FLIRTEN MIT IHNEN. WIR HEIRATEN UND TAUFEN MIT BLUMEN. WIR WAGEN ES NICHT, OHNE SIE ZU STERBEN. WIR BRINGEN LILIEN ALS ZEICHEN DER VEREHRUNG DAR, MIT DEM LOTUS MEDITIEREN WIR, ZUM KAMPF STELLEN WIR UNS MIT ROSEN UND CHRYSANTHEMEN. WIR HABEN SOGAR VERSUCHT, IN DER BLUMENSPRACHE ZU SPRECHEN. WIE KÖNNTEN WIR OHNE SIE LEBEN? ES MACHT EINEN SCHAUDERN, SICH EINE WELT OHNE BLUMEN VORZUSTELLEN.

KAKUZO OKAKURA

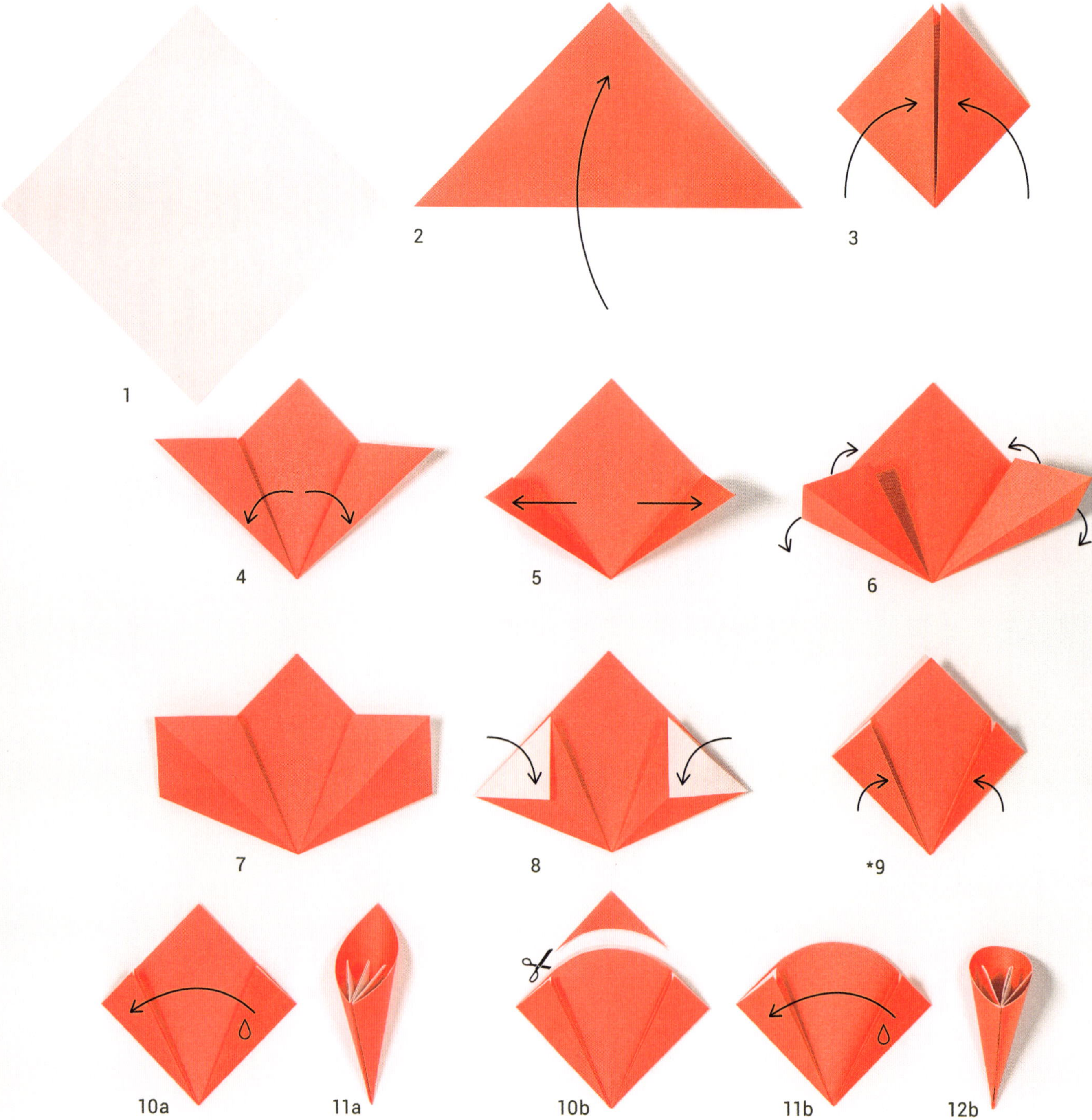
1
2
3
4
5
6
7
8
*9
10a
11a
10b
11b
12b

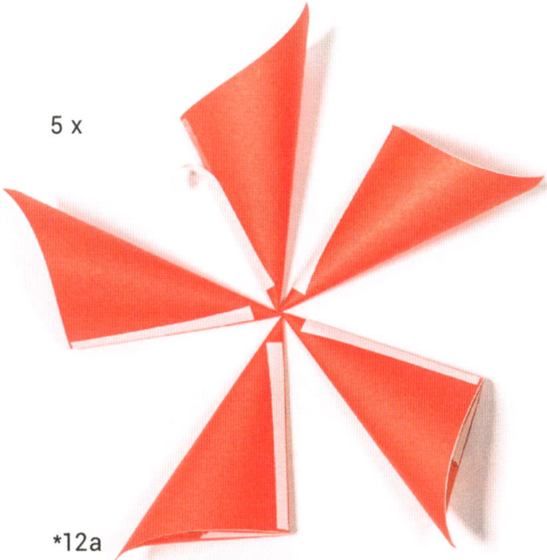

5 x

*12a

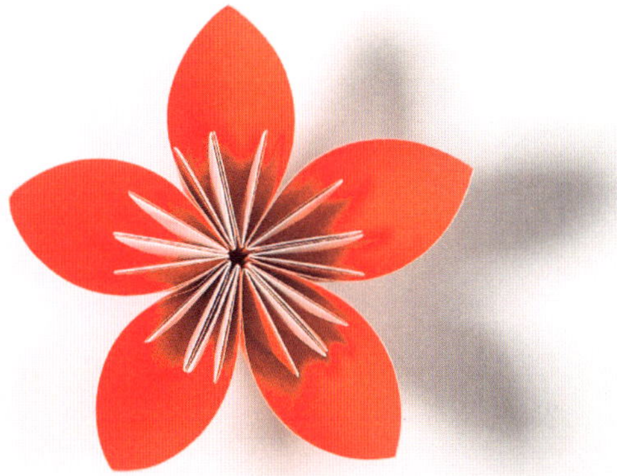

13a

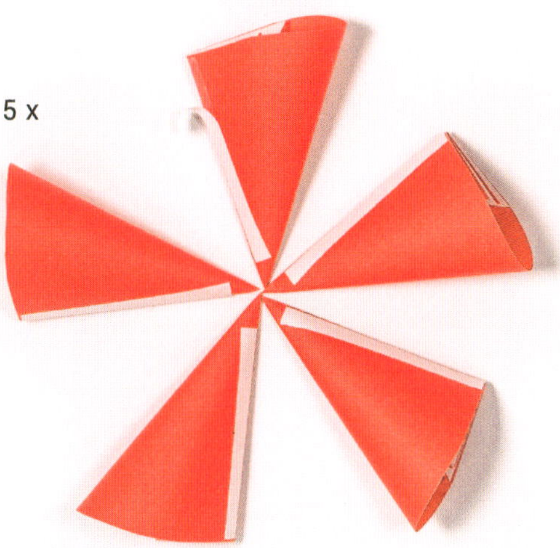

5 x

*13b

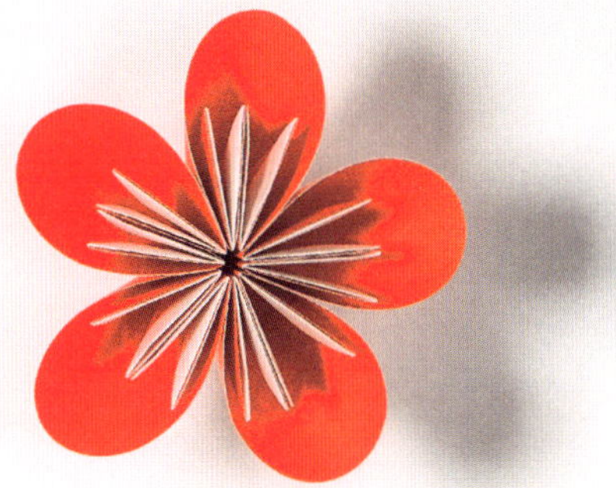

14b

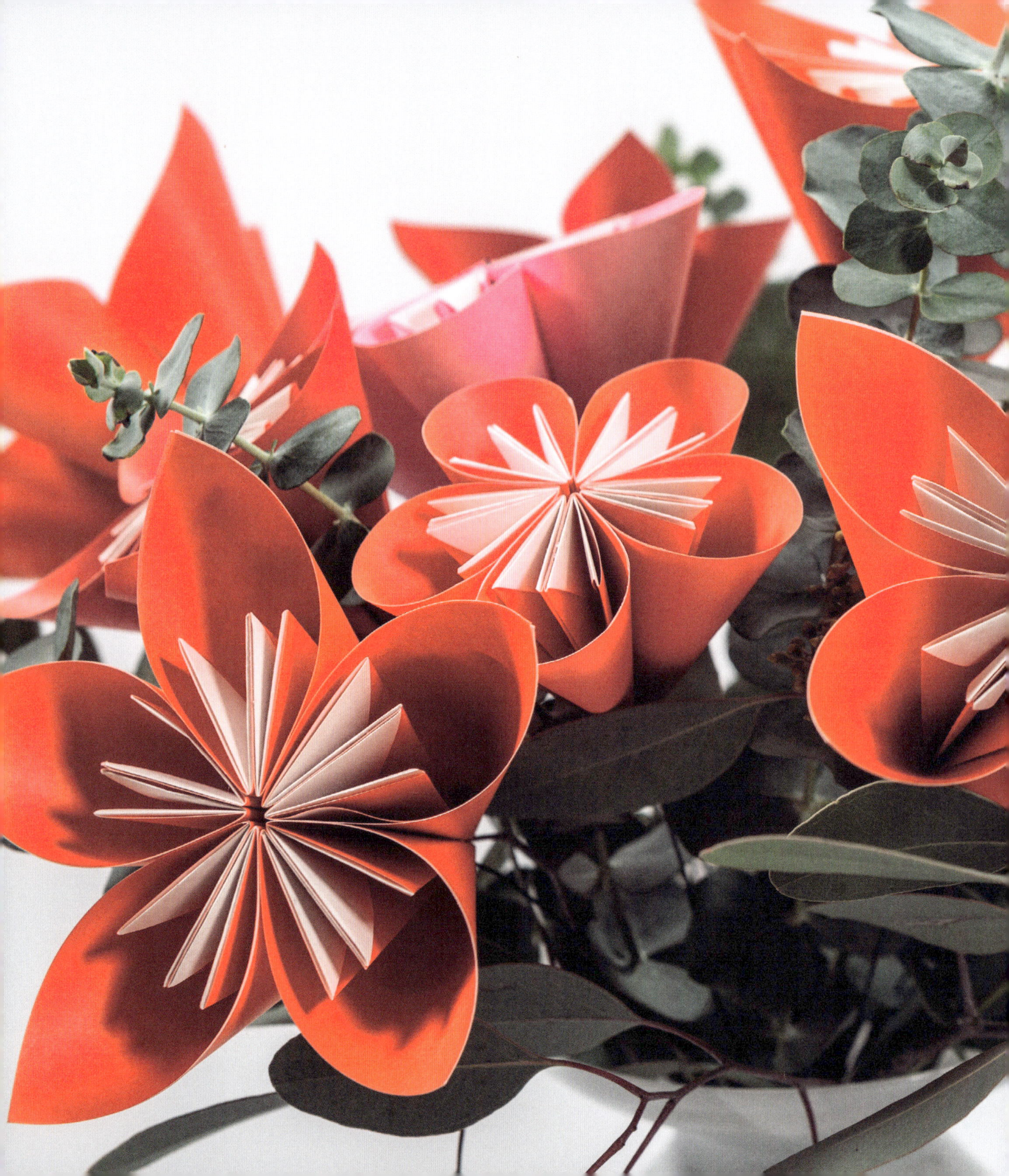

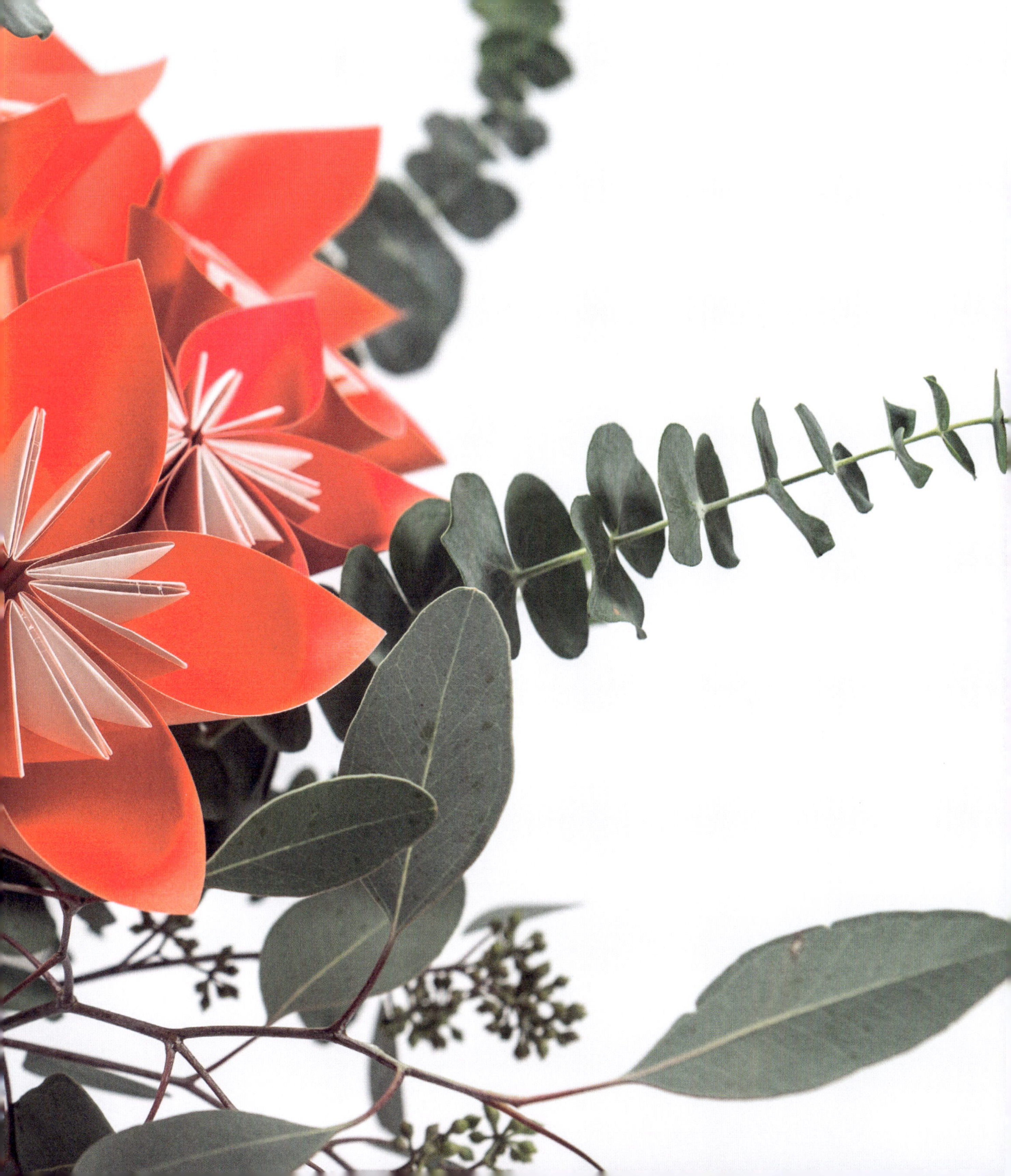

DIE BLÜTEN DER ROTEN,
DER WEISSEN KAMELIE:
SIE FALLEN BEIDE.

KAWAHIGASHI HEKIGOTÔ

KAMELIE

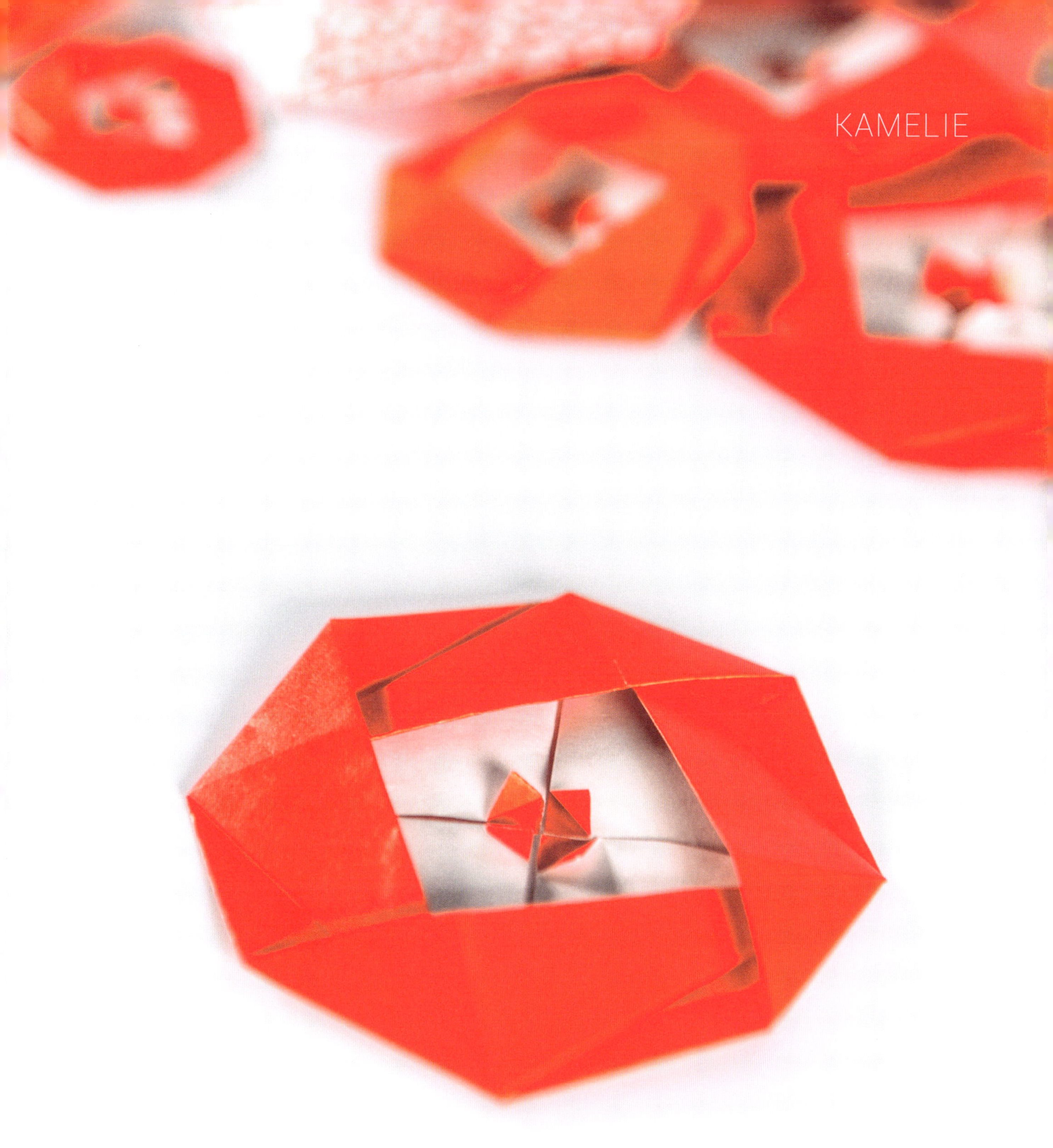

1

2

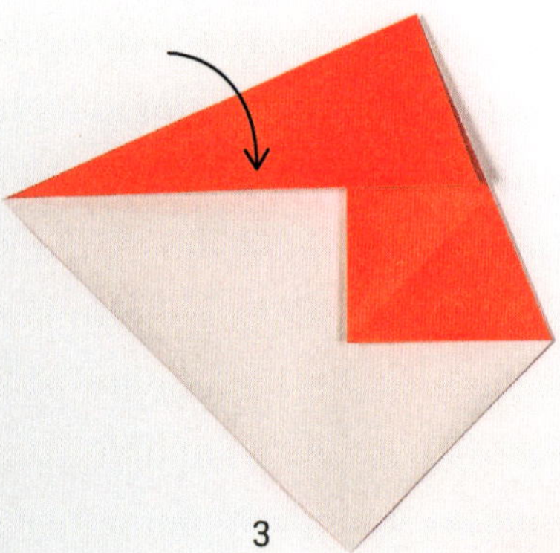

3

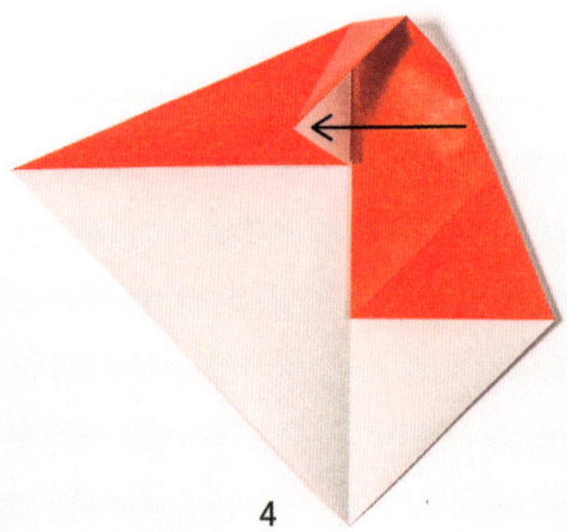

4

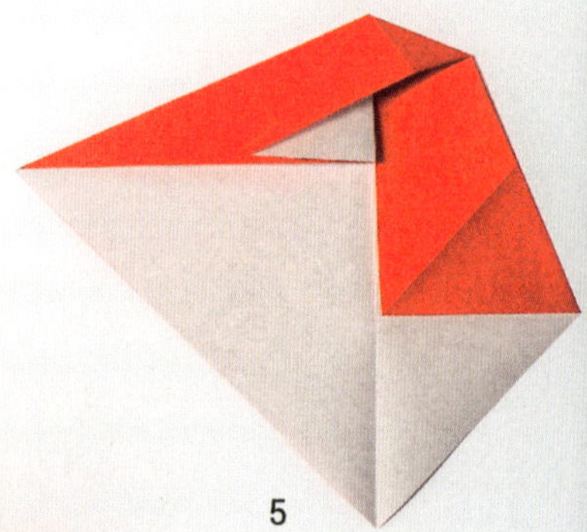

5

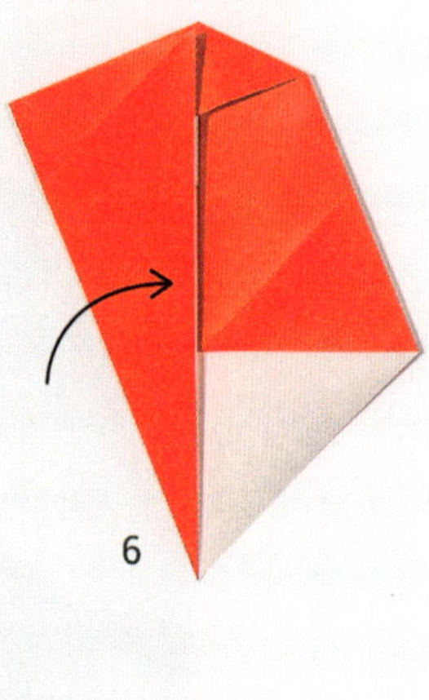

6

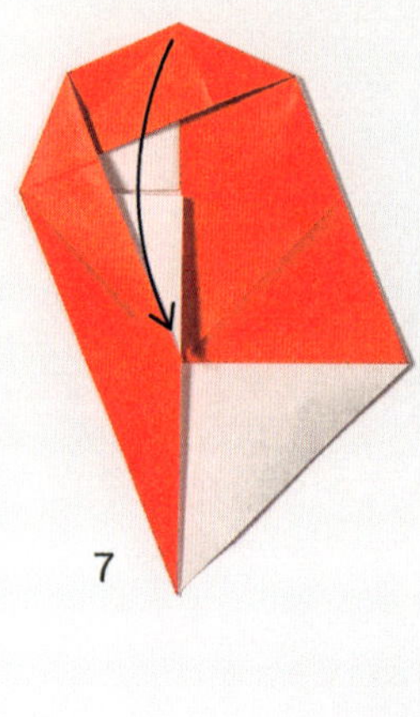

7

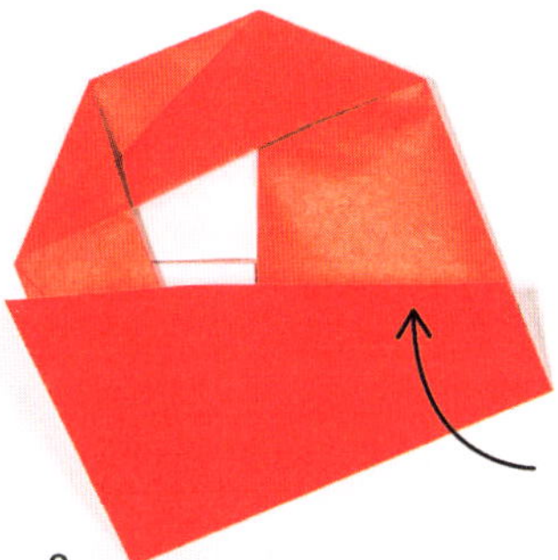

8

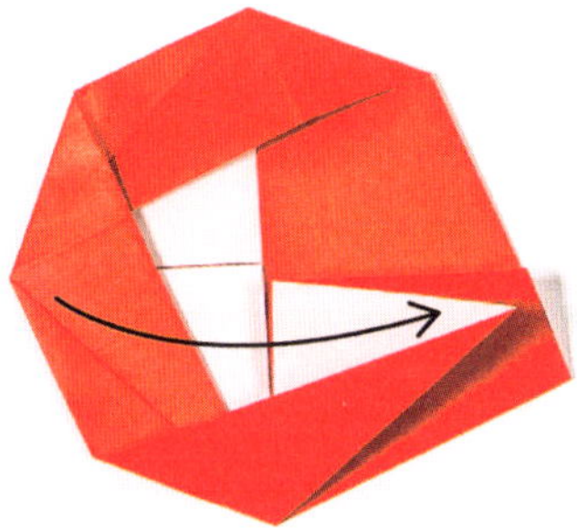

9

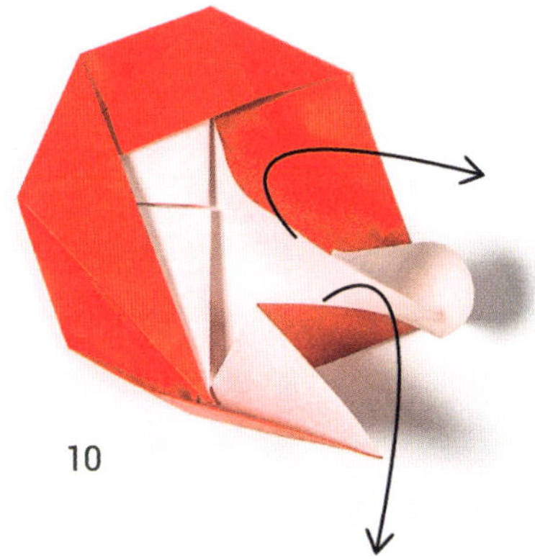

10

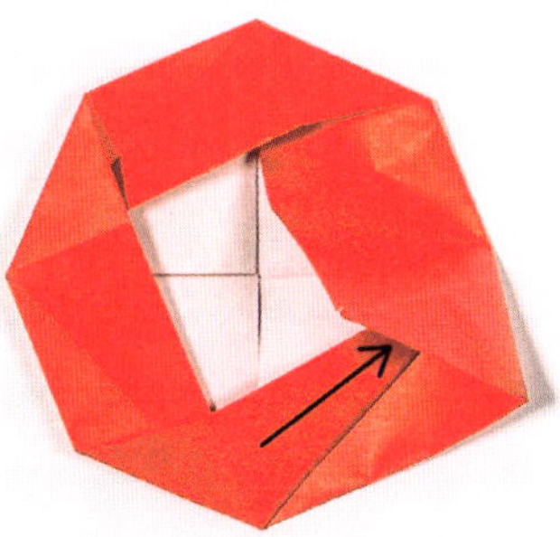

11

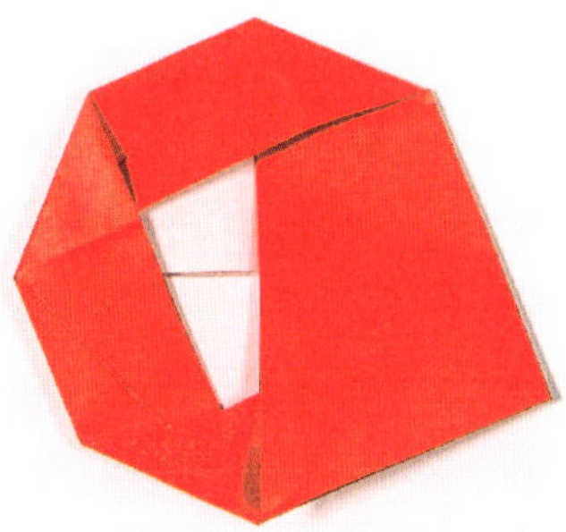

12

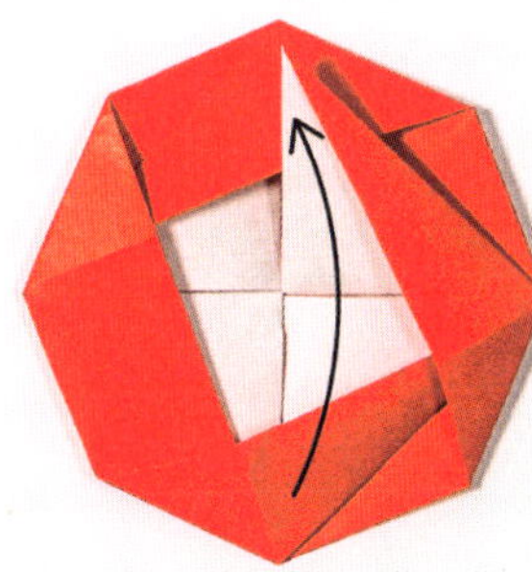

13

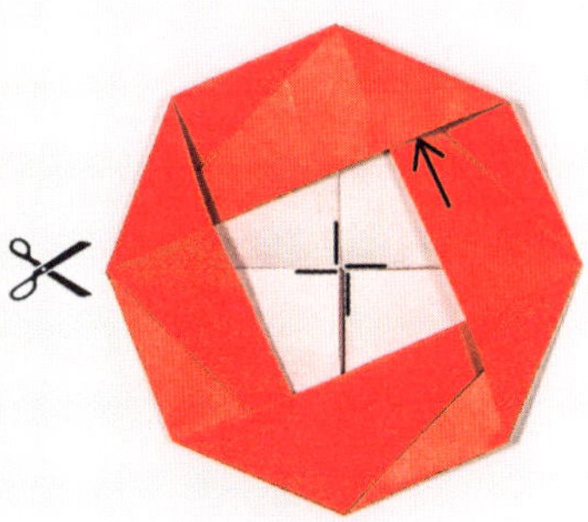

14

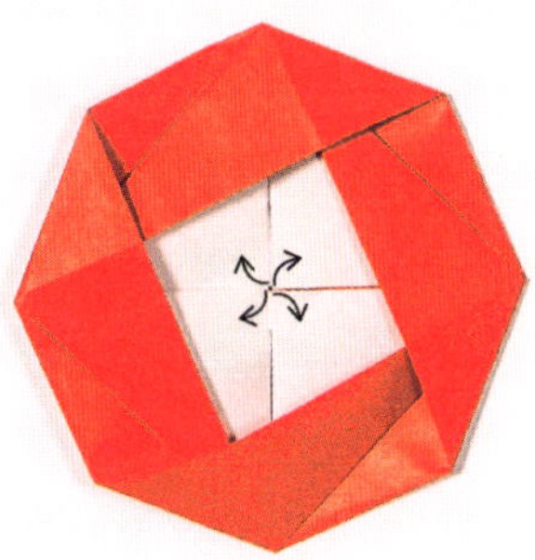

15

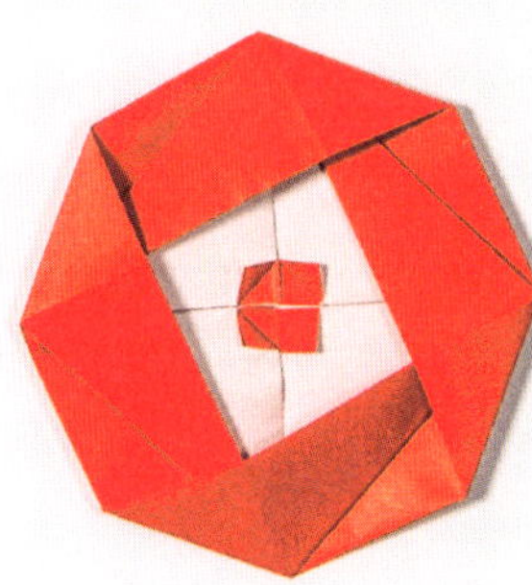

16

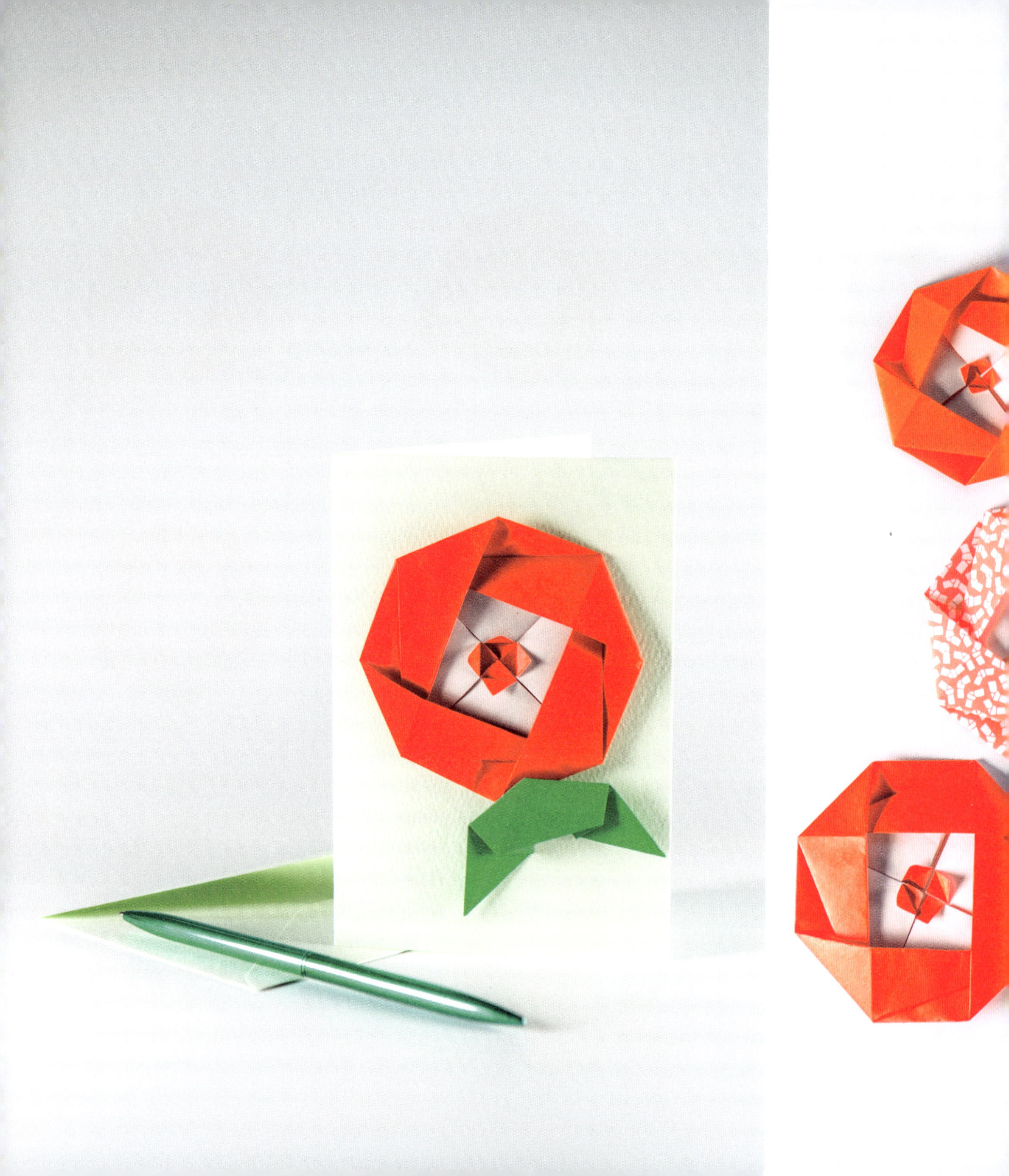

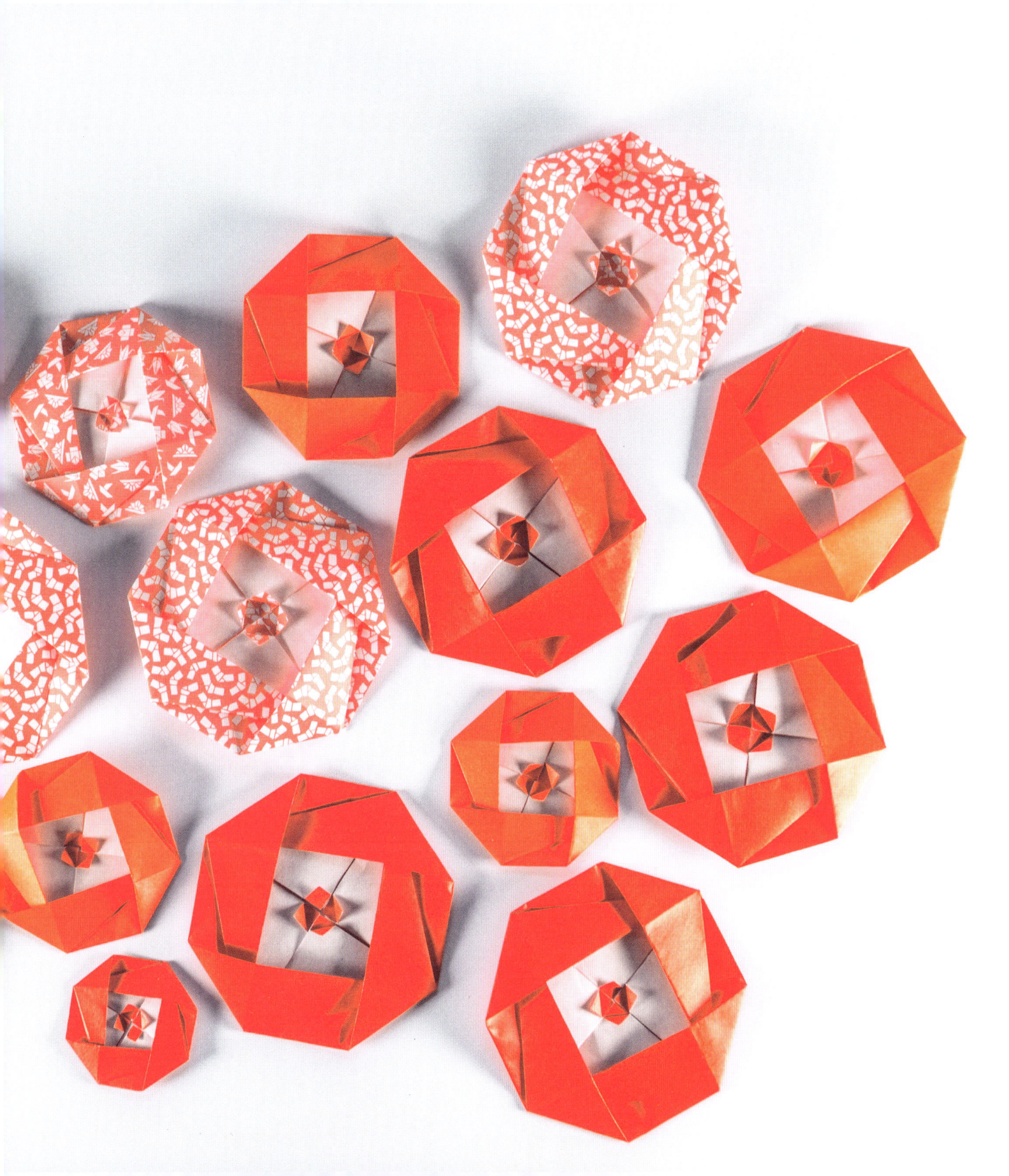

TULPE

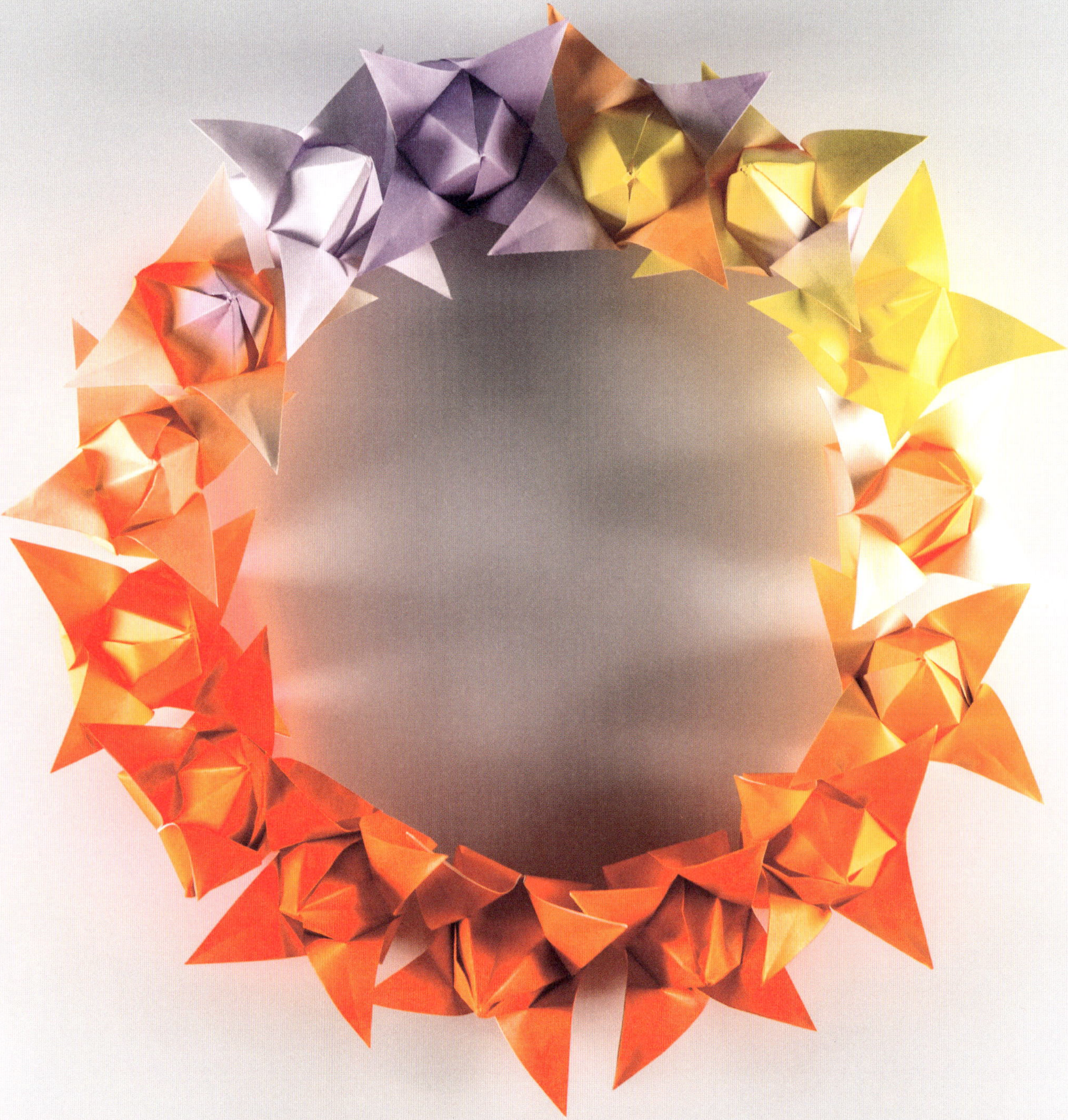

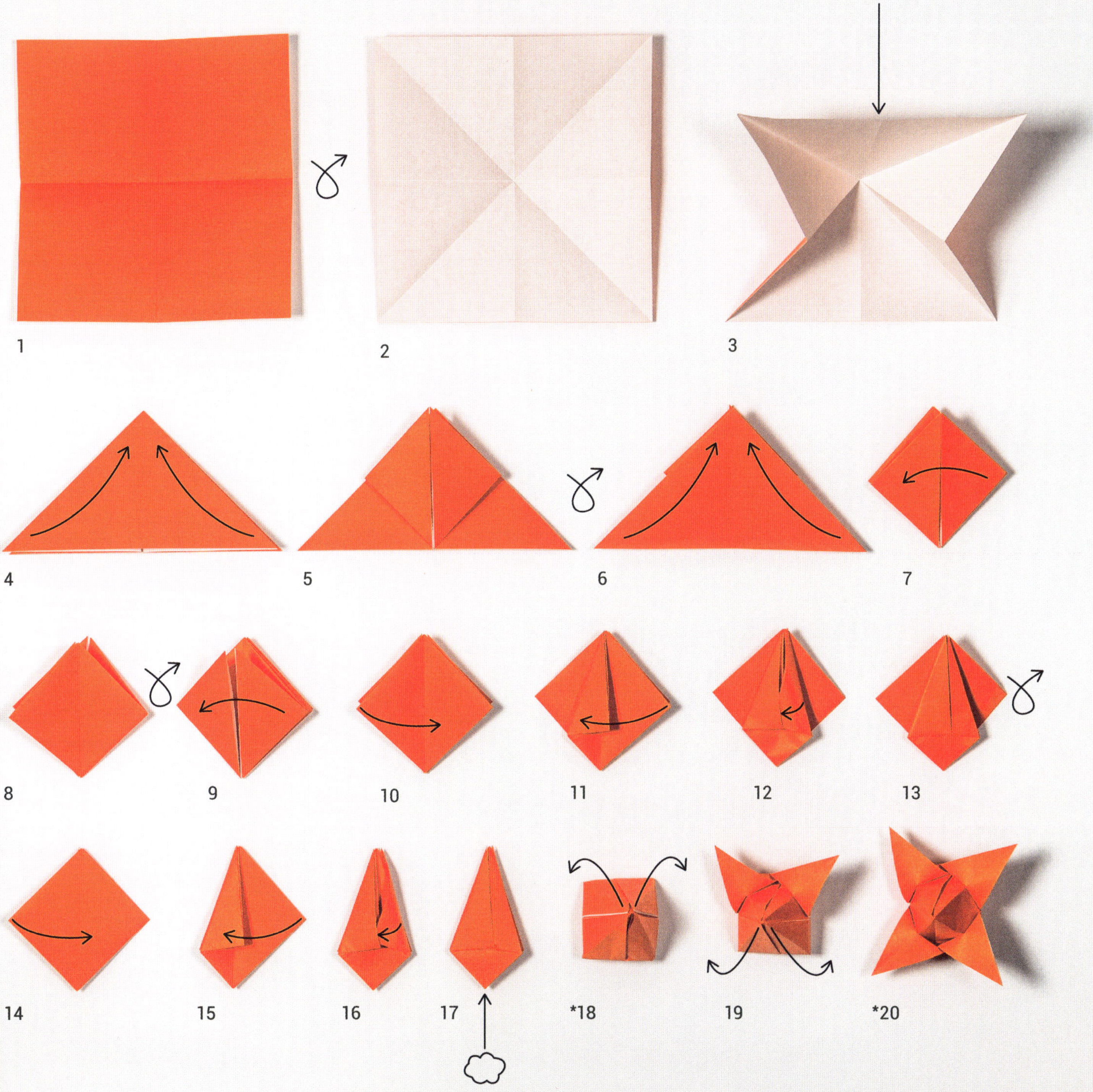
1
2
3
4
5
6
7
8
9
10
11
12
13
14
15
16
17
*18
19
*20

FRÜHLINGSWIND VERWEHT DIE BLUMEN
MEINES TRAUMES.
ERWACHT ZITTERT MEIN HERZ NOCH.

MÖNCH SAIGYŌ

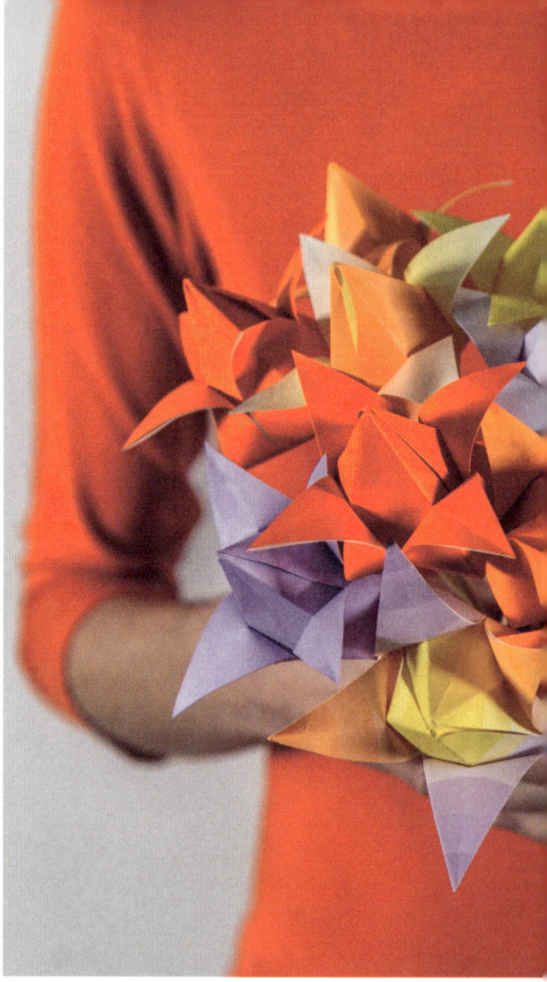

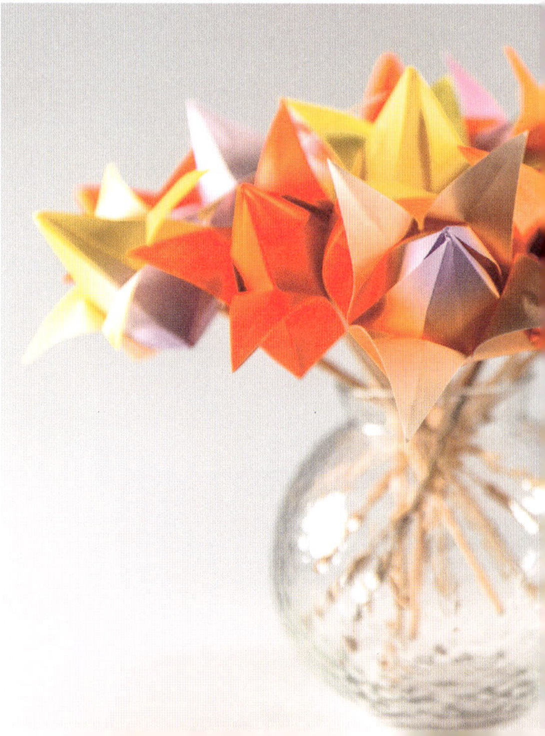

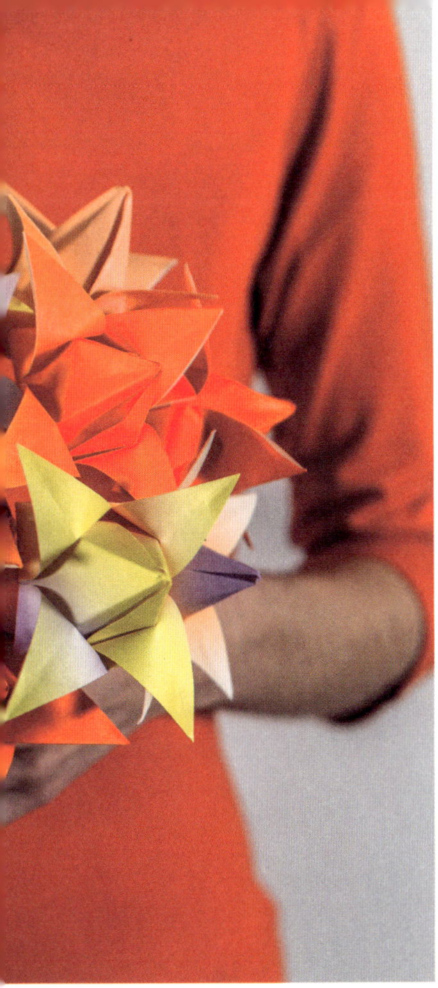

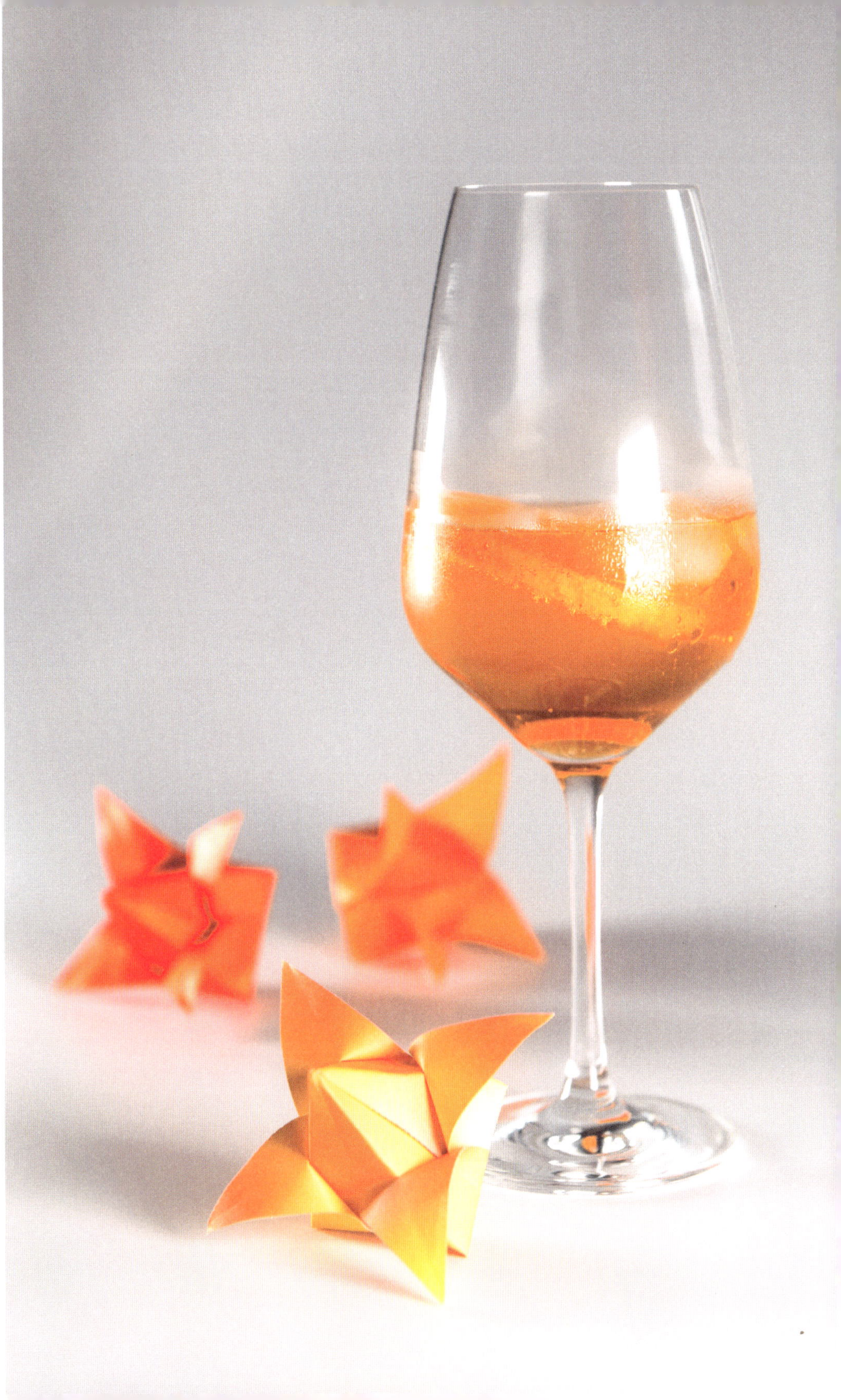

OHNE BESITZ –

DAS HERZ FRIEDVOLL,

SO LEBENDIG!

KOBAYASHI ISSA

HERZBLÜTE

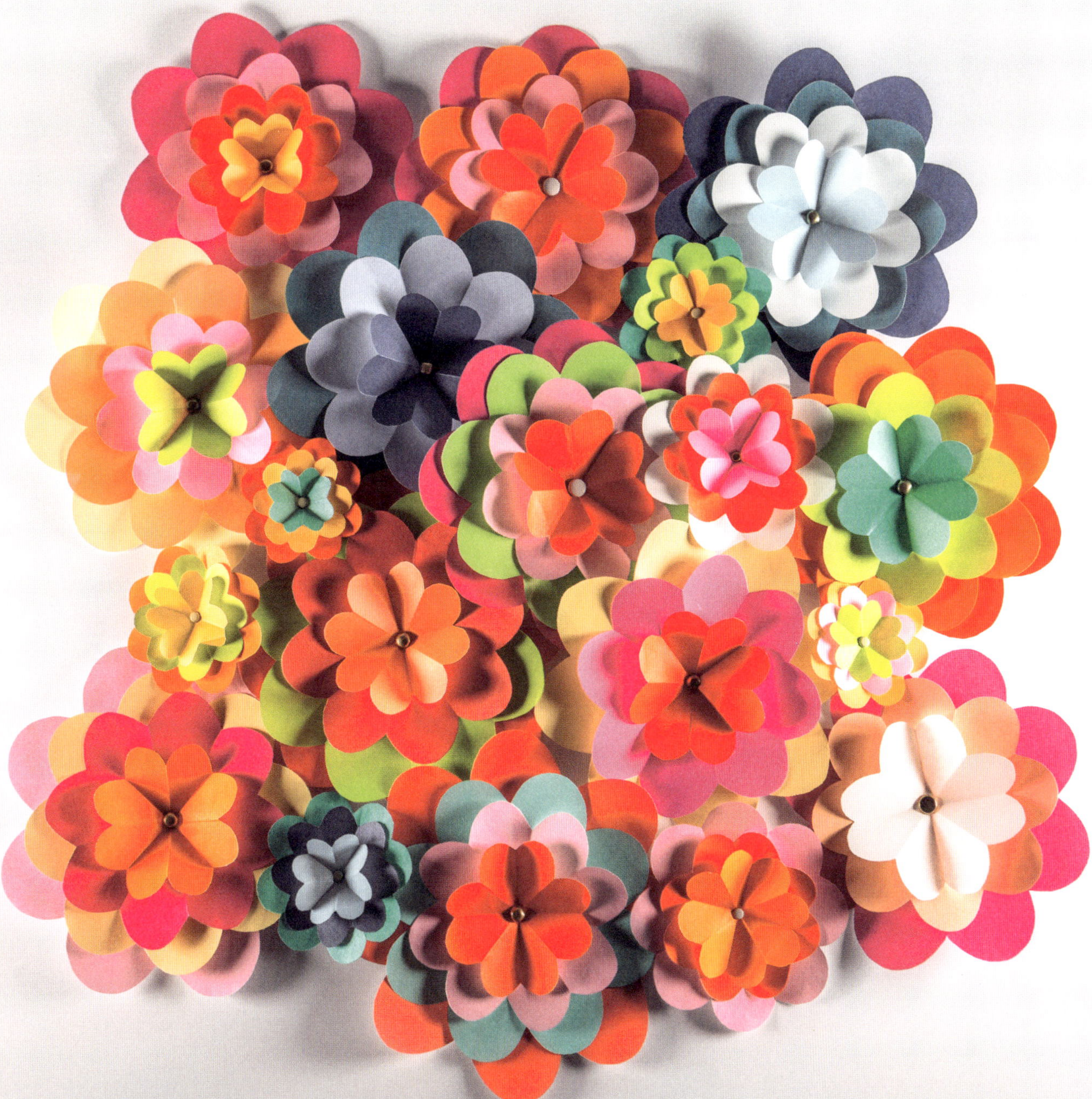

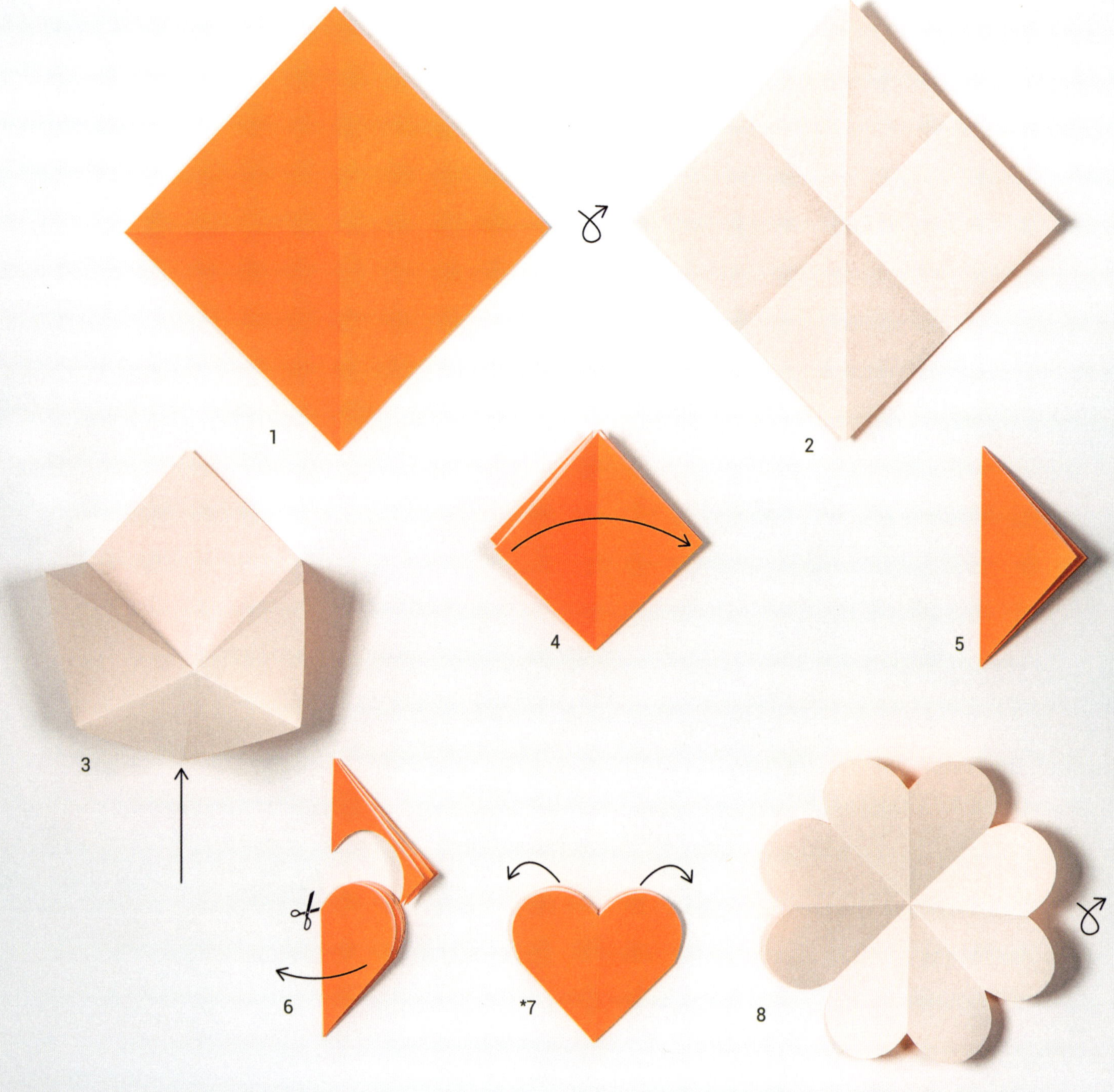
1
2
3
4
5
6
*7
8

9

*10

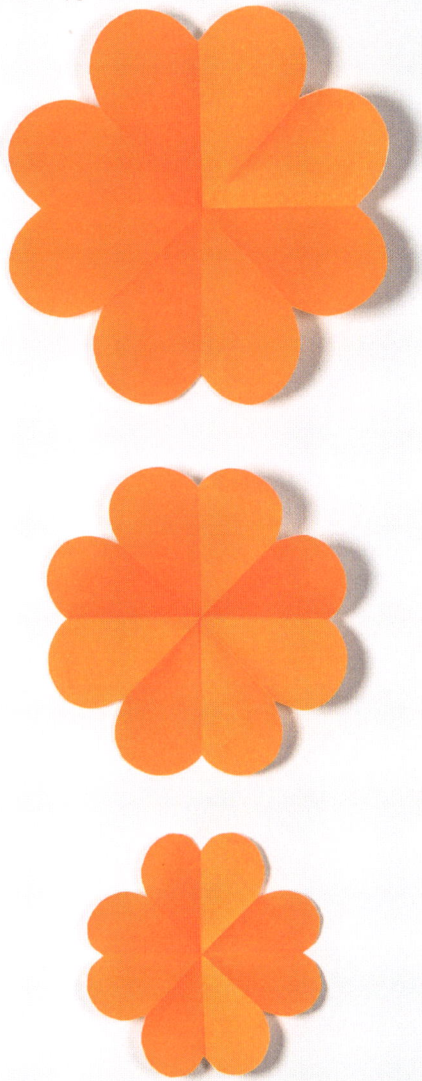

11

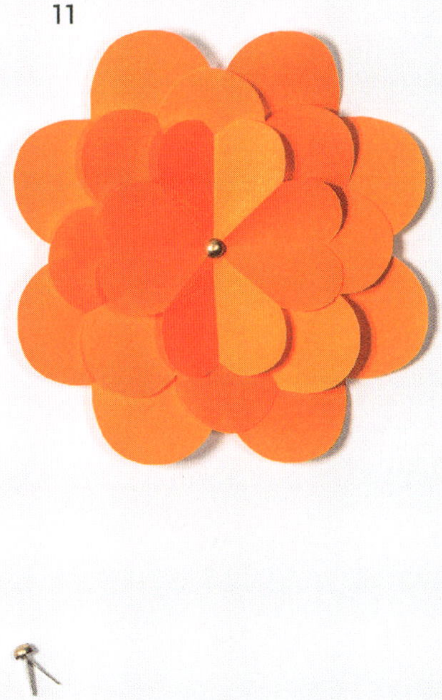

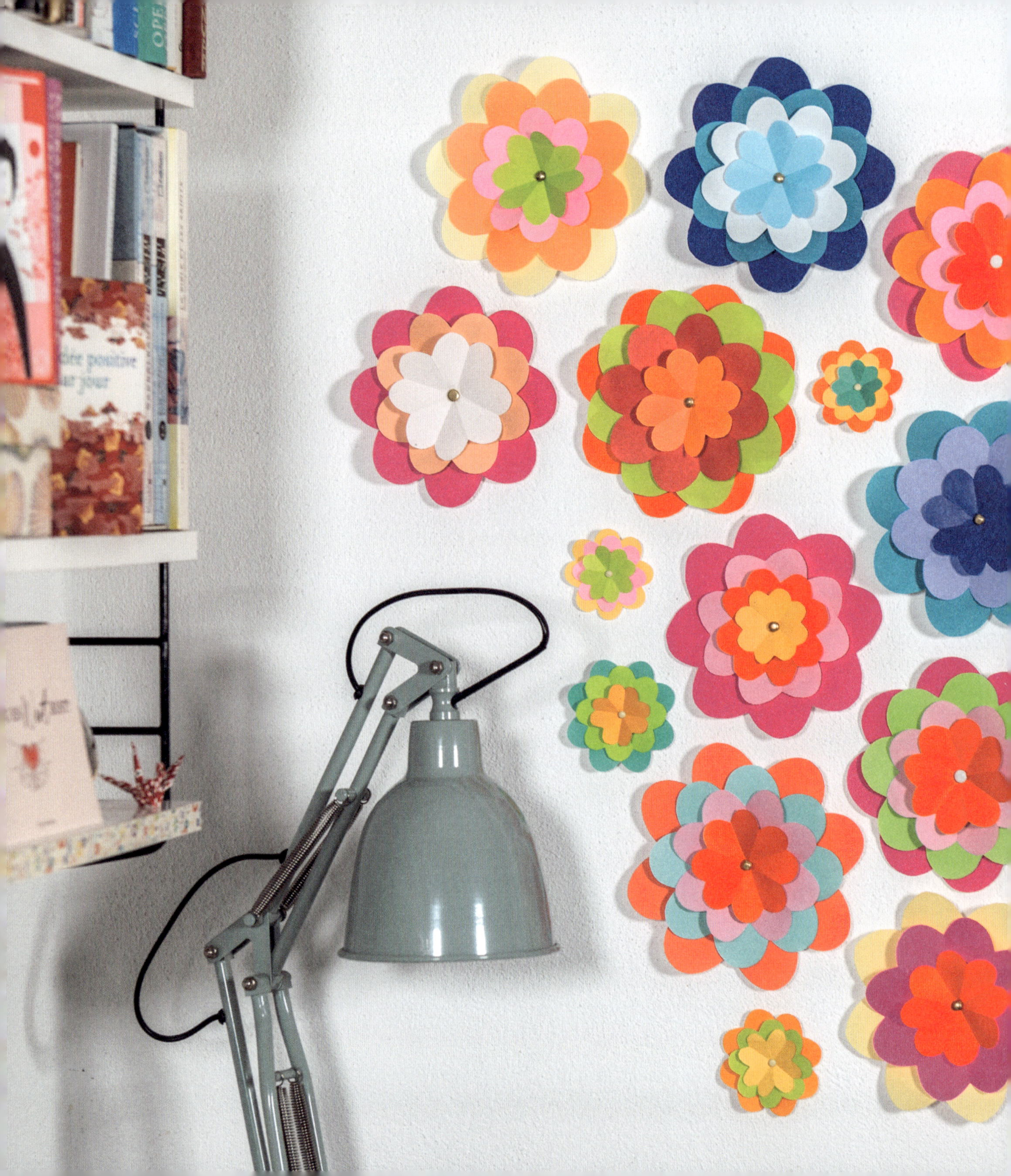

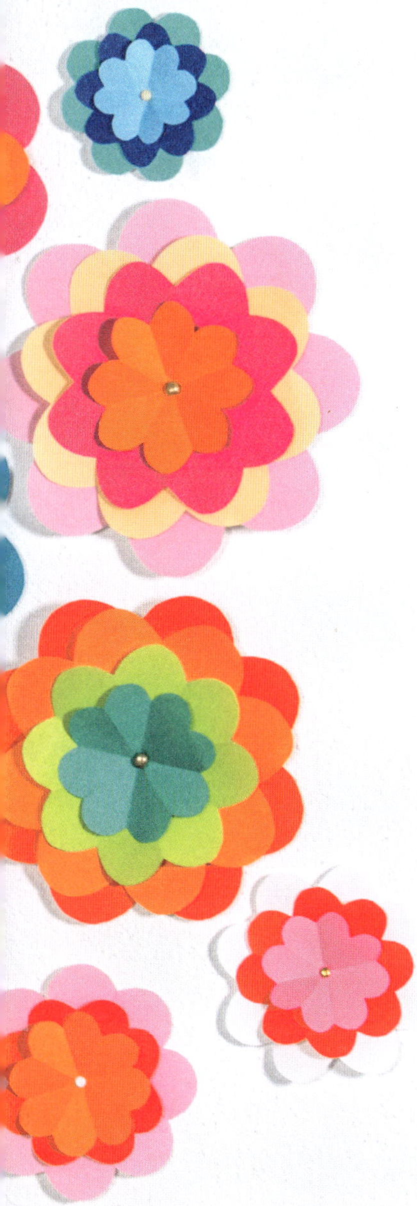

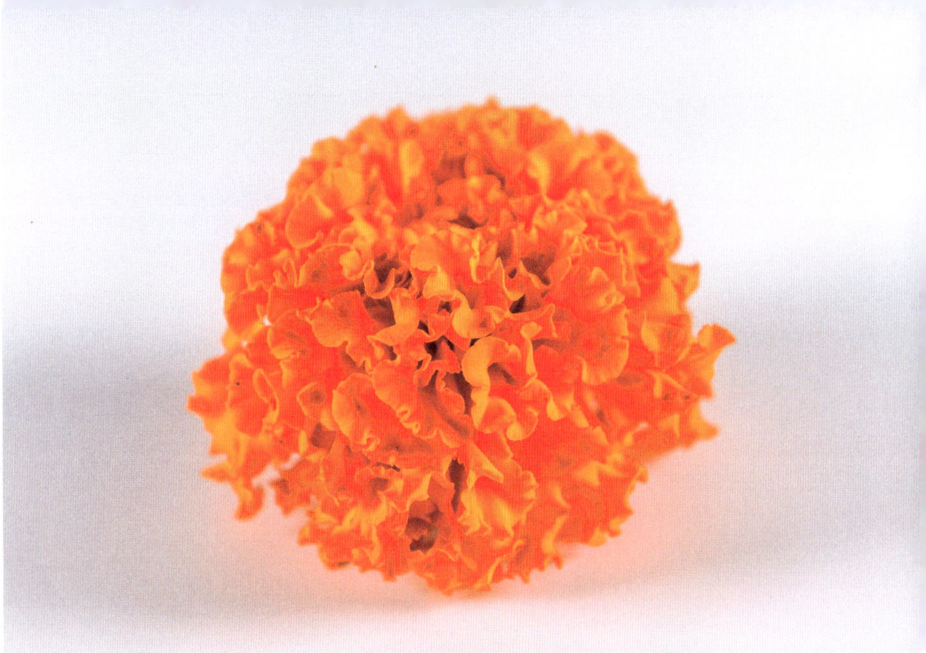

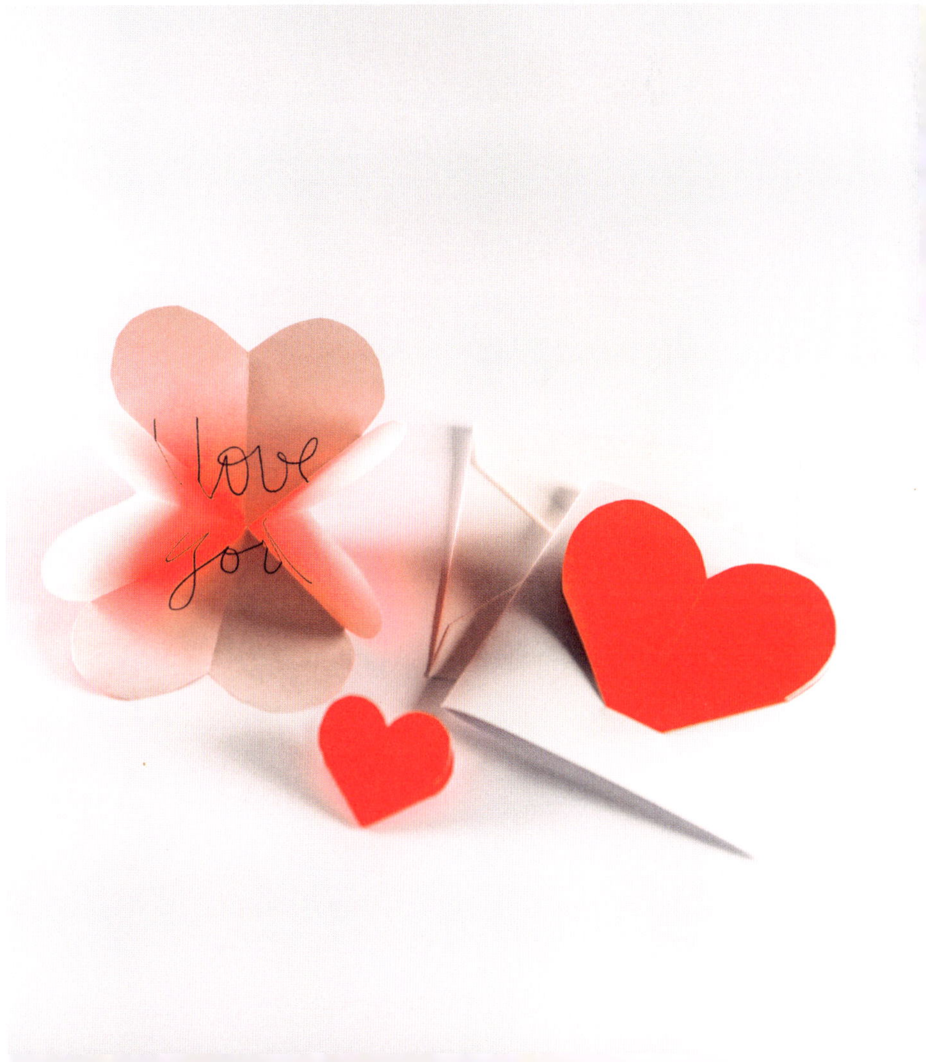
I love you

PETUNIE

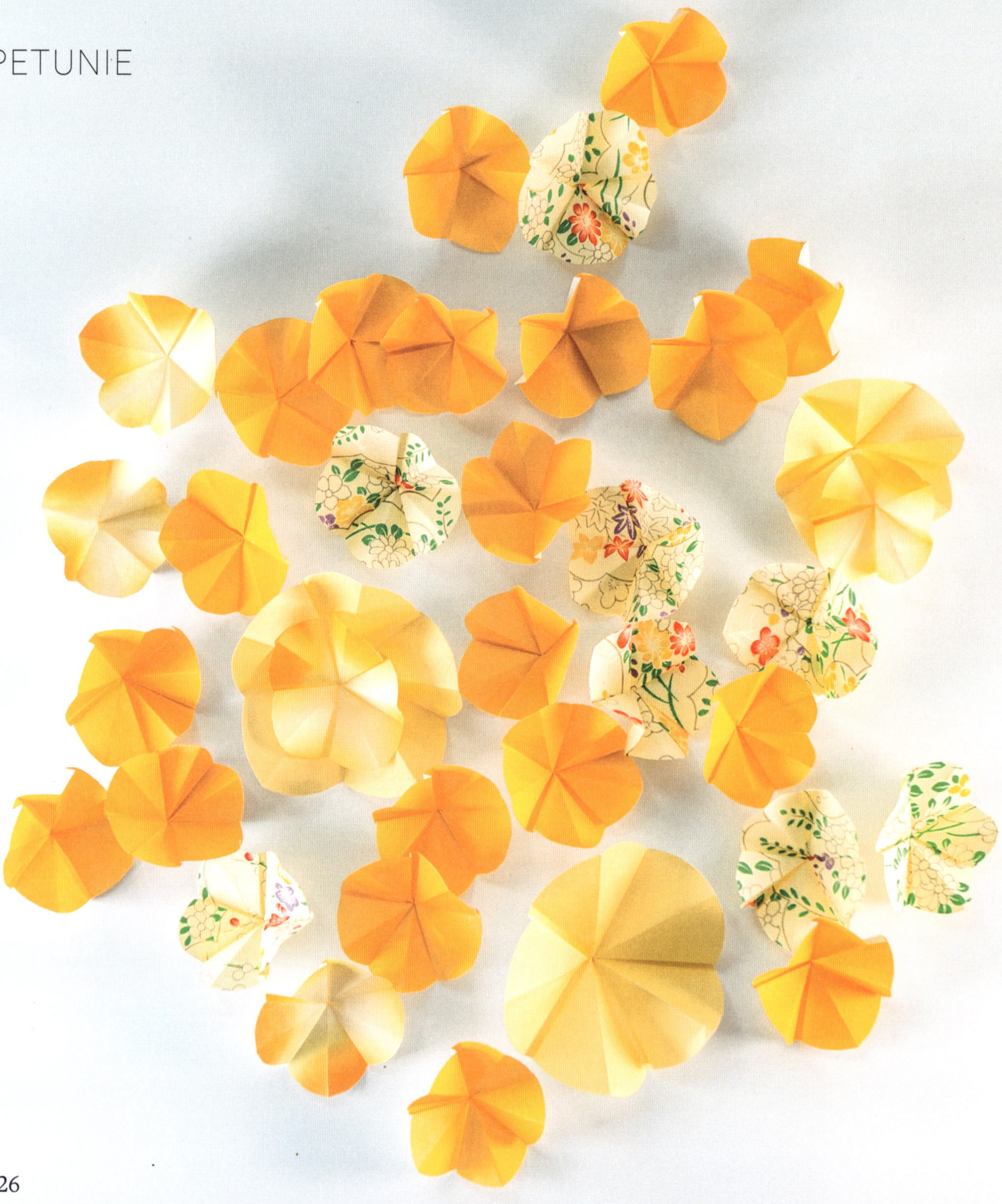

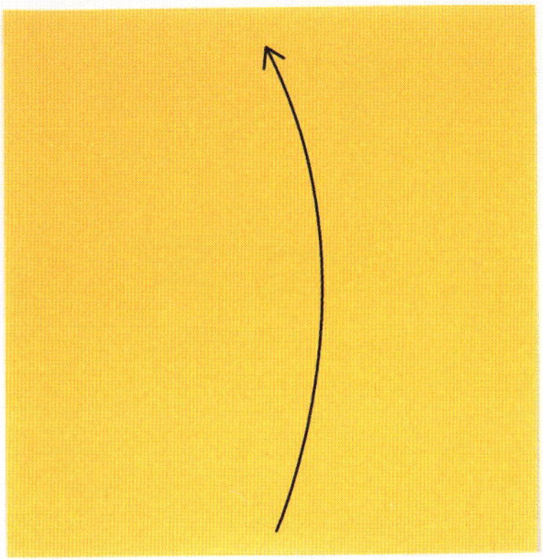
1

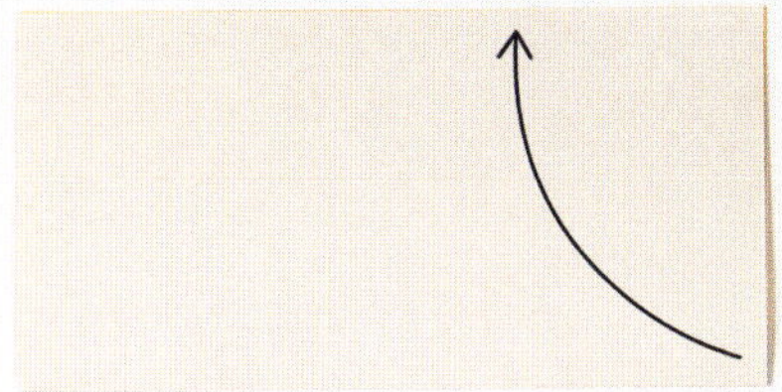
2

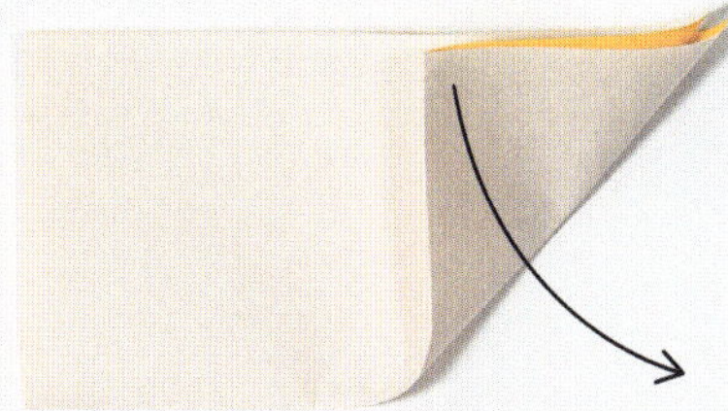
3

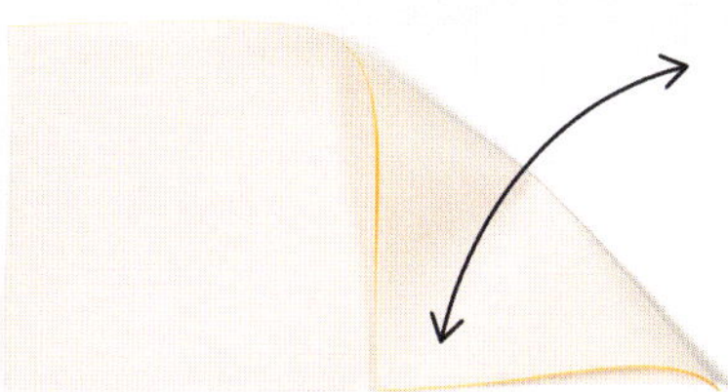
4

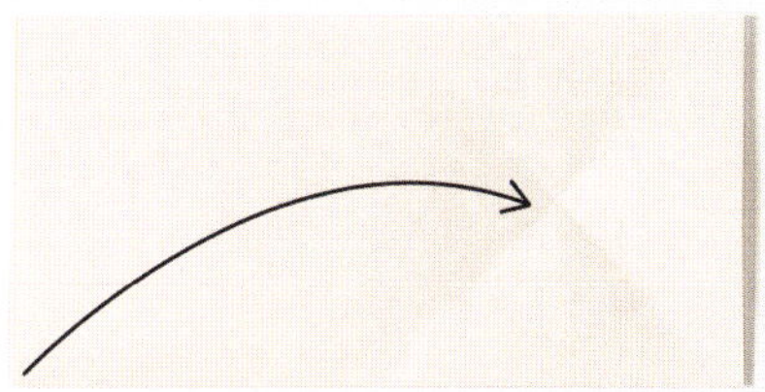
5

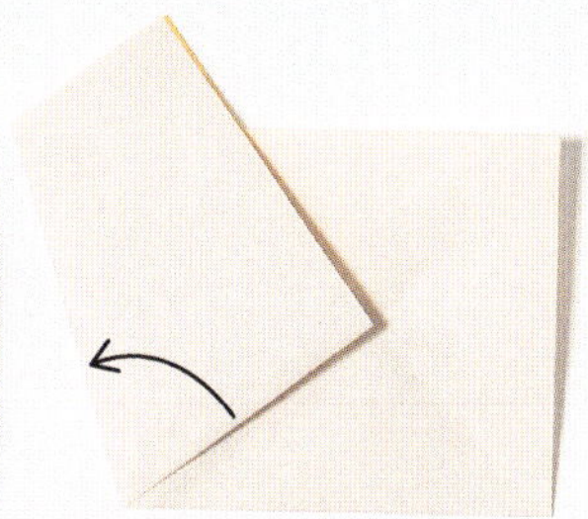
6

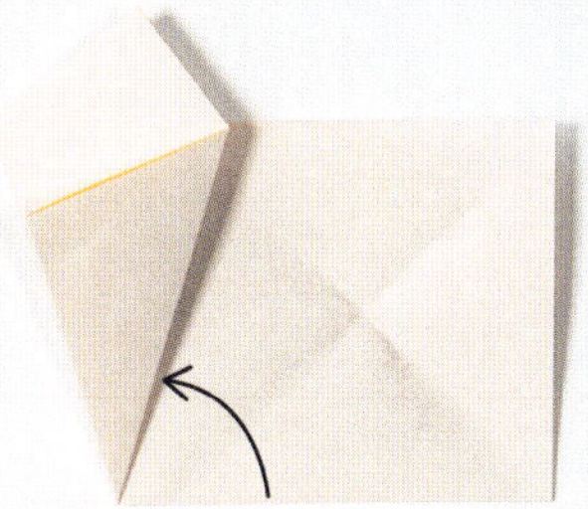
7

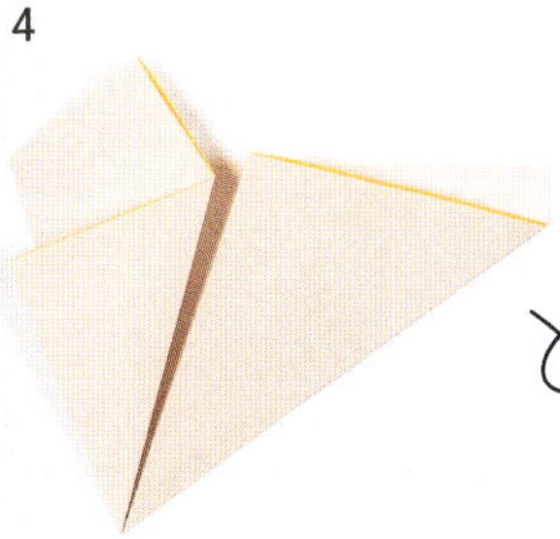
8

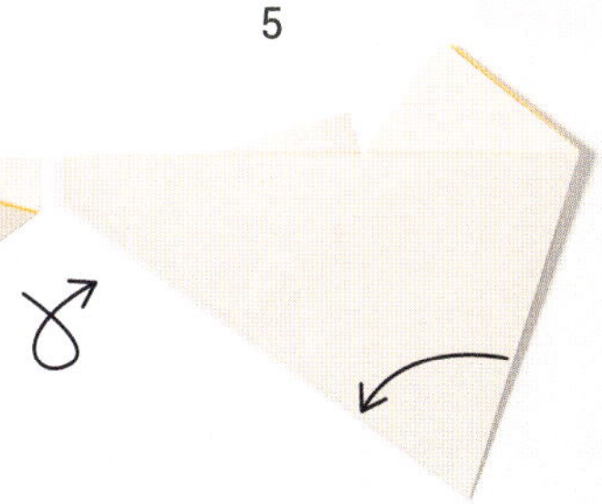
9

10

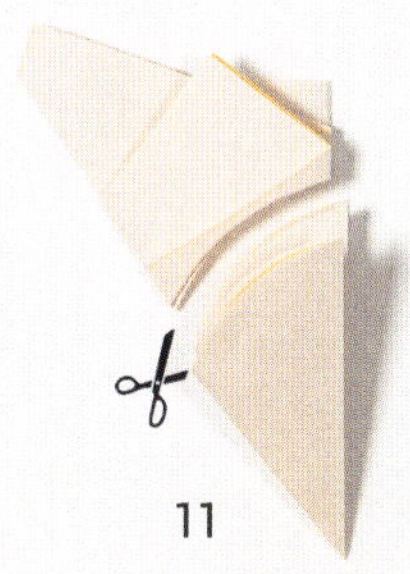
11

12

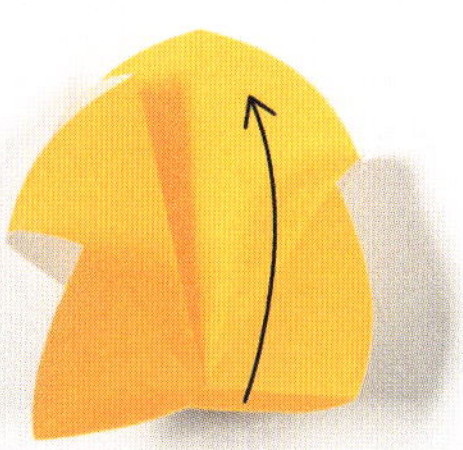
13

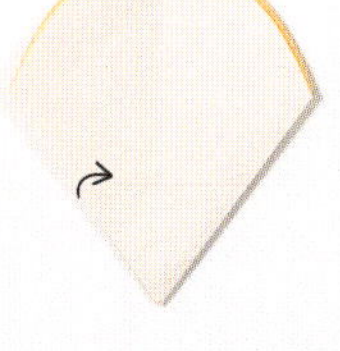
14

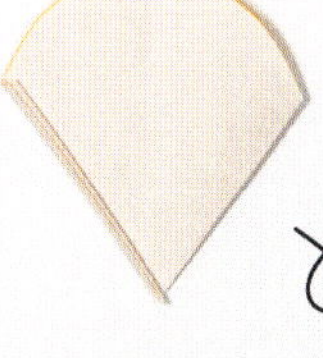
15

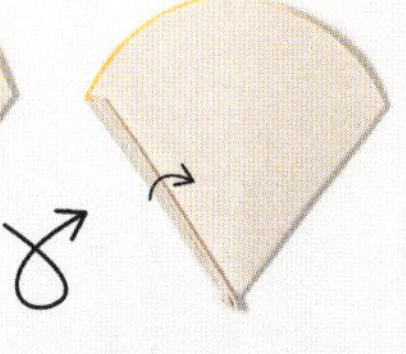
16

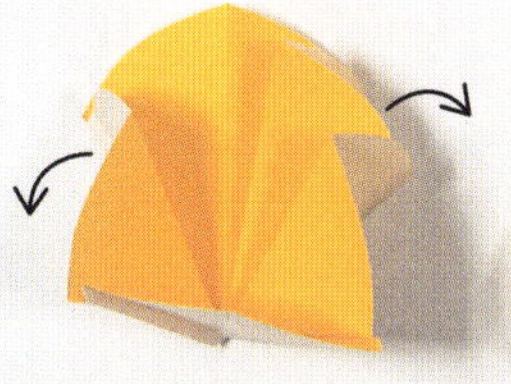
17

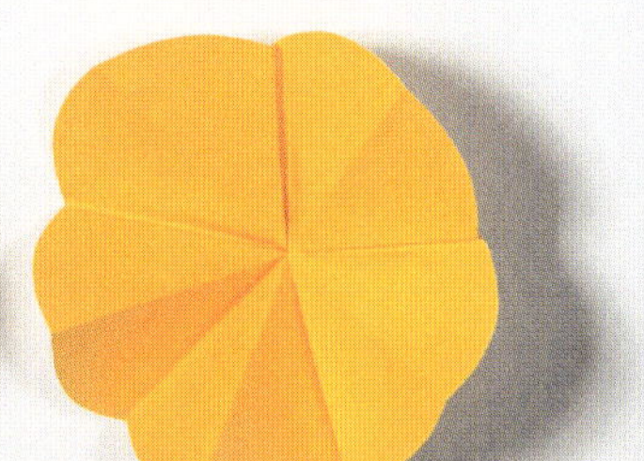
18

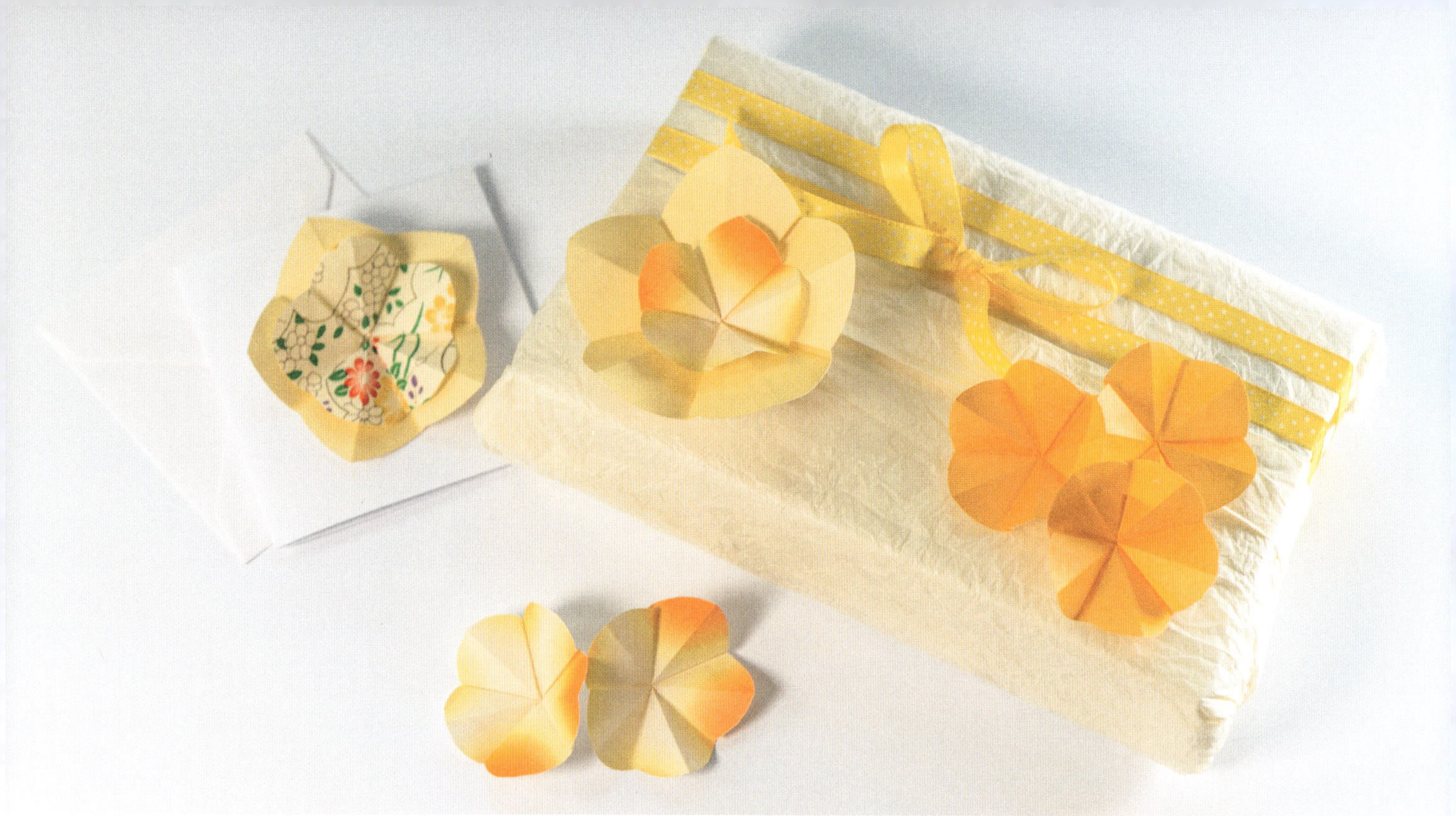

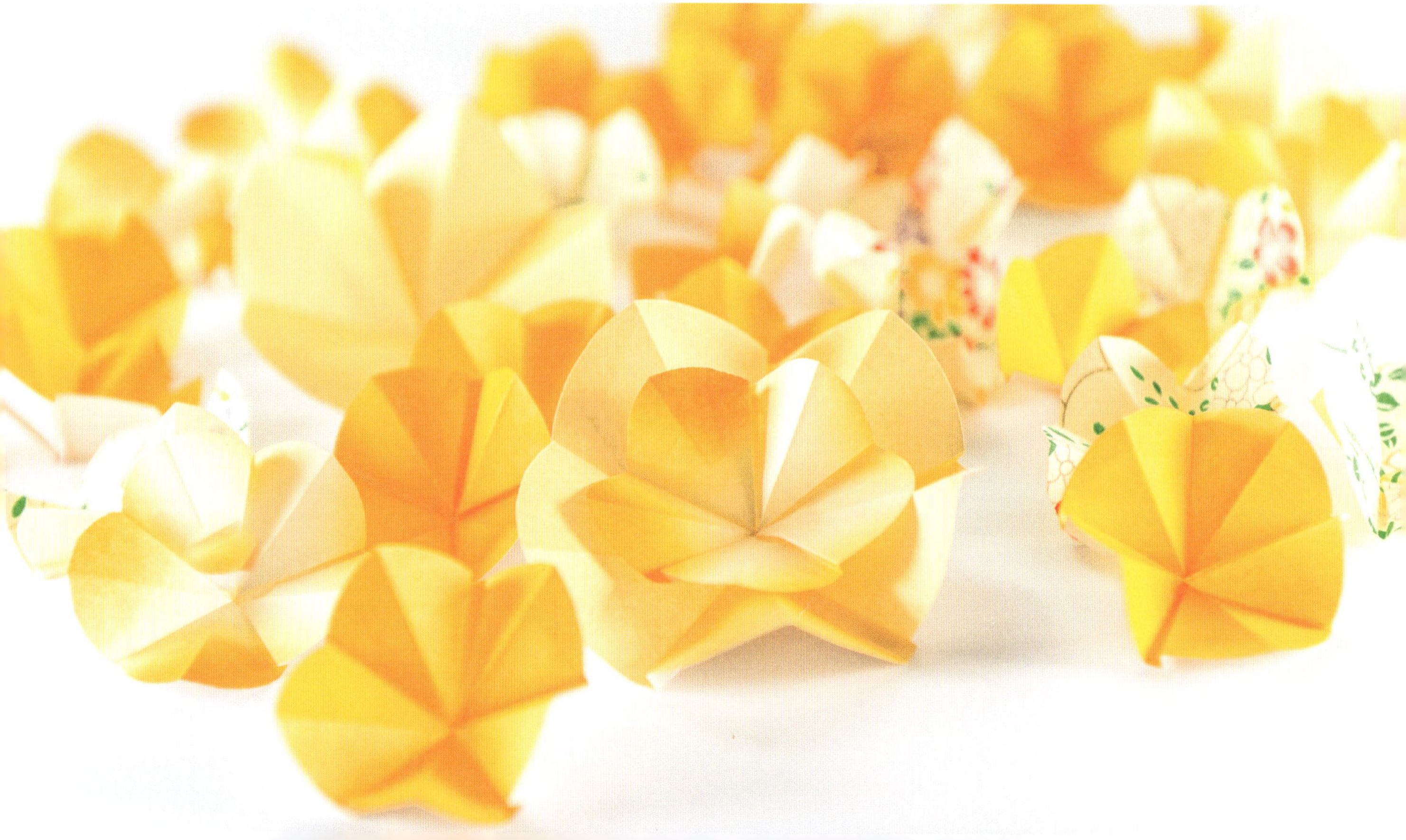

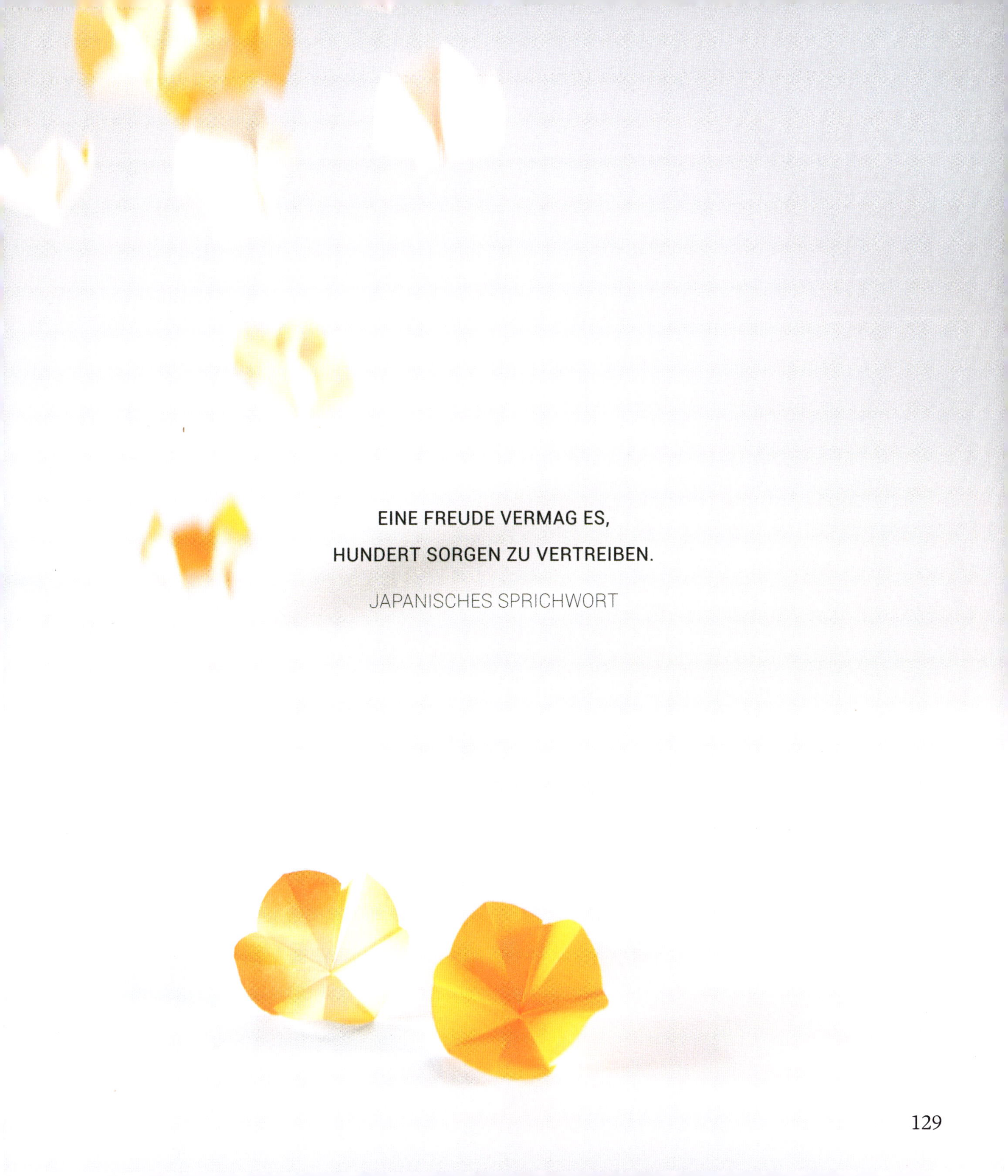

EINE FREUDE VERMAG ES,
HUNDERT SORGEN ZU VERTREIBEN.

JAPANISCHES SPRICHWORT

STERNBLÜTE

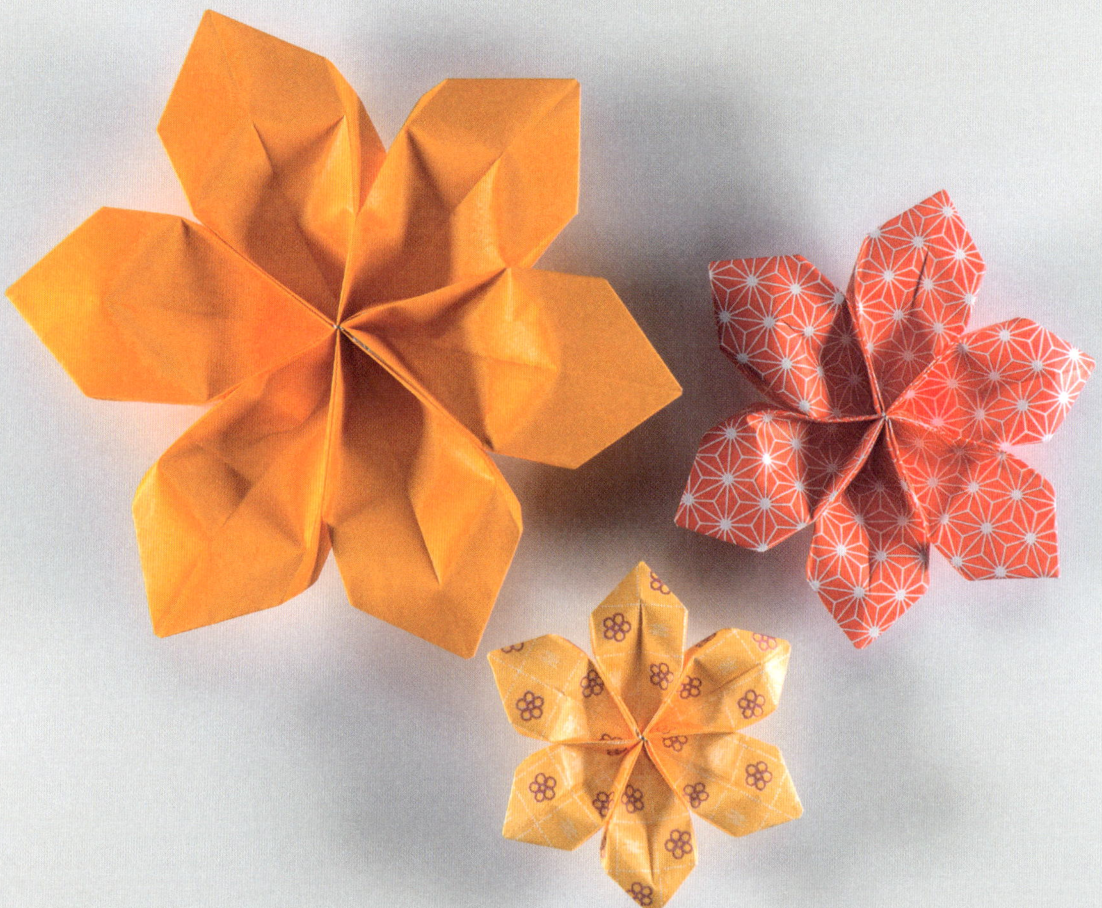

IN DIE NACHT WERDEN WIR DRINGEN,
UM EINEN BLÜHENDEN
ZWEIG ZU STEHLEN.

WIR WERDEN DIE MAUERN ÜBERSTEIGEN,
IM DUNKELN DES FREMDEN GARTENS,
ZWEI SCHATTEN IM SCHATTEN.

NOCH IST DER WINTER NICHT VORBEI,
UND DER APFELBAUM ERSCHEINT
JÄHLINGS VERWANDELT:
EIN WASSERFALL DUFTENDER STERNE.

IN DIE NACHT WERDEN WIR DRINGEN,
BIS HINAUF AN IHR ZITTERNDES FIRMAMENT,
UND DEINE KLEINEN HÄNDE UND DIE MEINEN
WERDEN DIE STERNE STEHLEN.

UND HEIMLICH,
ZU UNSEREM HAUS,
IN NACHT UND DUNKEL,
WIRD DRINGEN MIT DEINEN SCHRITTEN
DER LAUTLOSE SCHRITT DES DUFTES
UND MIT STERNENFÜSSEN
DER LICHTE LEIB DES FRÜHLINGS.

PABLO NERUDA, DER GESTOHLENE ZWEIG

1/2

1/2

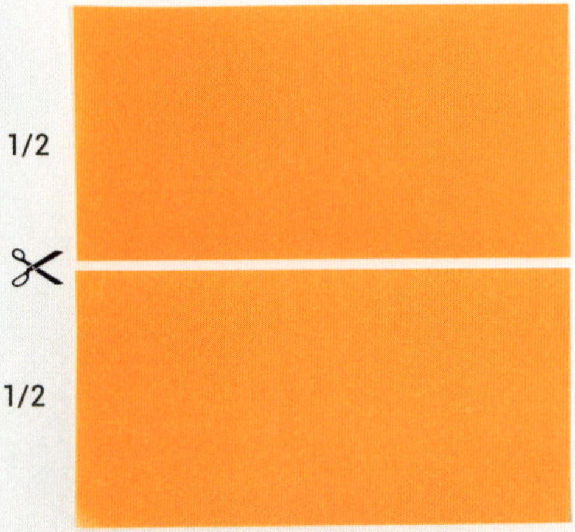

1/2

*1

2

3

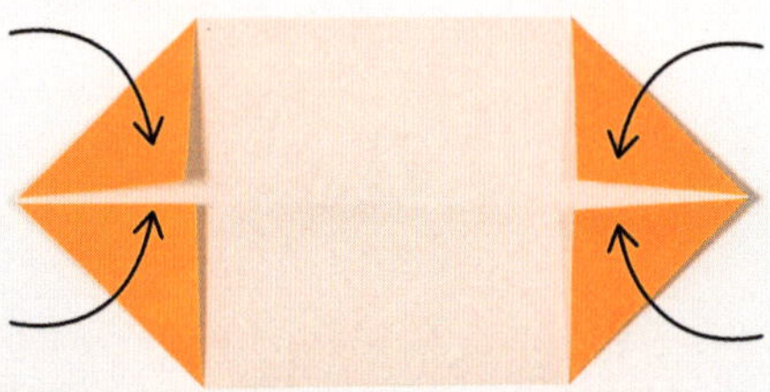

4

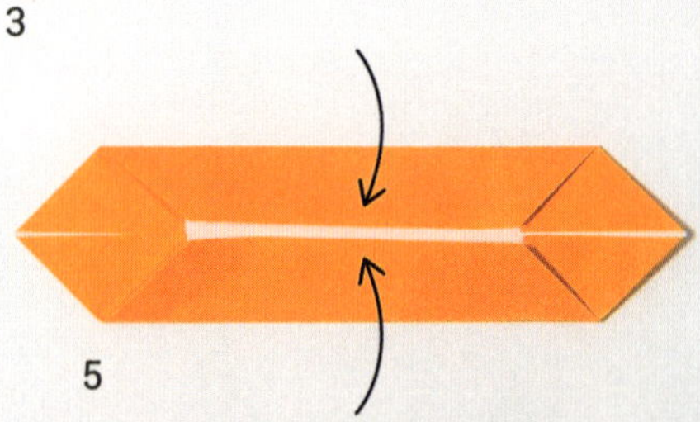

5

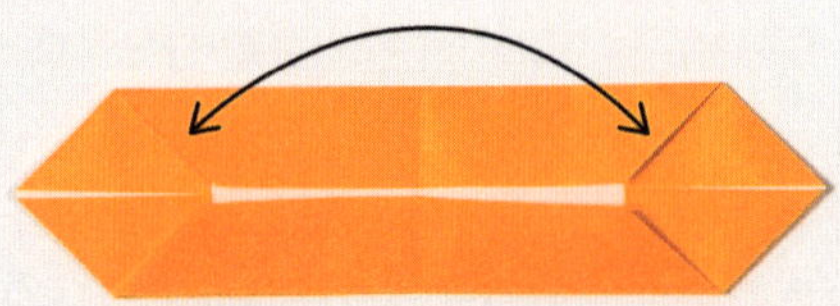

6

7

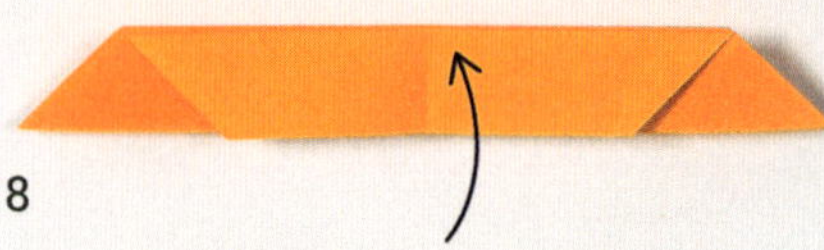

8

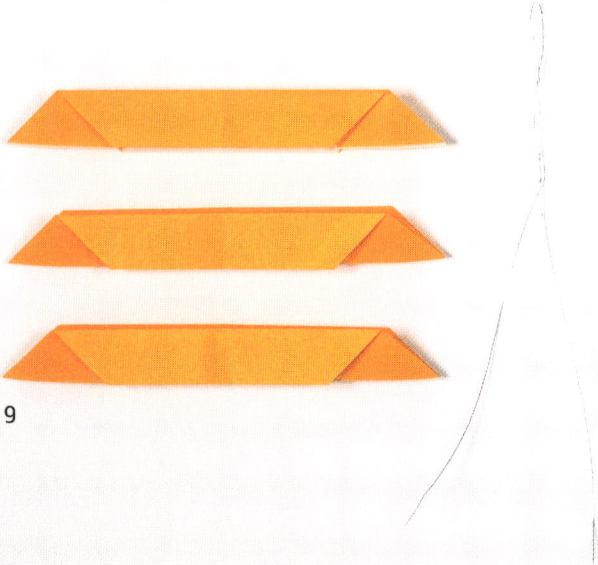

9

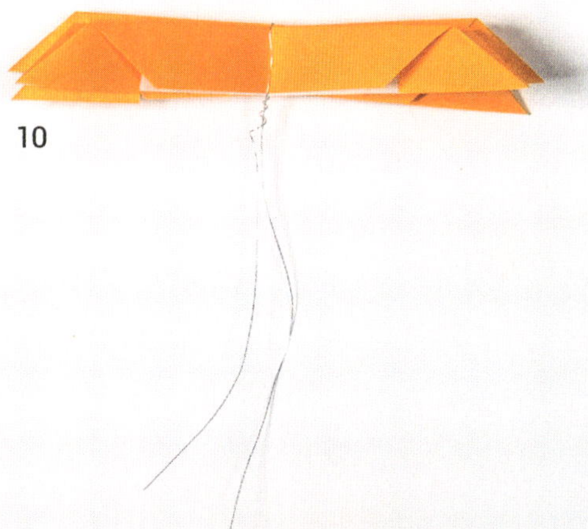

10

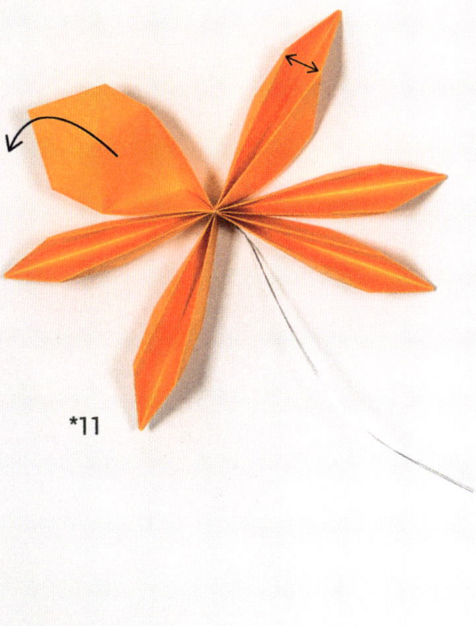

*11

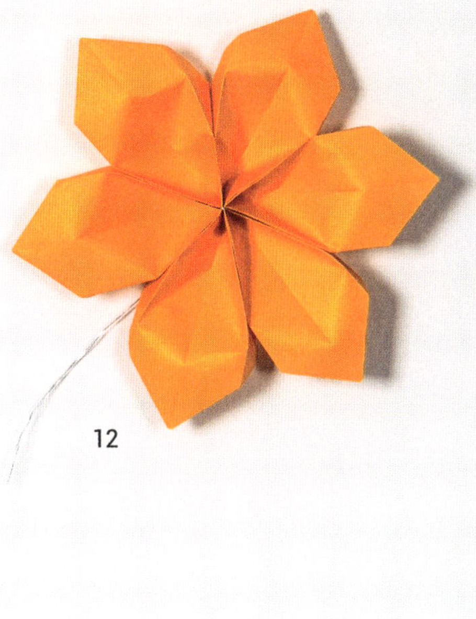

12

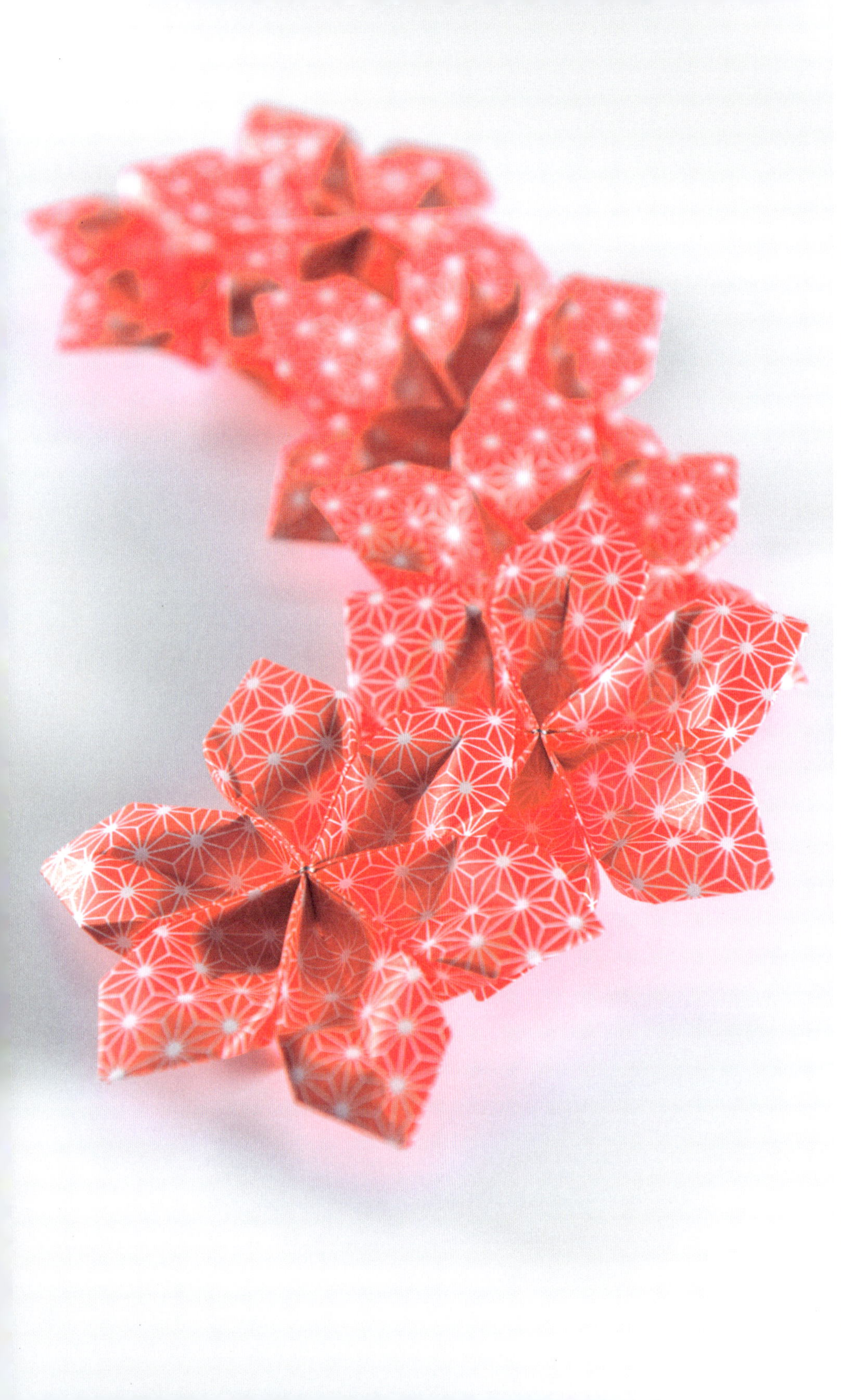
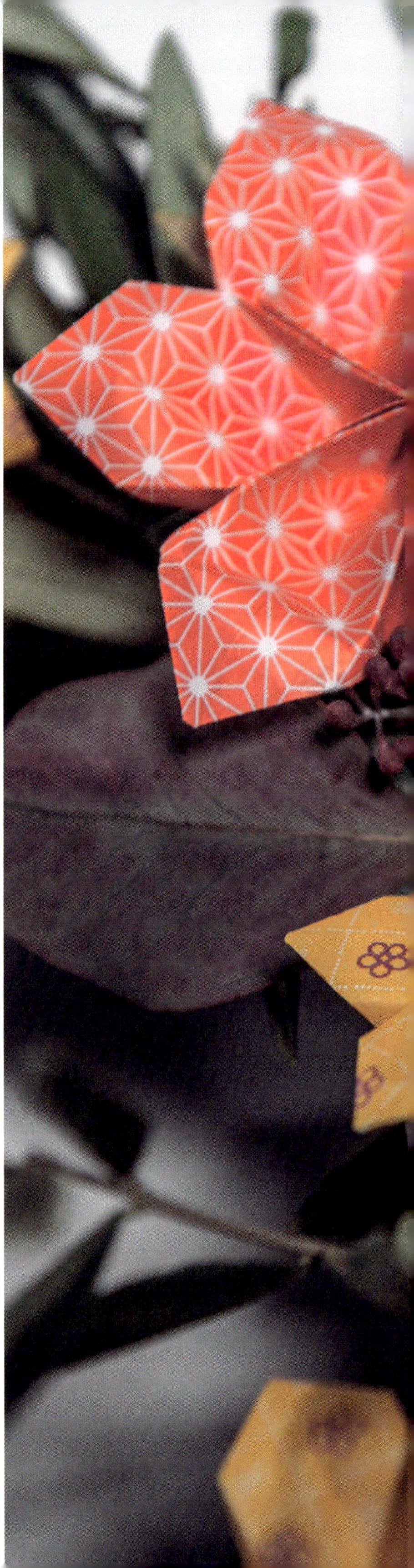

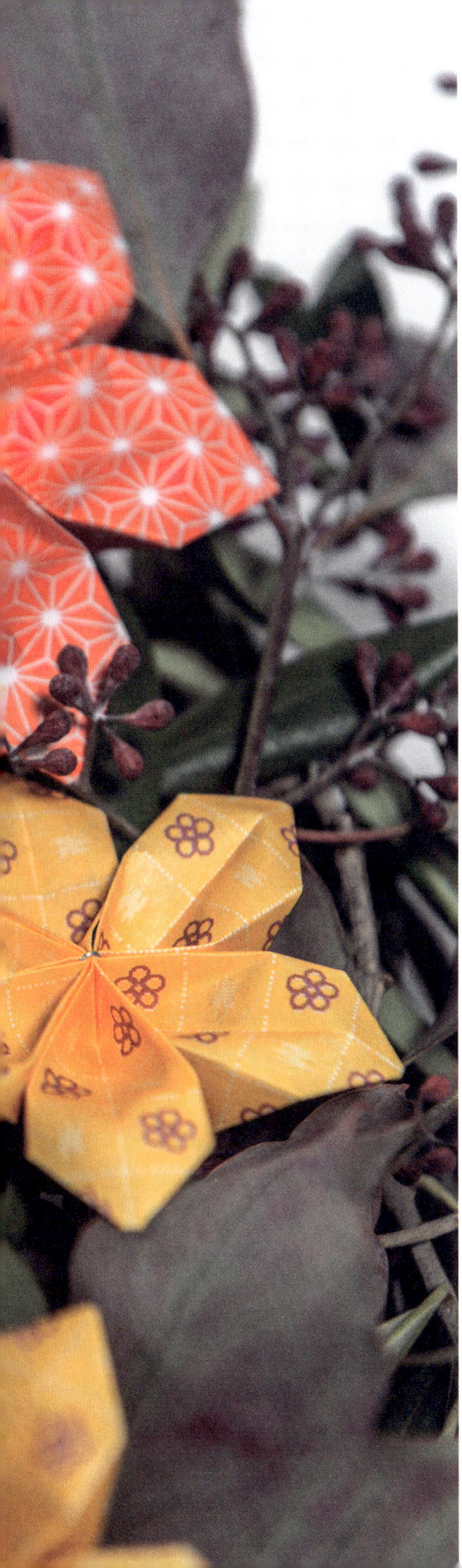
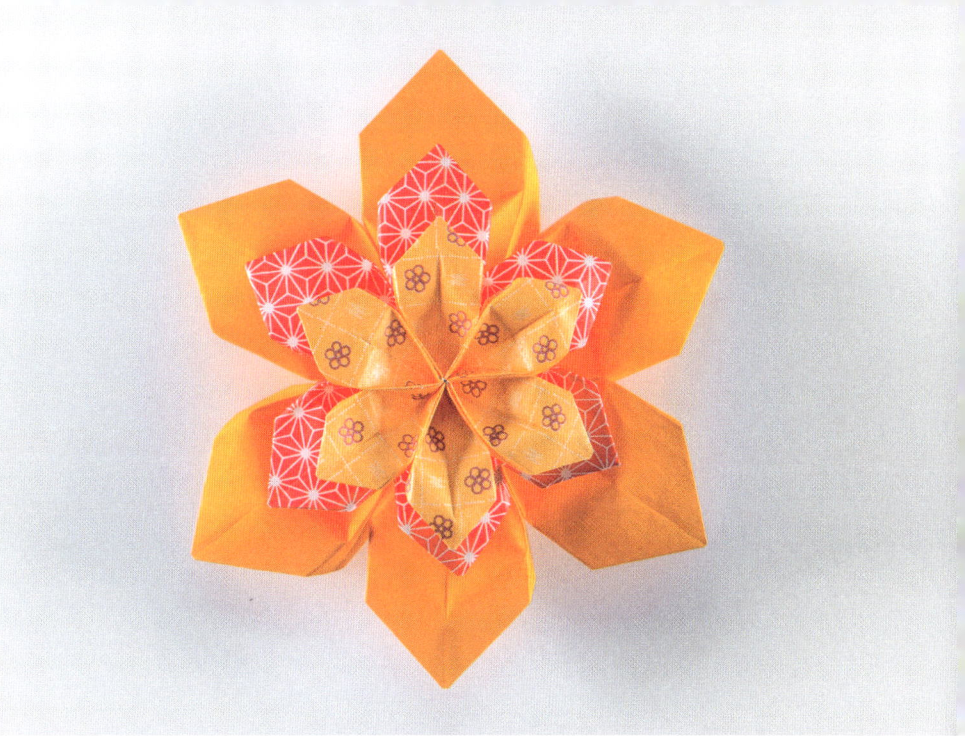
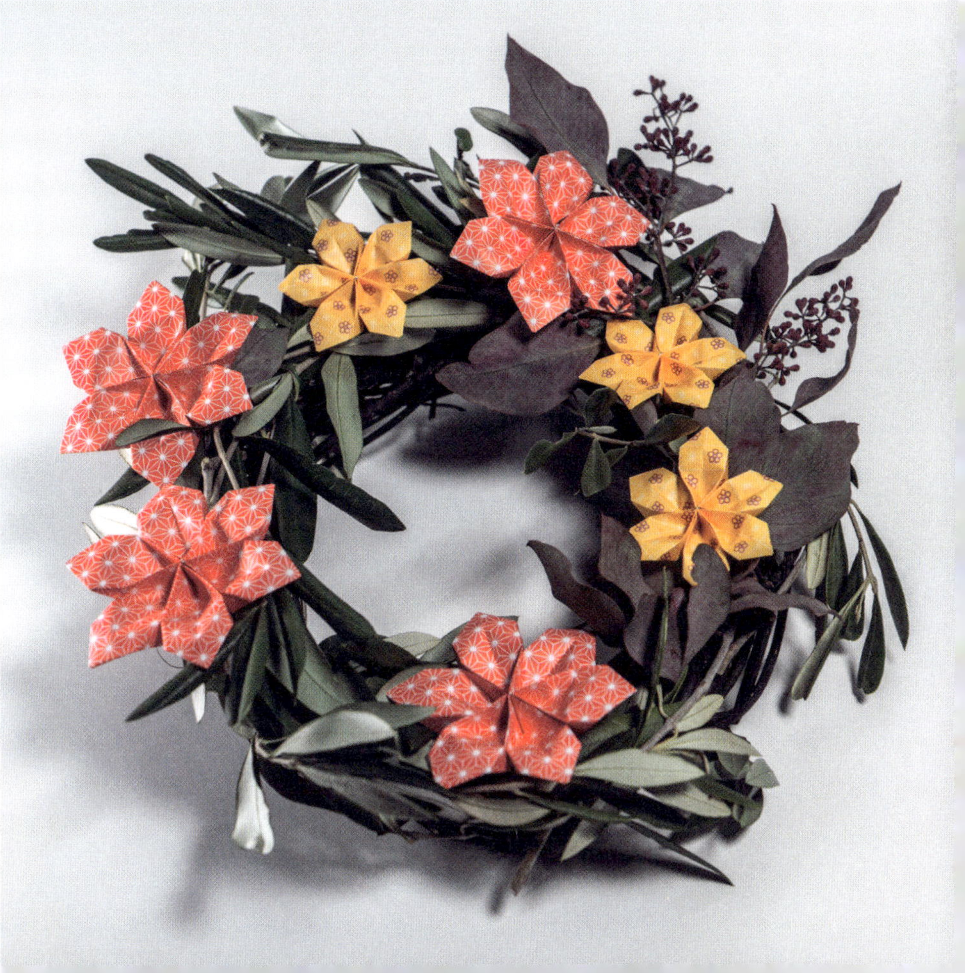

NICHTS ANDERES HEUTE,
ALS IN DEN FRÜHLING ZU GEHEN –
NICHTS WEITER.

YOSA BUSON

KNOPFLOCHBLUME

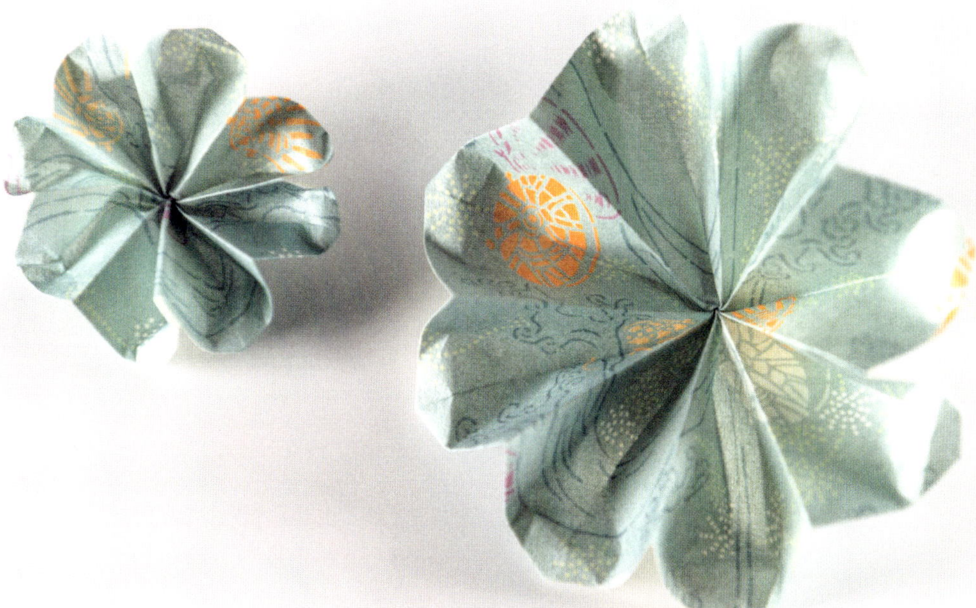

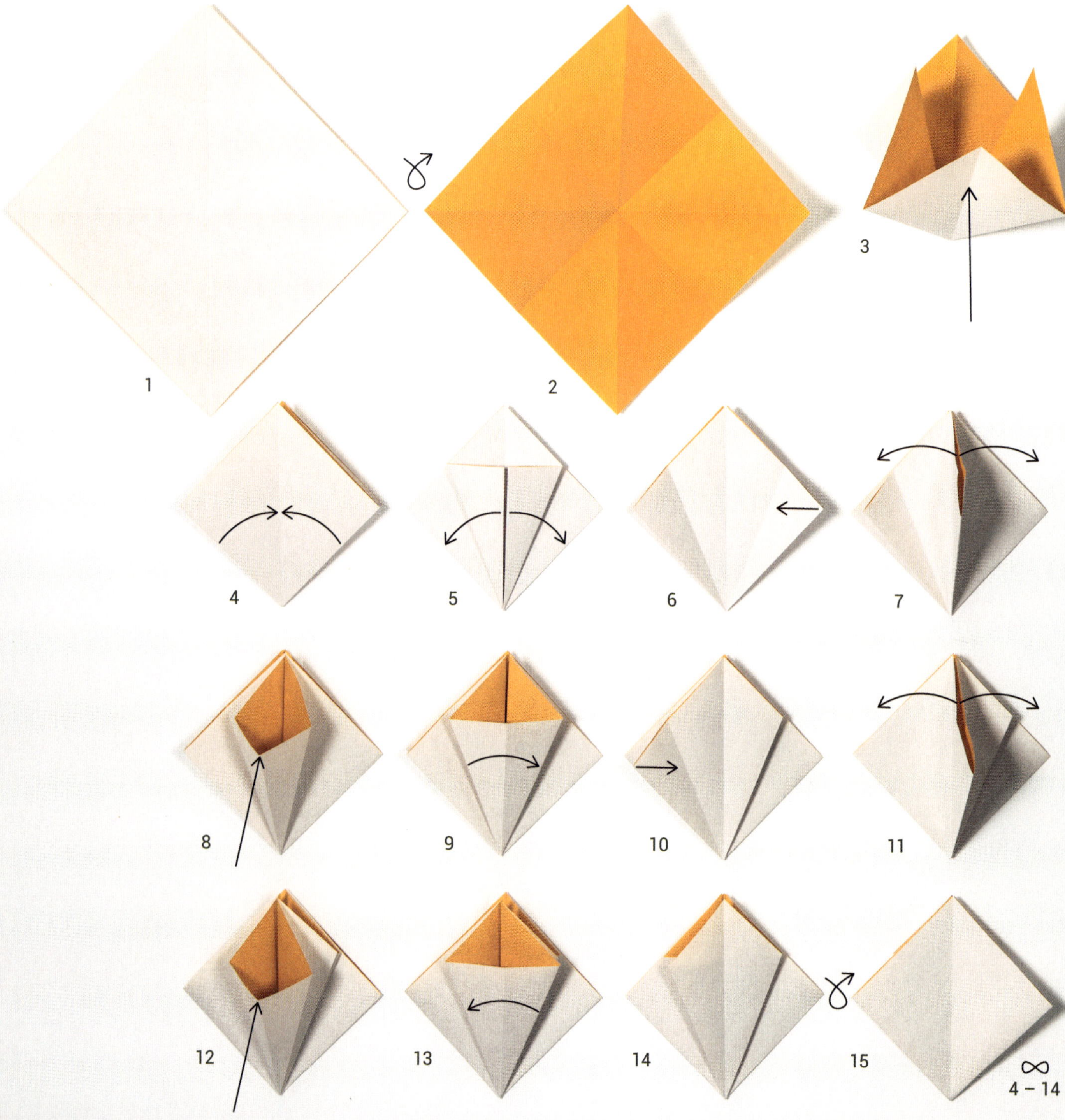
1
2
3
4
5
6
7
8
9
10
11
12
13
14
15
∞
4 – 14

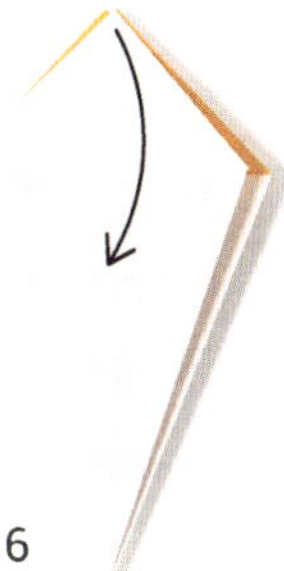

16

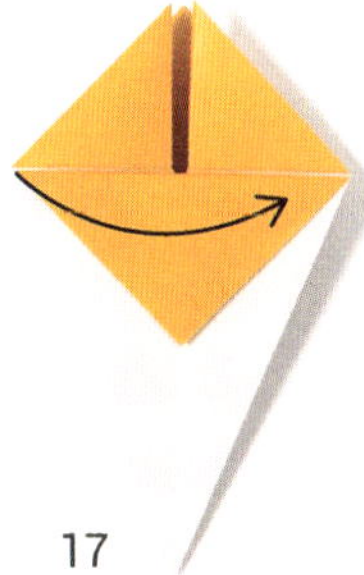

17

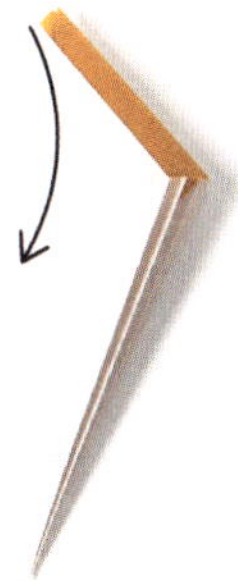

18

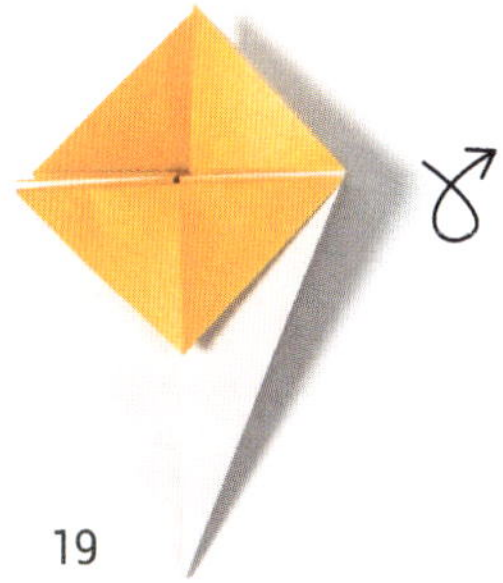

19

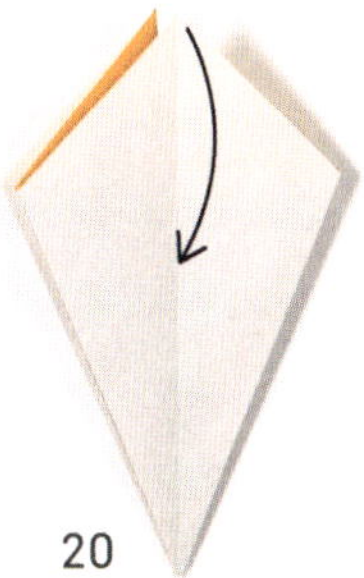

20

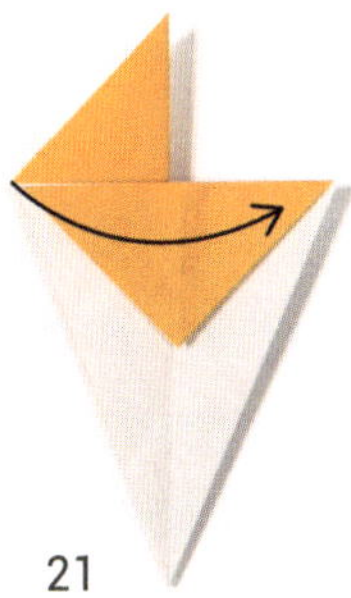

21

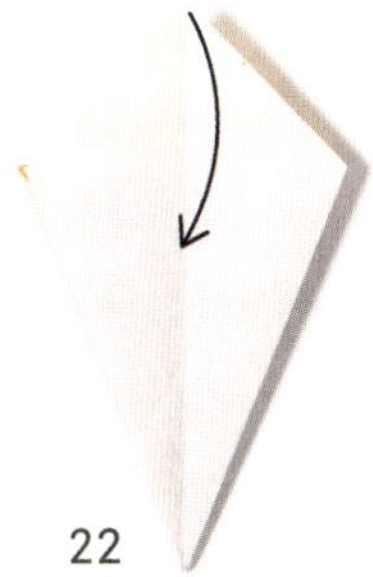

22

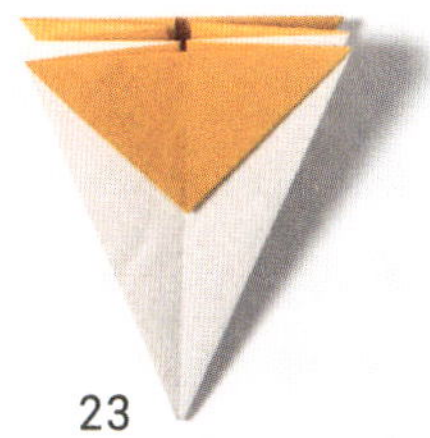

23

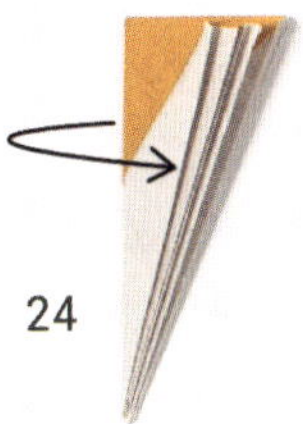

24

25

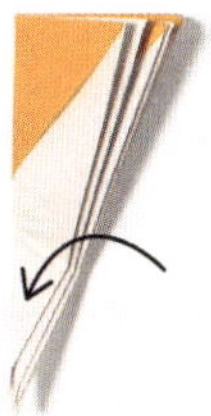

26

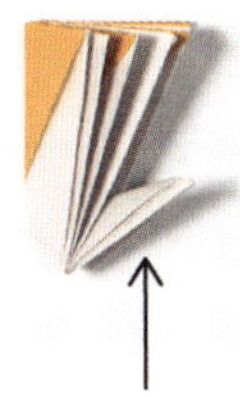

27

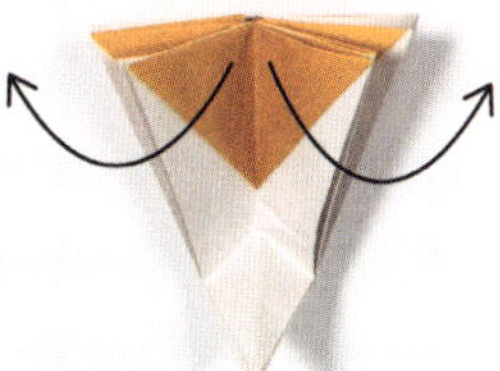

28

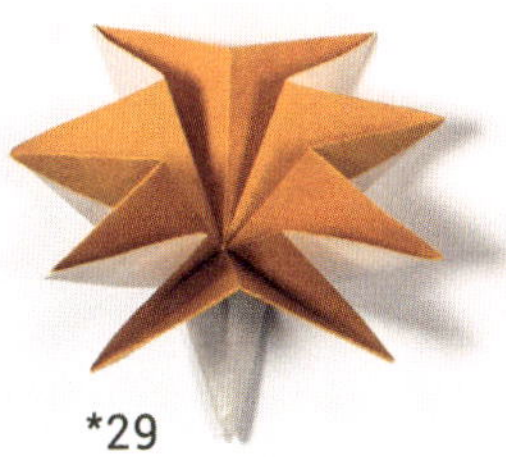

*29

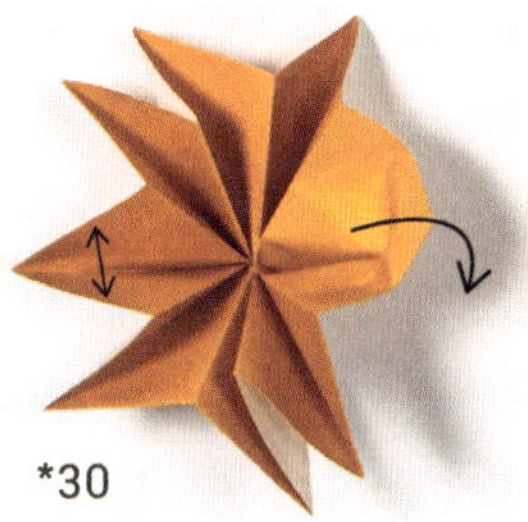

*30

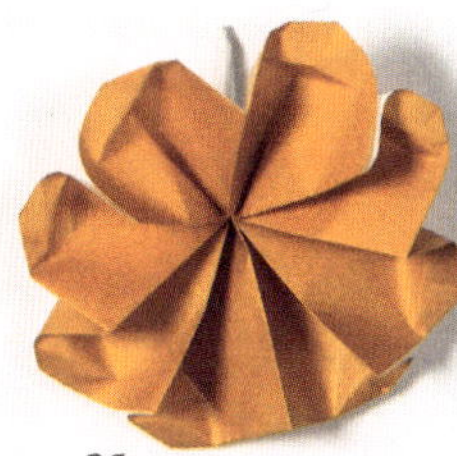

31

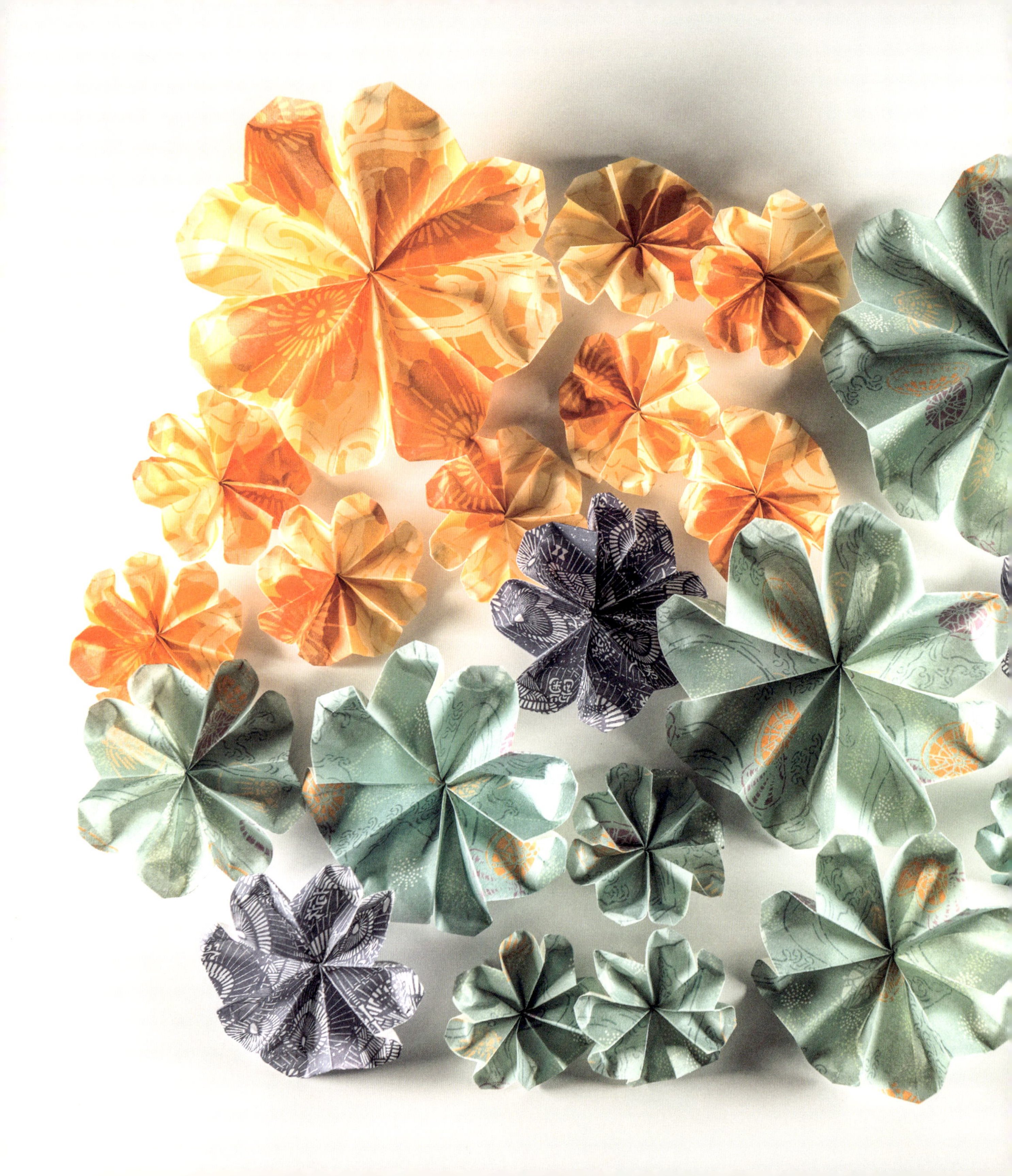

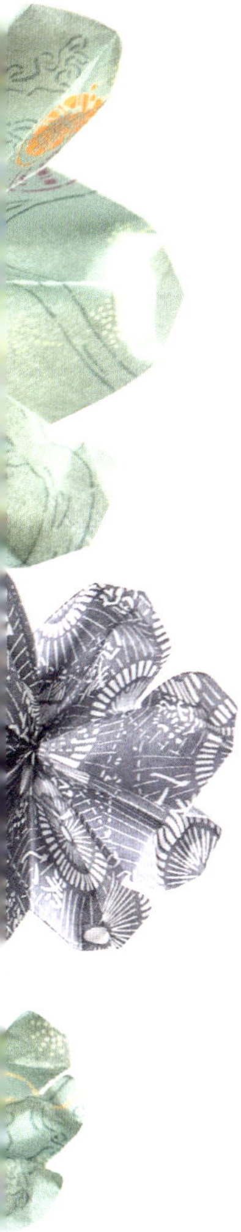

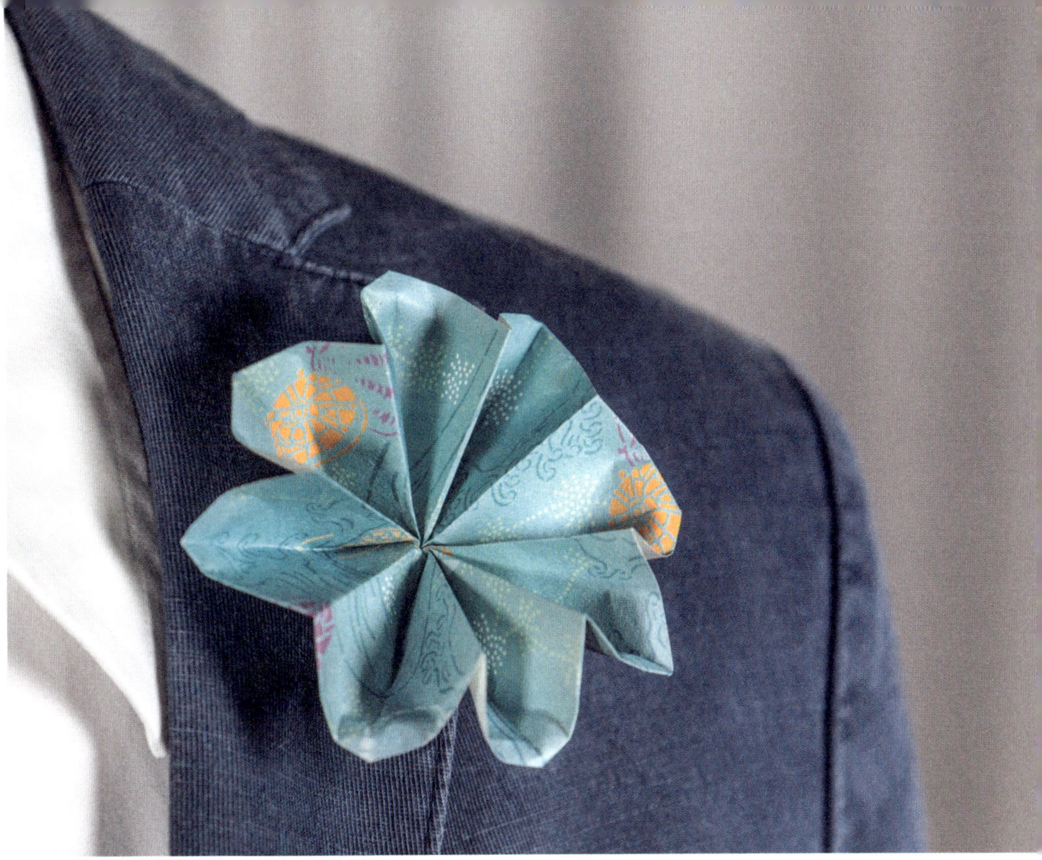

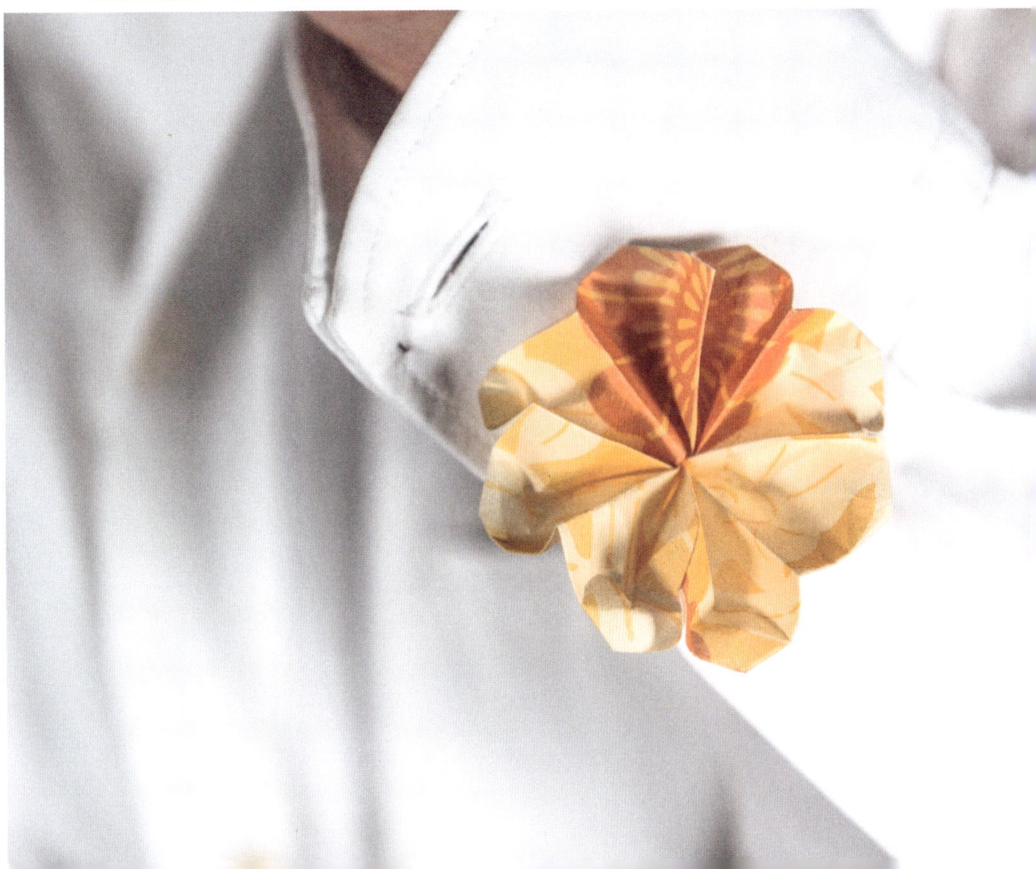

DIE GLOCKE HAT DEN TAG
HINAUSGELÄUTET. DER DUFT
DER BLÜTEN LÄUTET NACH.

BASHŌ

ORANGENBLÜTE

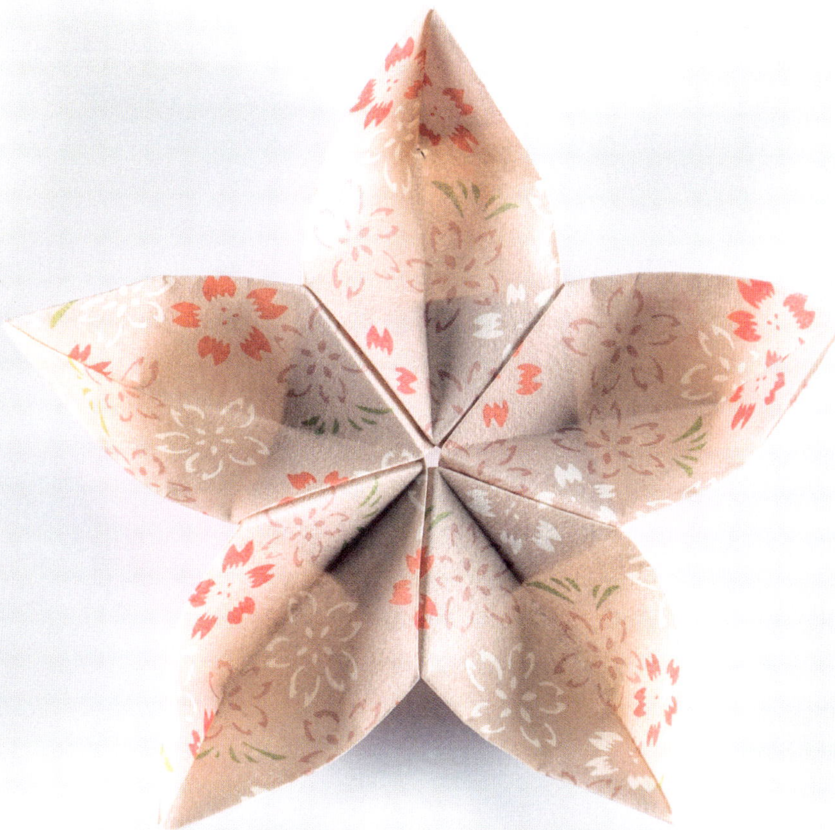

1

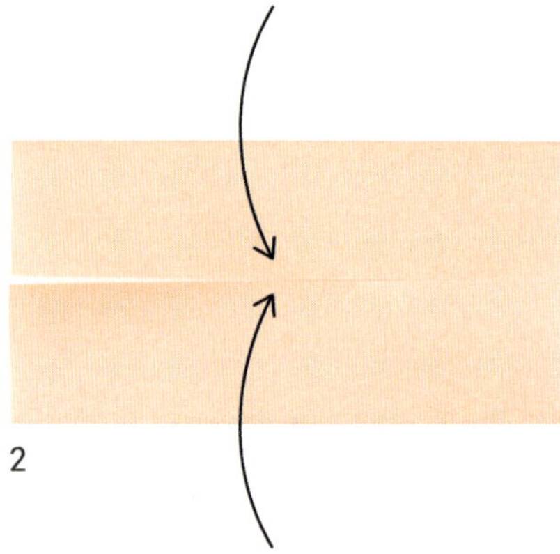
2

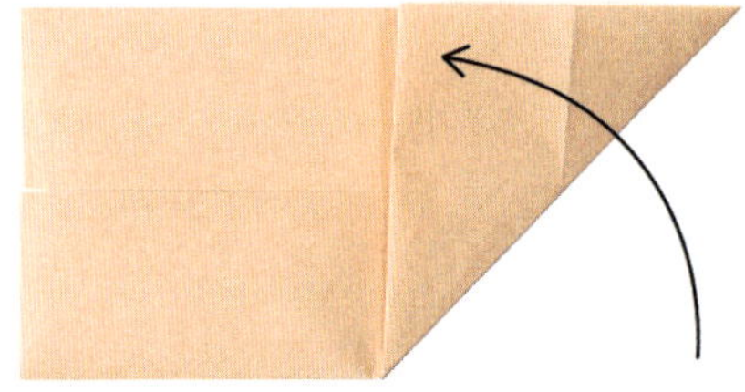
3

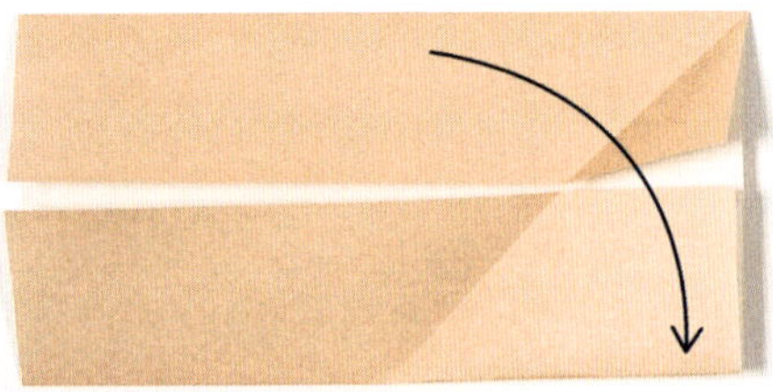
4

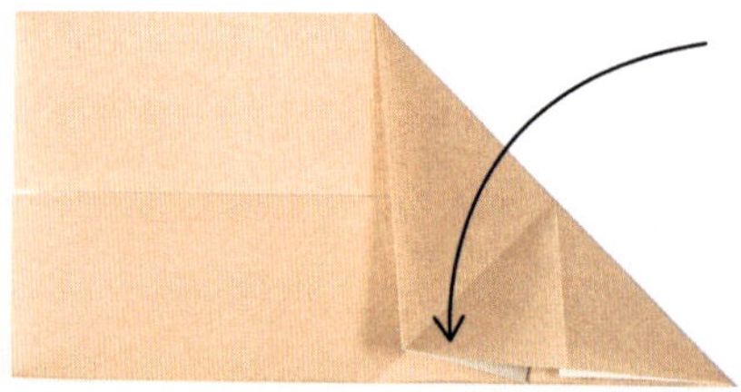
5

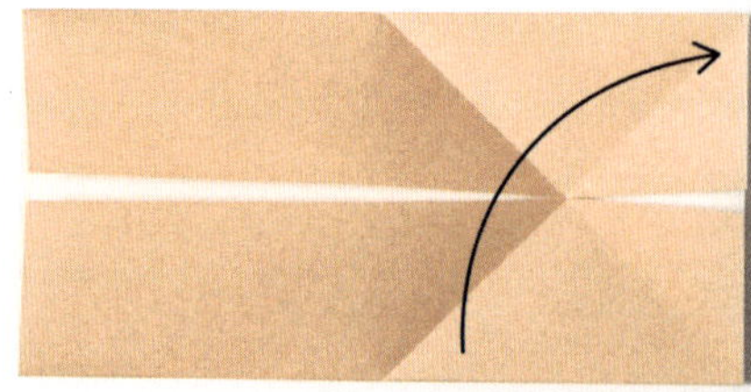
6

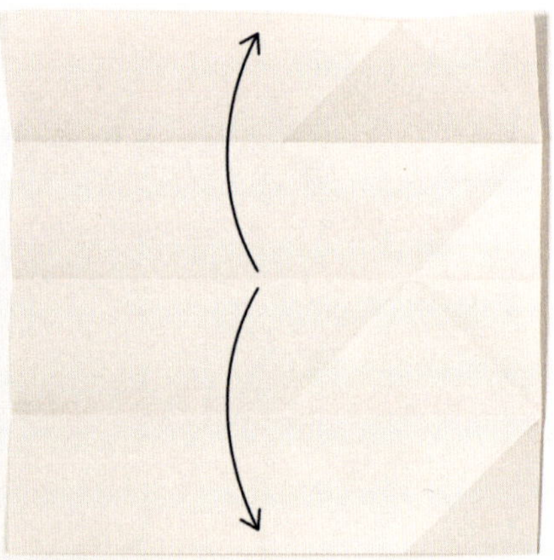
7

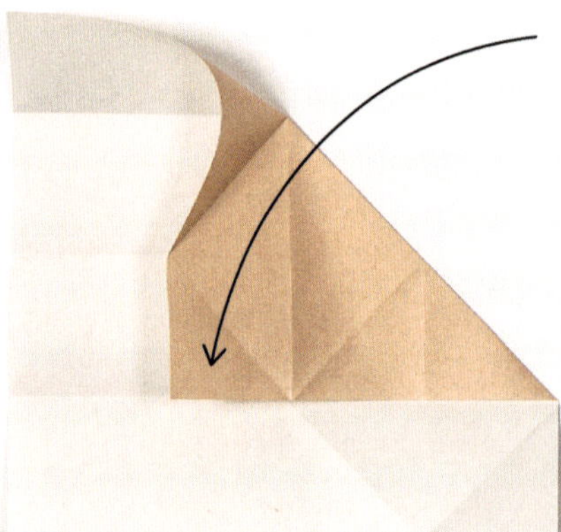
8

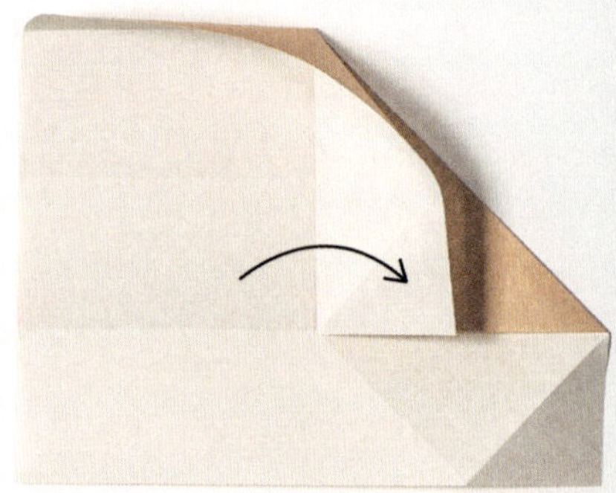
9

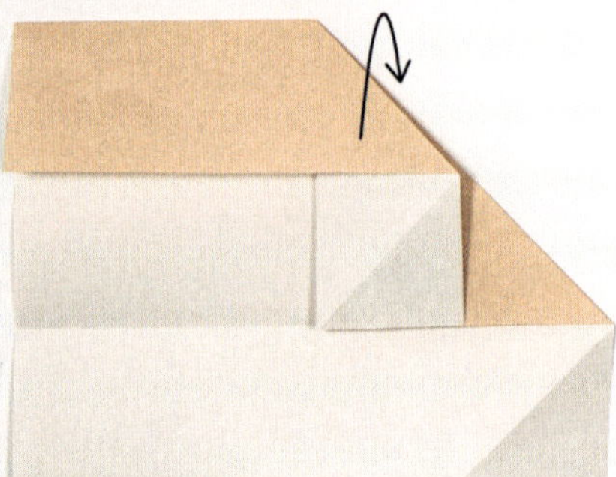
10

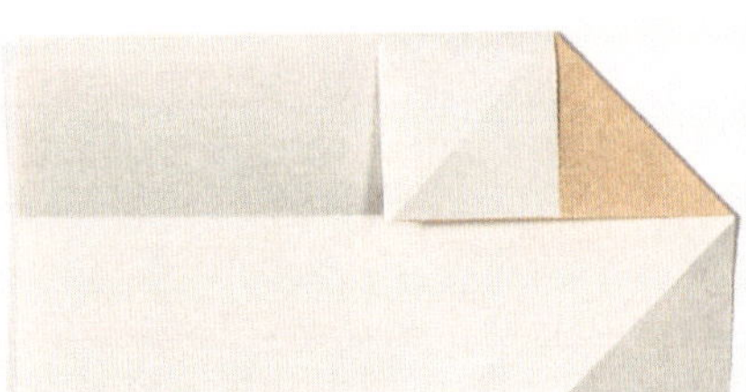
11

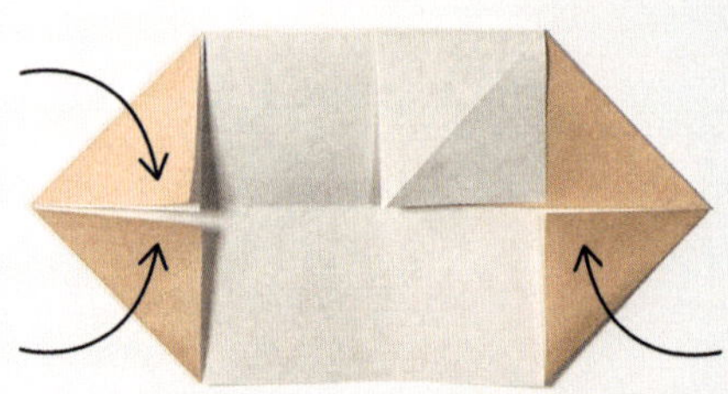
12

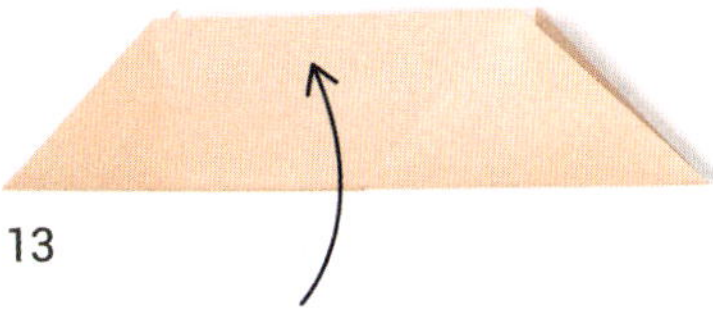

13

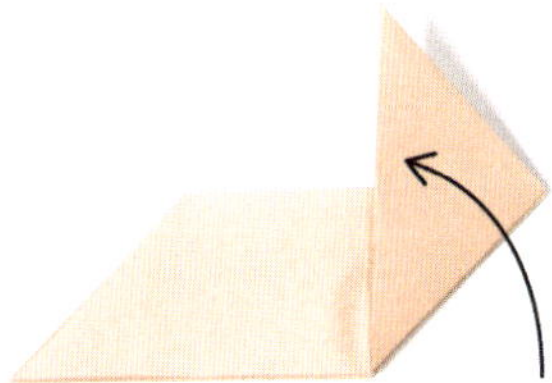

14

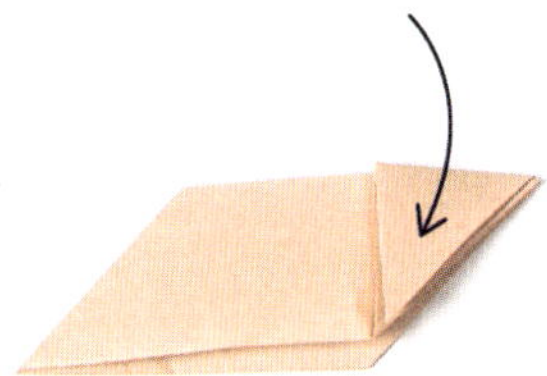

15

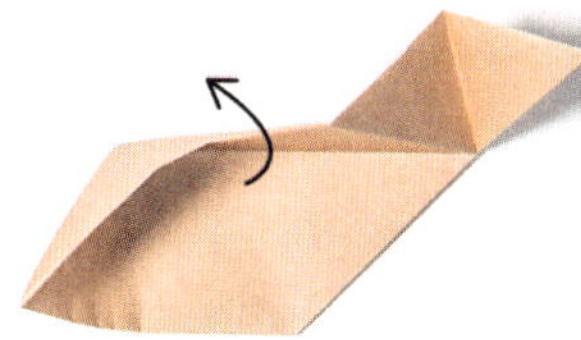

16

5 x

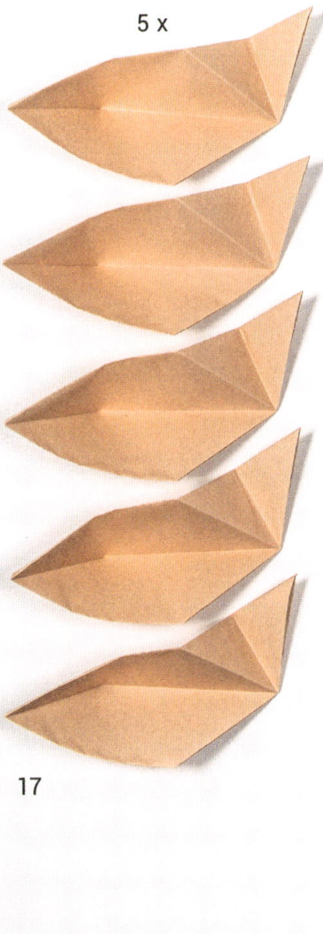

17

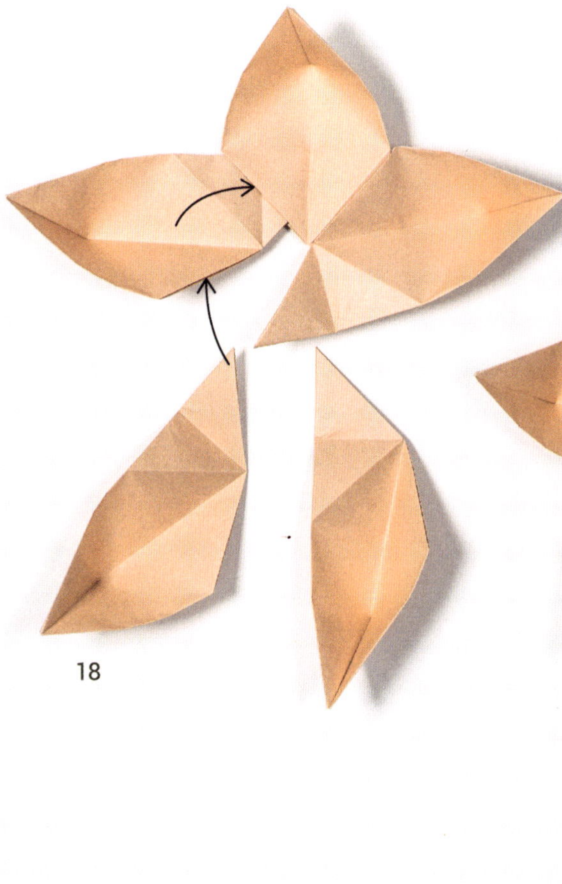

18

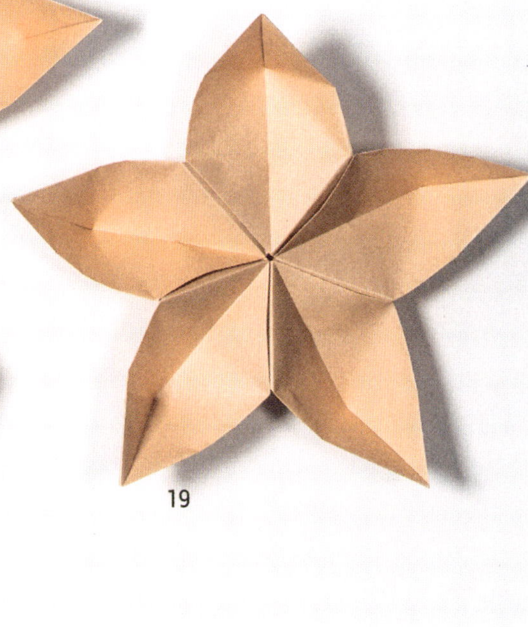

19

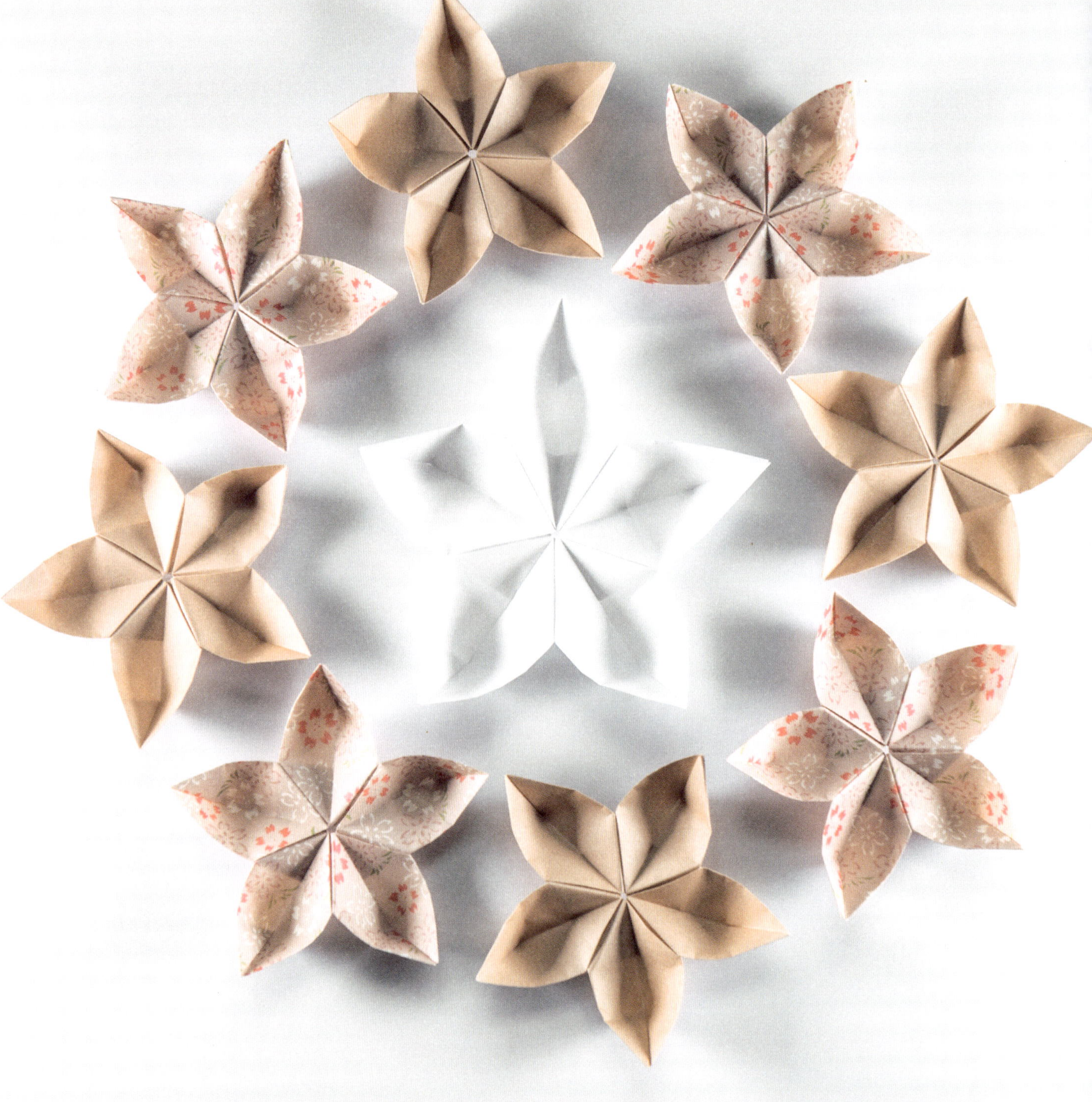

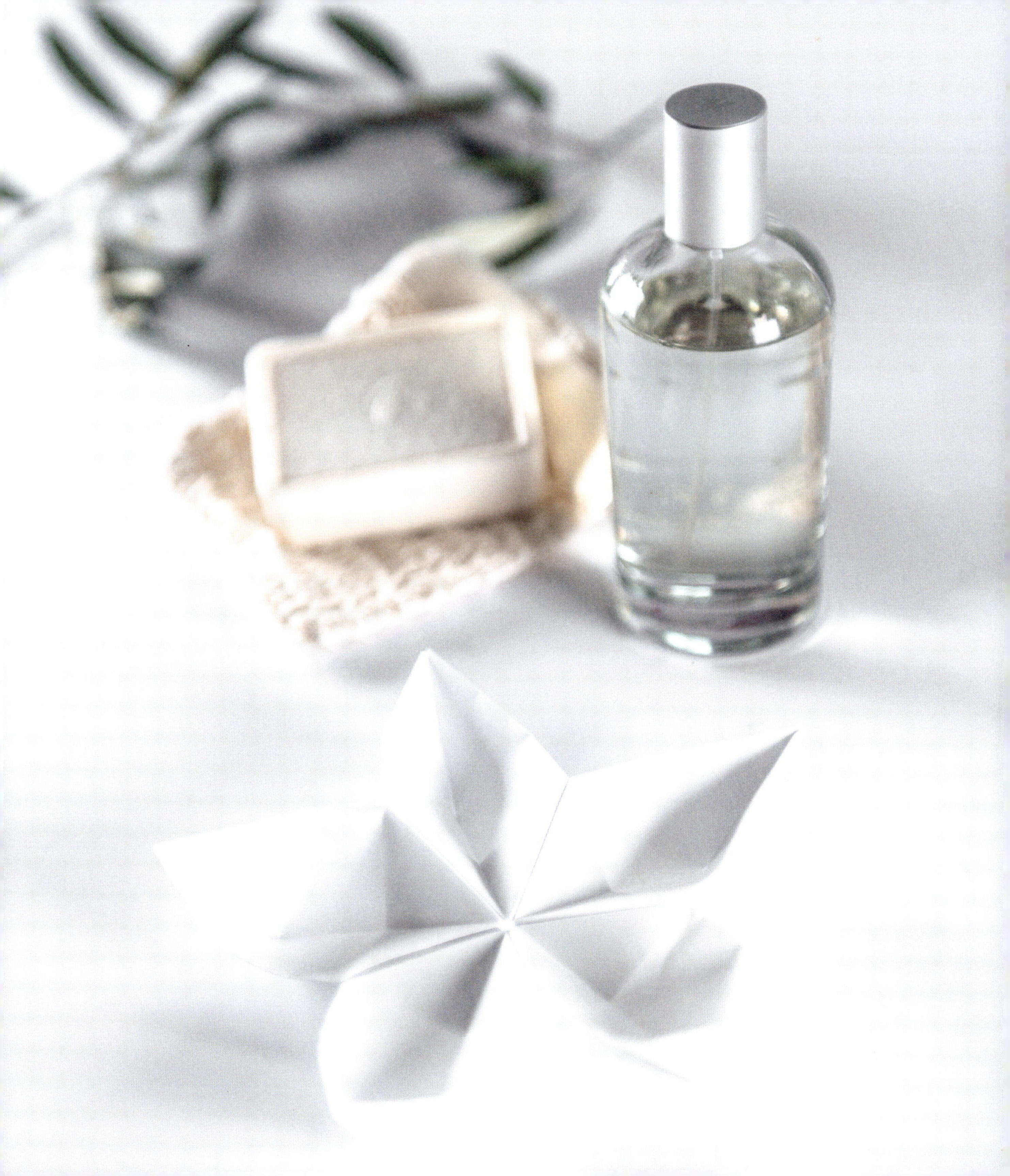

FÜRCHTE NICHT DIE SCHLEICHENDEN VERÄNDERUNGEN, NUR DEN STILLSTAND.

JAPANISCHES SPRICHWORT

DAHLIE

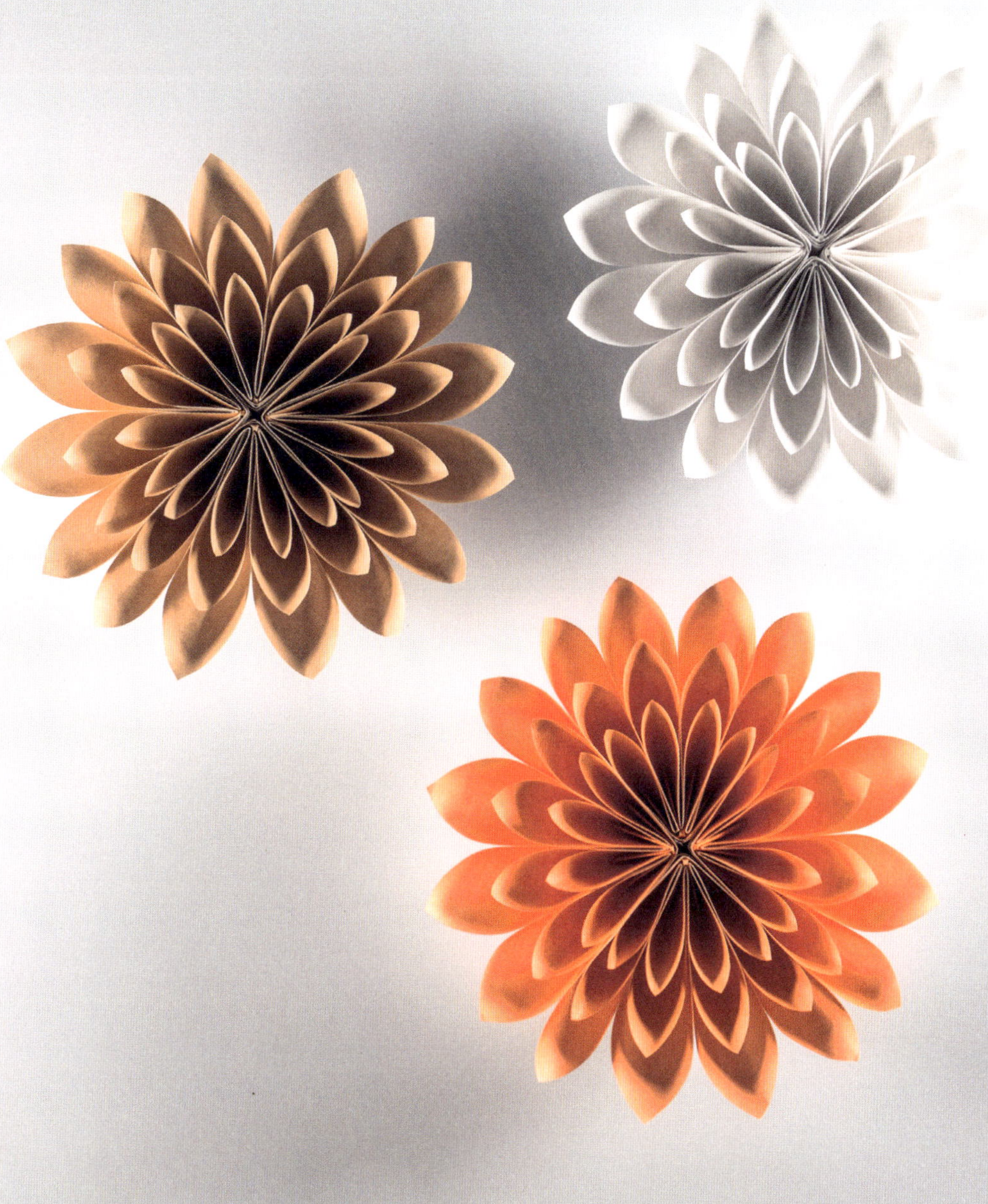

1

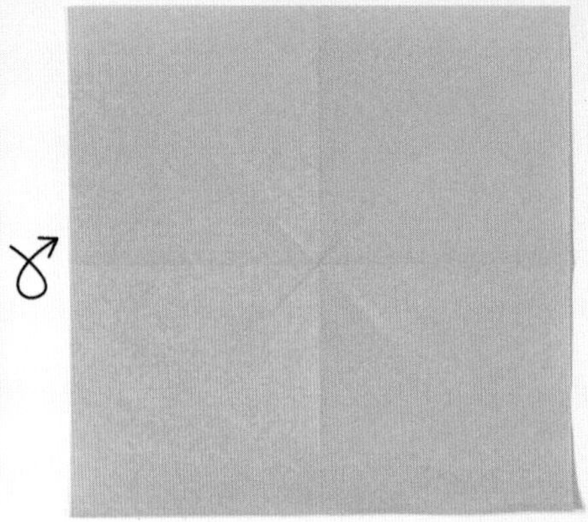

2

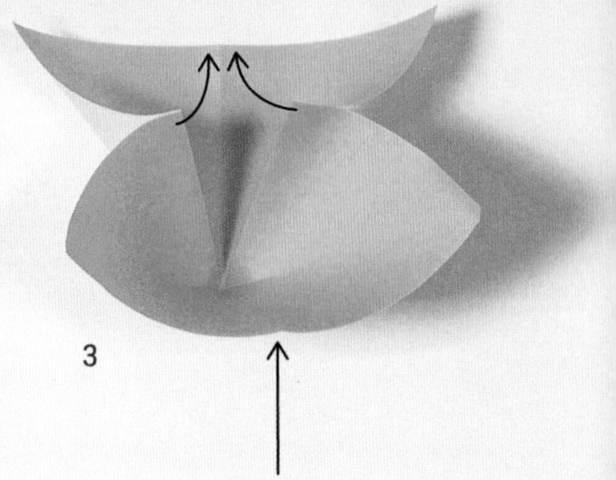

3

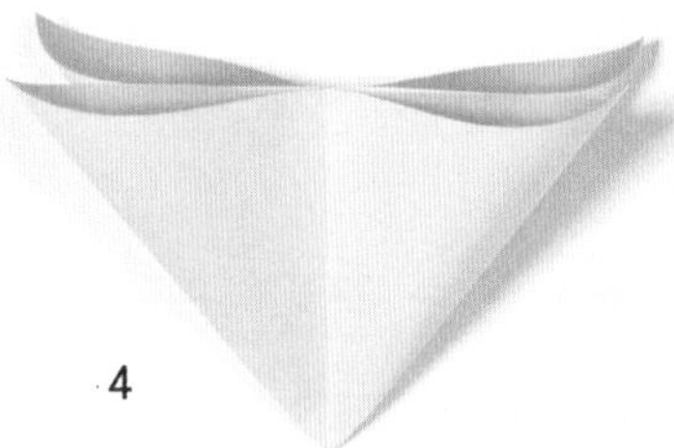

4

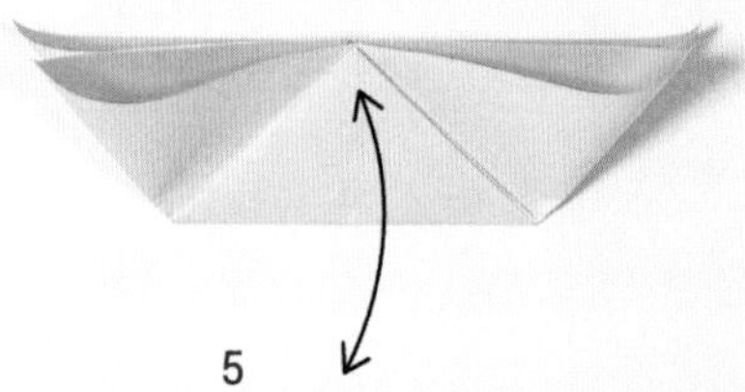

5

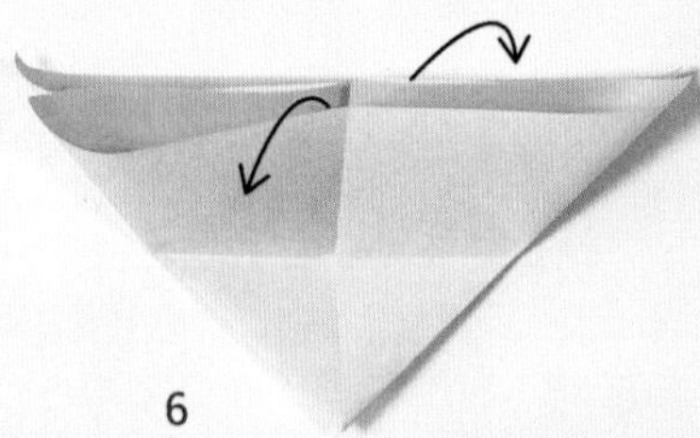

6

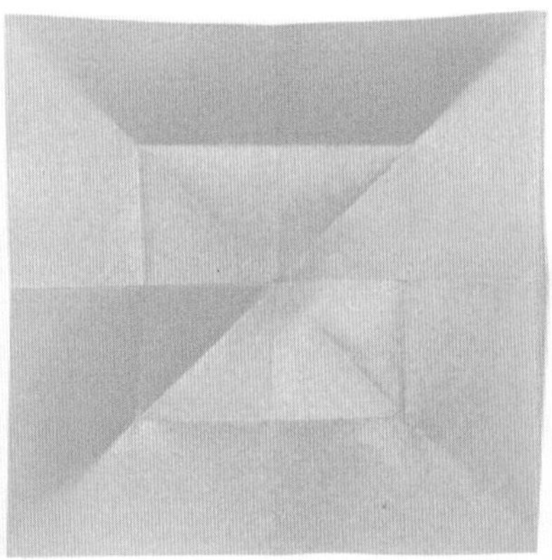

7

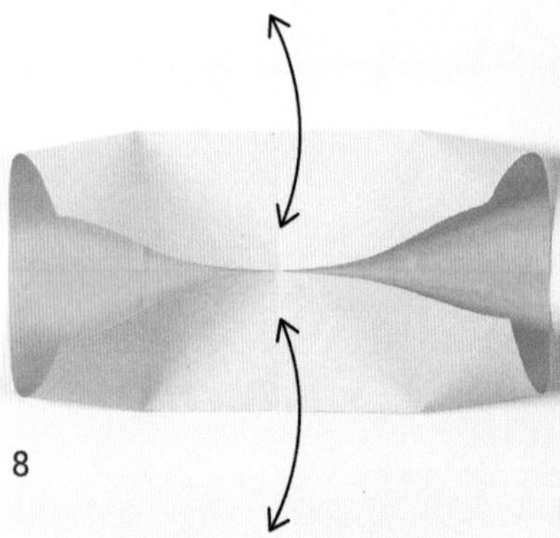

8

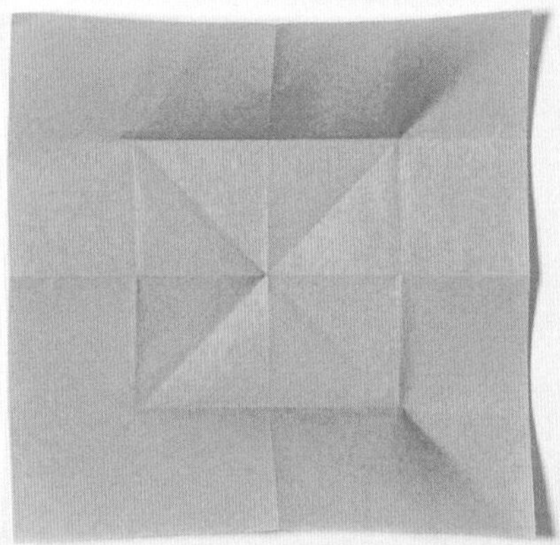

9

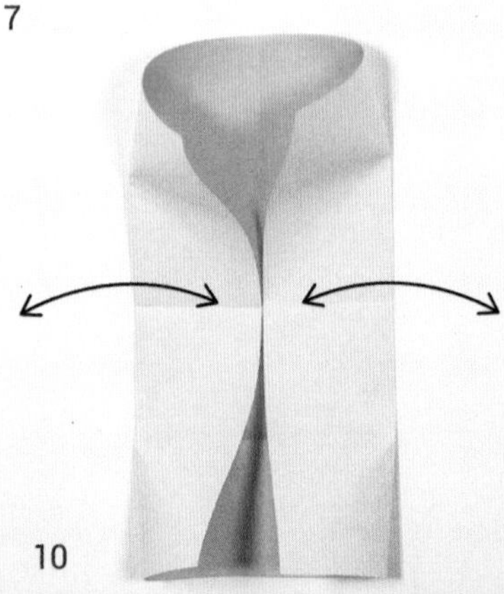

10

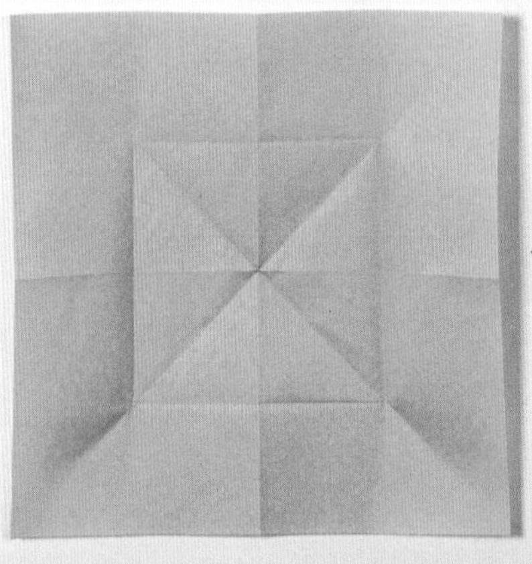

11

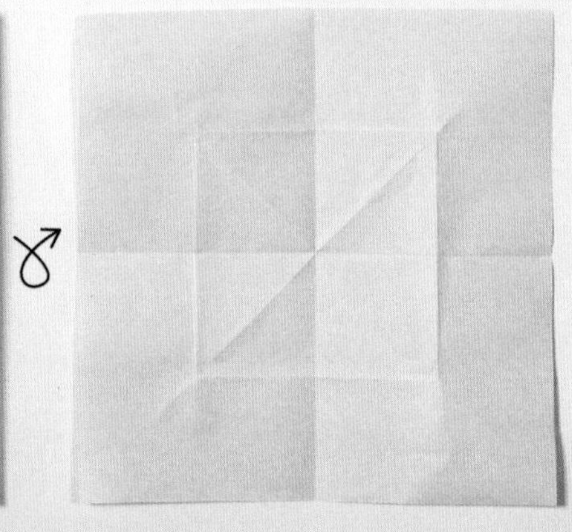

12

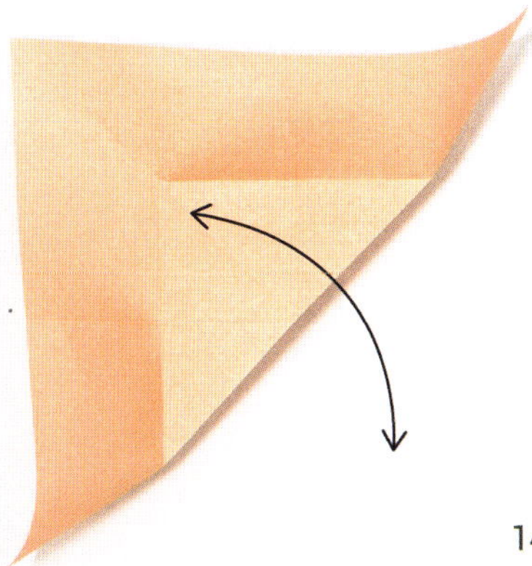

13

14

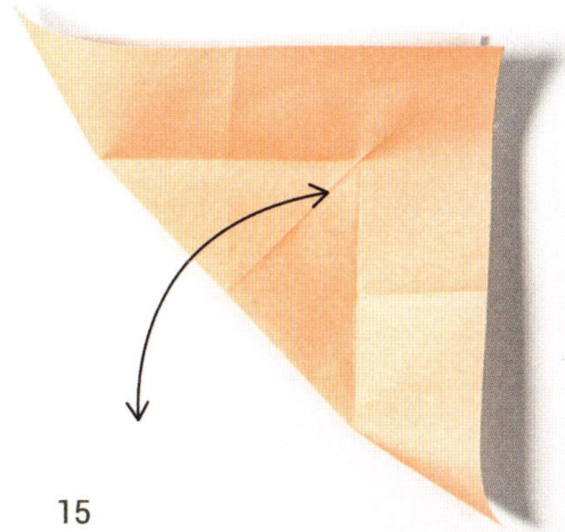

15

16

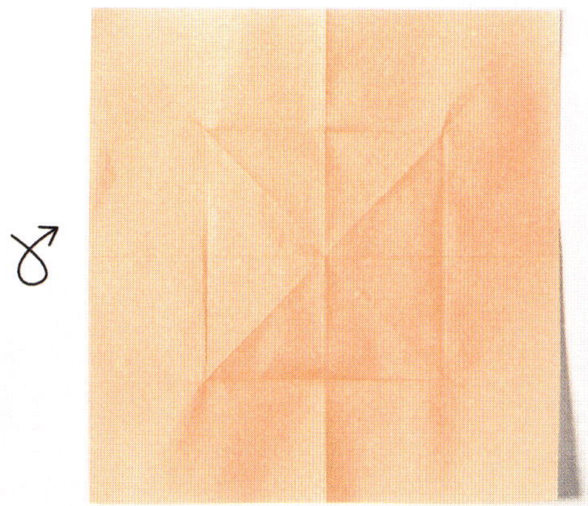

17

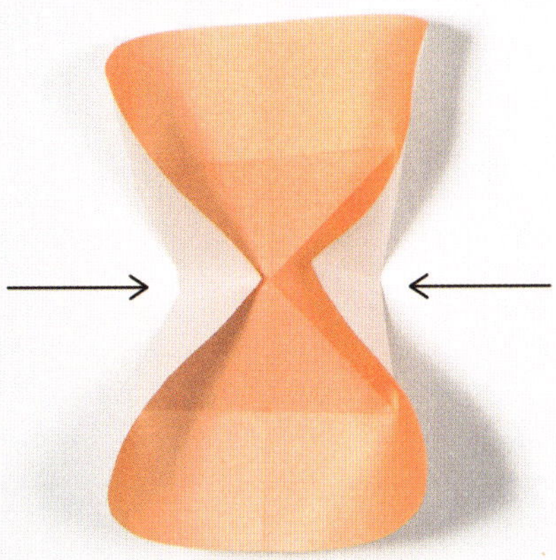

18

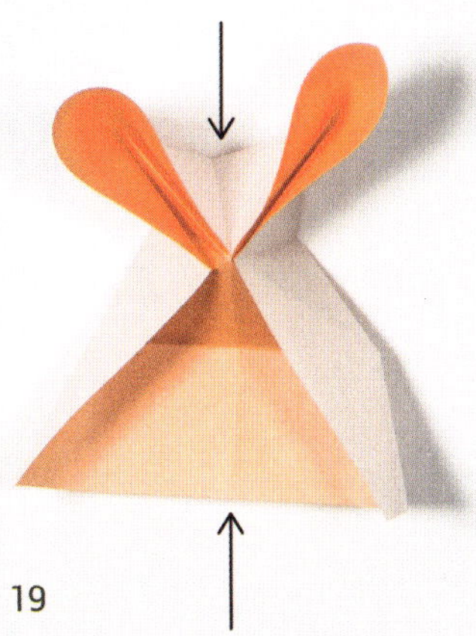

19

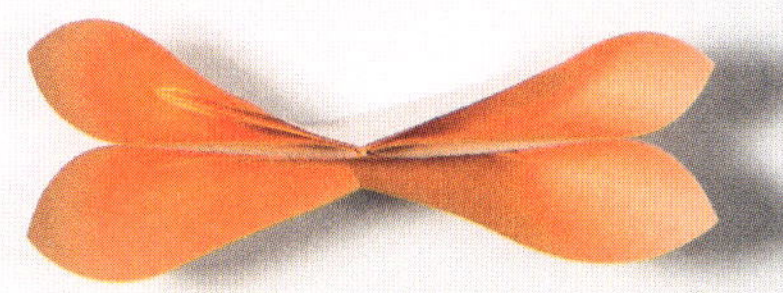

20

*21

22

23

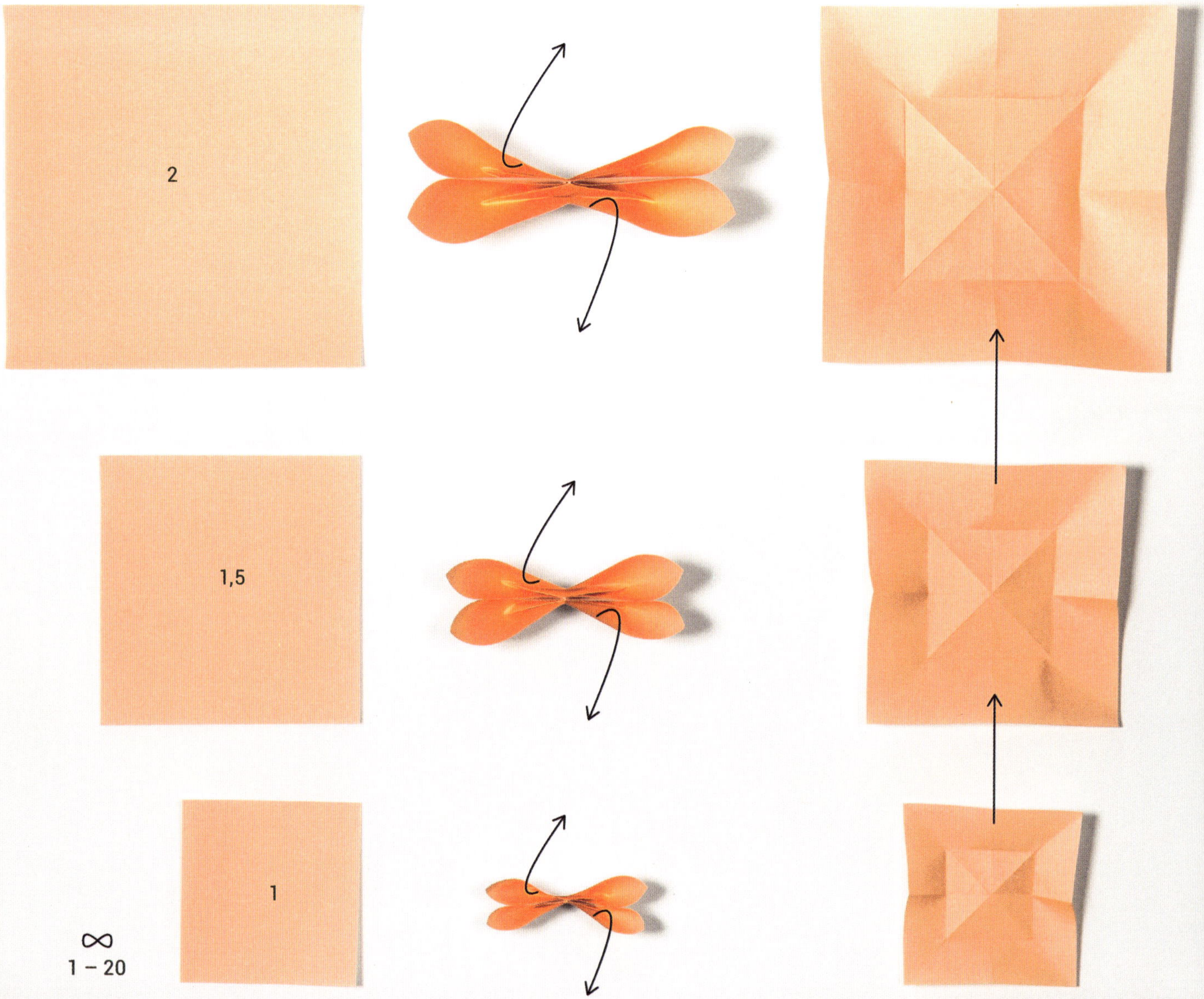

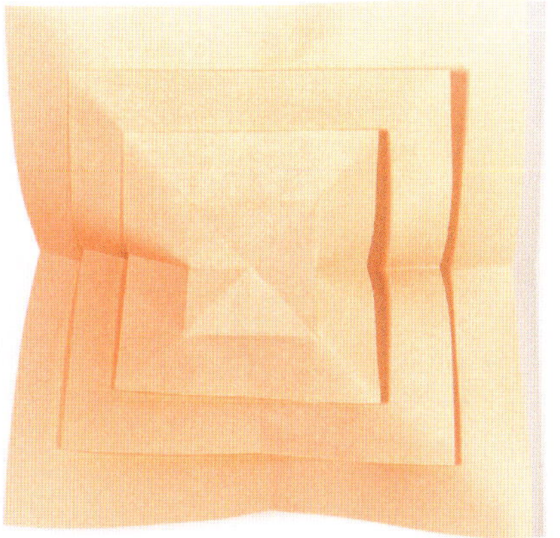

24

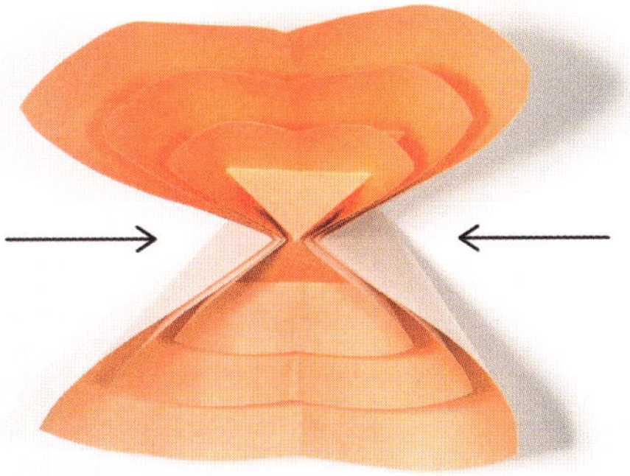

25

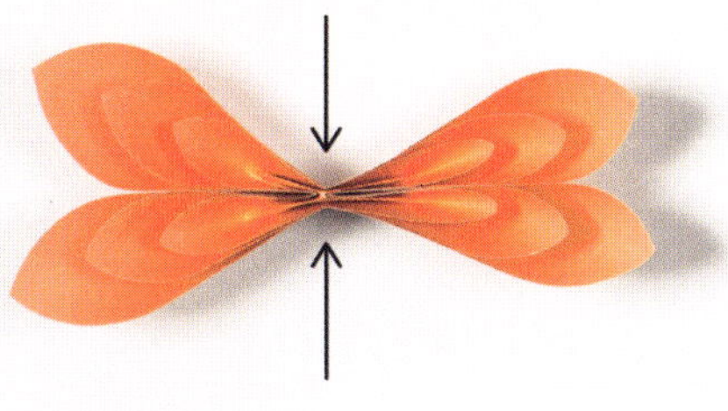

26

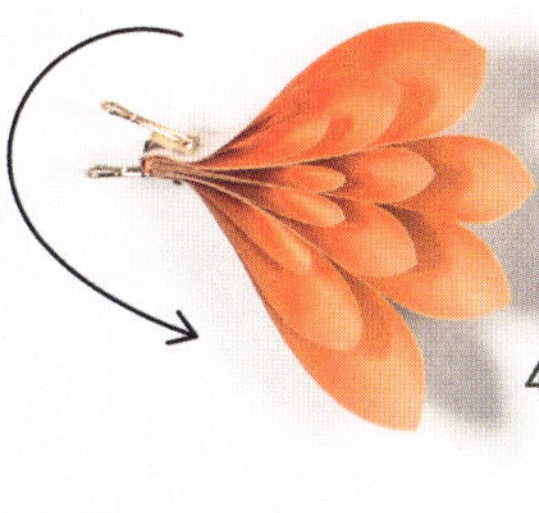

*27

4 x

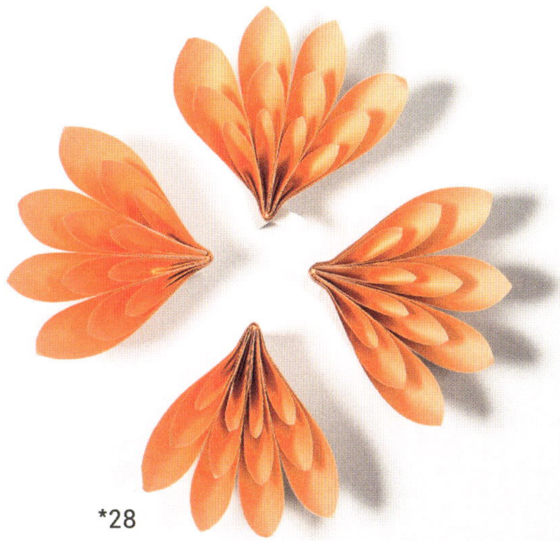

*28

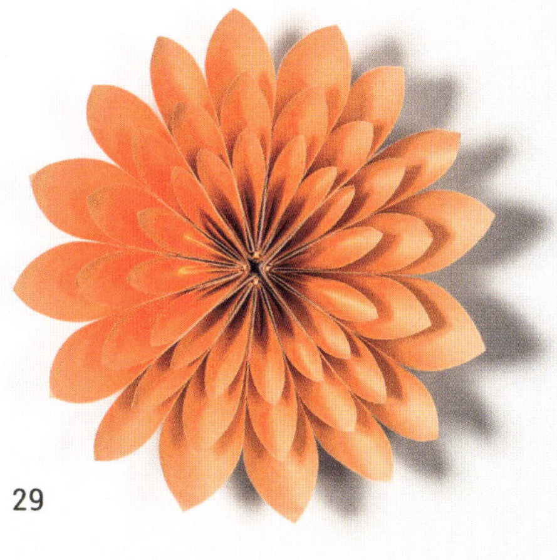

29

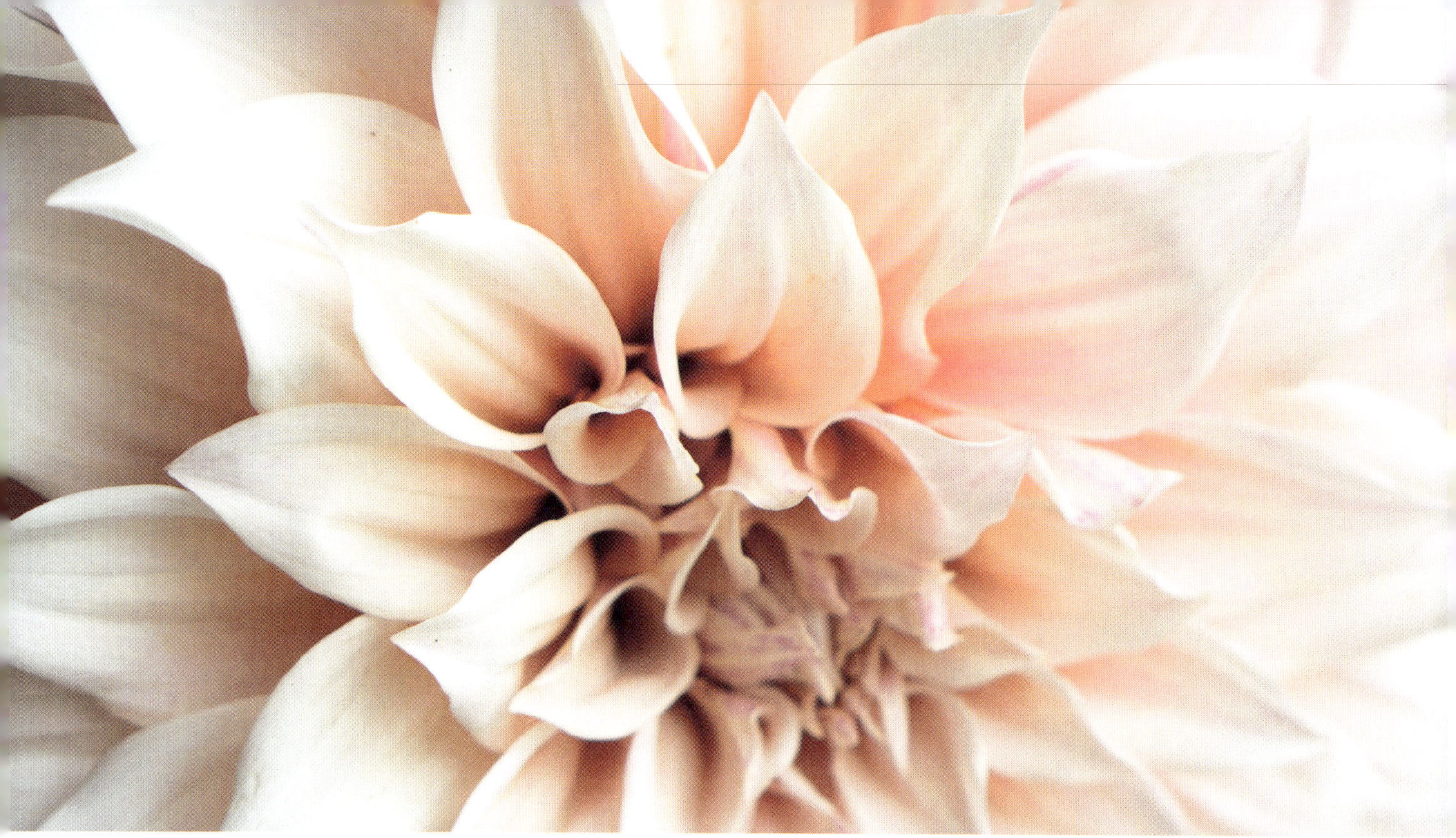
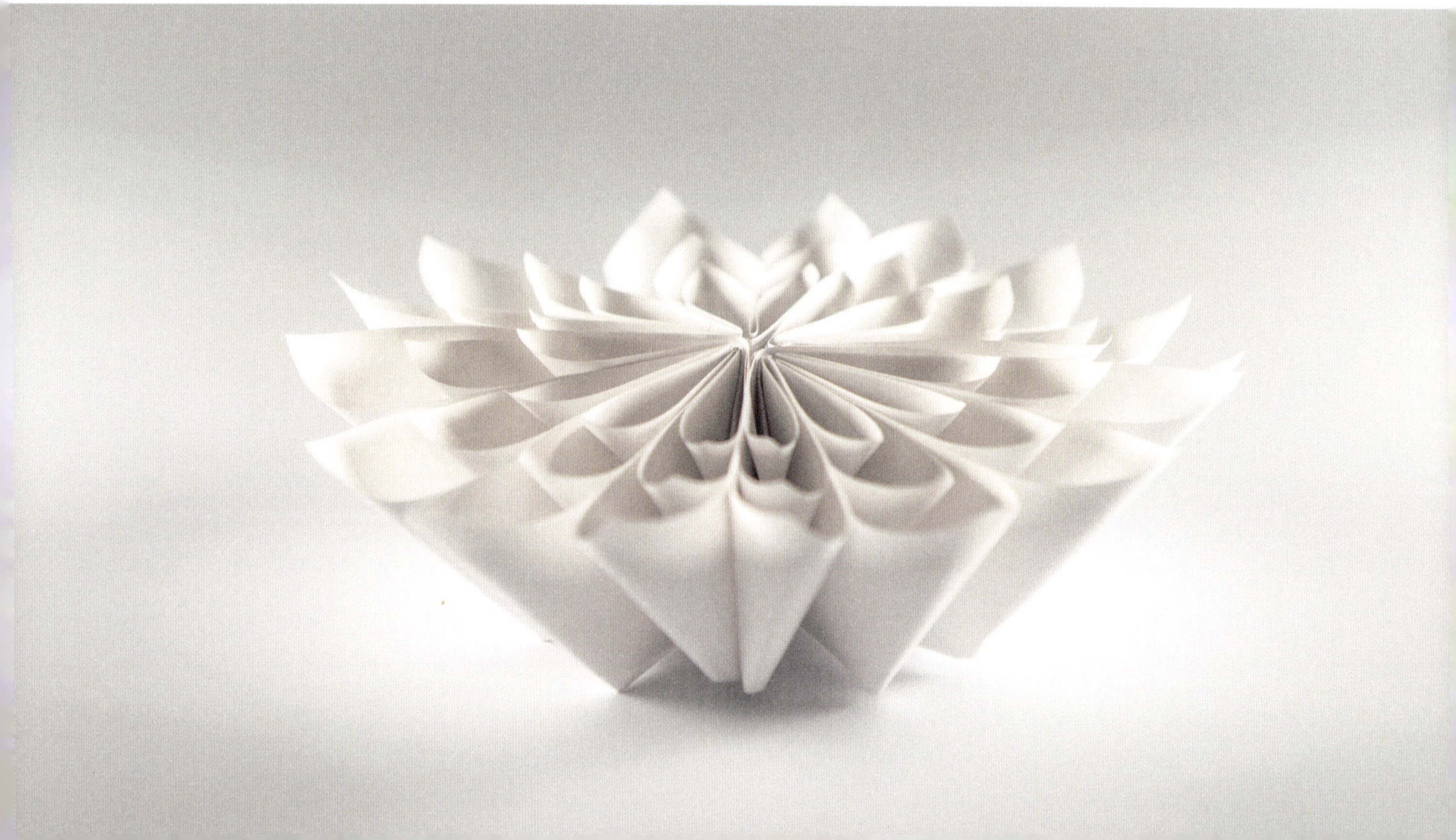

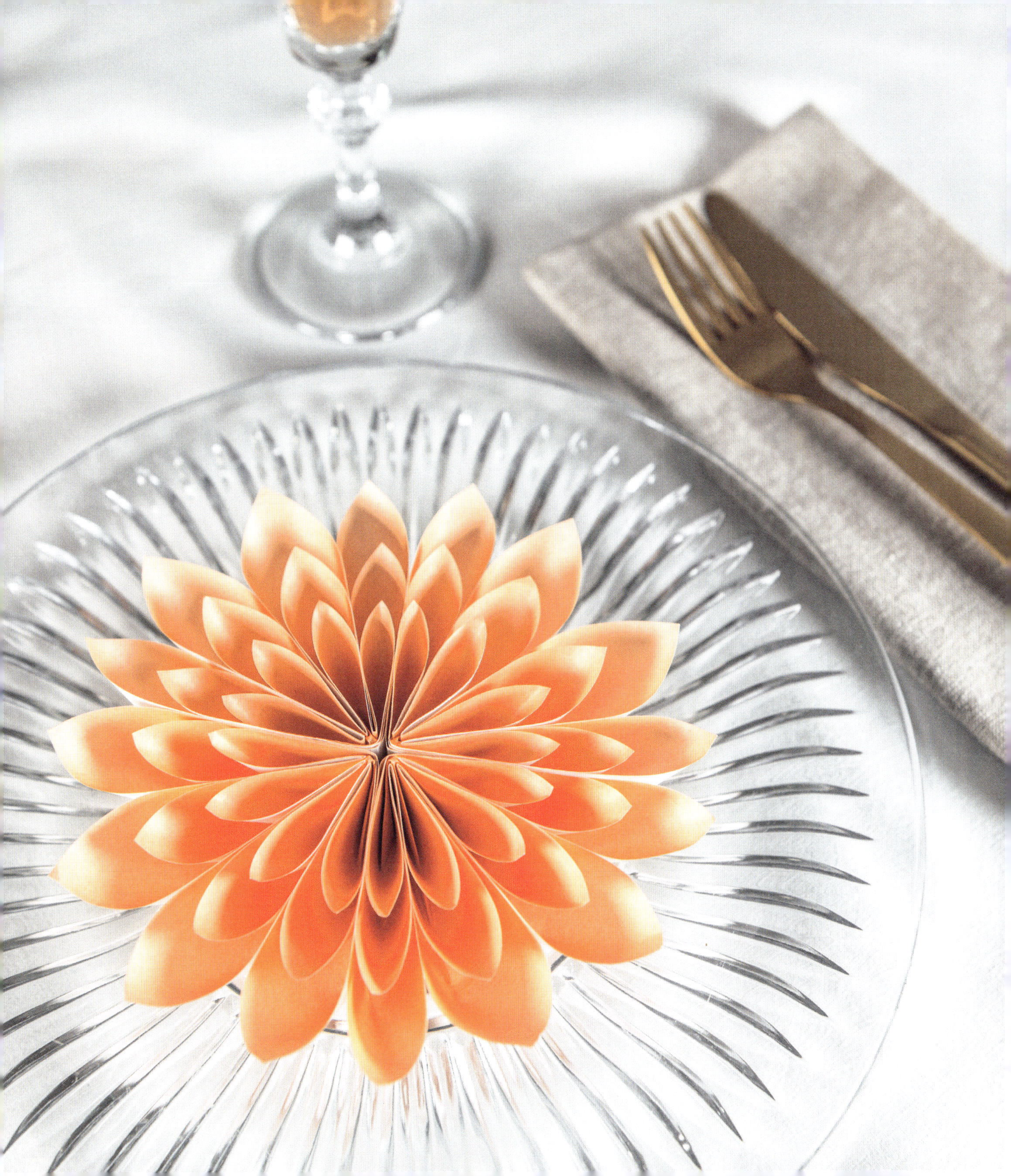

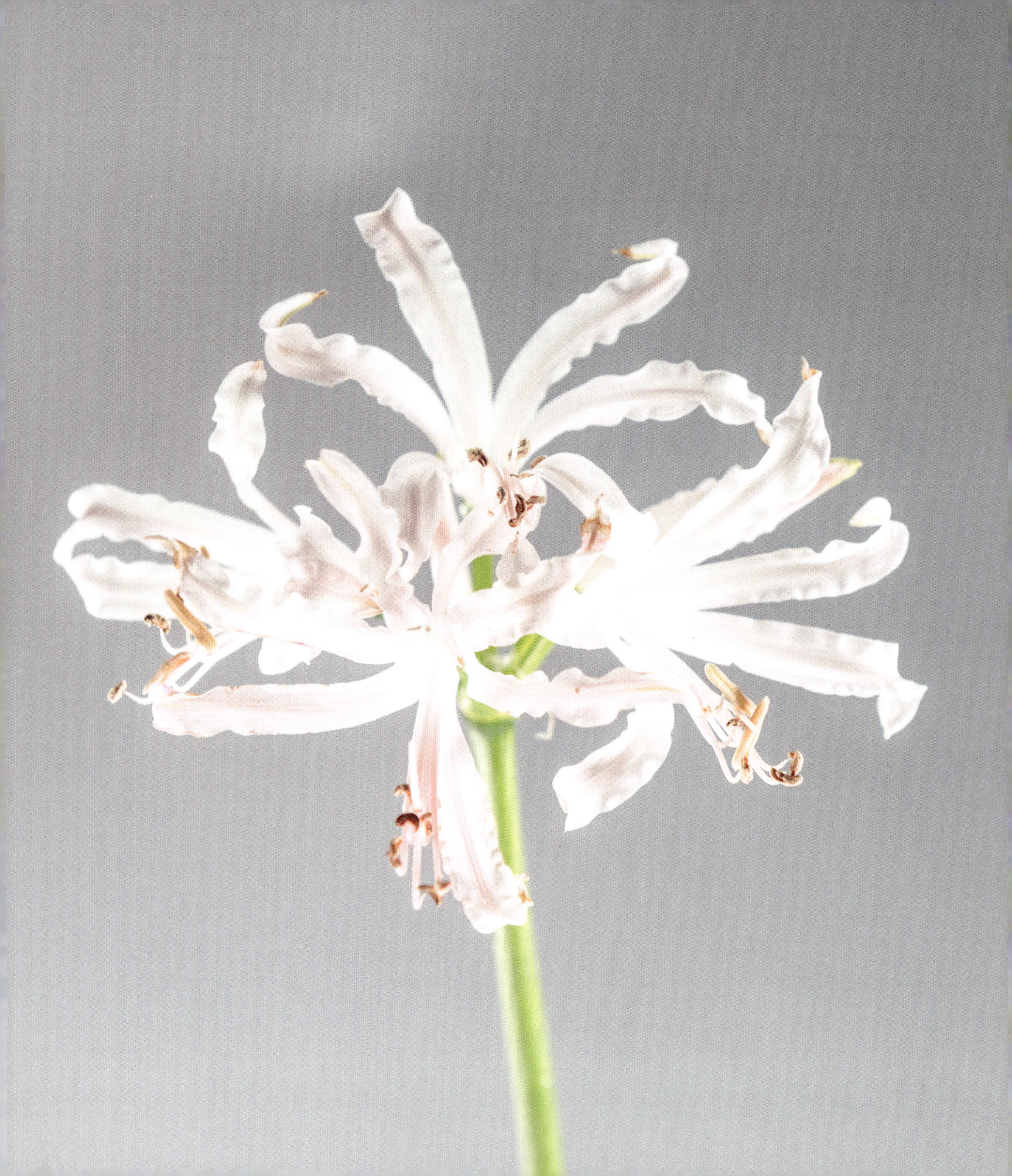

DANKSAGUNG

Ein herzliches Dankeschön an den Verlag Freies Geistesleben, der mir nach meinem Buch *Fold & Relax – Origami und innere Ruhe* erneut die Möglichkeit gegeben hat, ein weiteres Herzensprojekt zu realisieren.

Vielen Dank auch an Ursula Otani von der Firma *Miyabi* für die Bereitstellung der in diesem Buch verwendeten schönen Japanpapiere. An dieser Stelle möchte ich gerne auf ihren Online-Shop *origami-papier.eu* hinweisen.

Außerdem möchte ich mich bei Waltraud Maisch von *Blumen Art Konzepte* in München bedanken, die all die wunderschönen, natürlichen Blumen in diesem Buch zur Verfügung gestellt hat.

Ein großer Dank gilt auch meiner Familie, die mich in meiner Arbeit für das Buch in vielfältiger Weise unterstützt hat.

ÜBER DIE AUTORIN

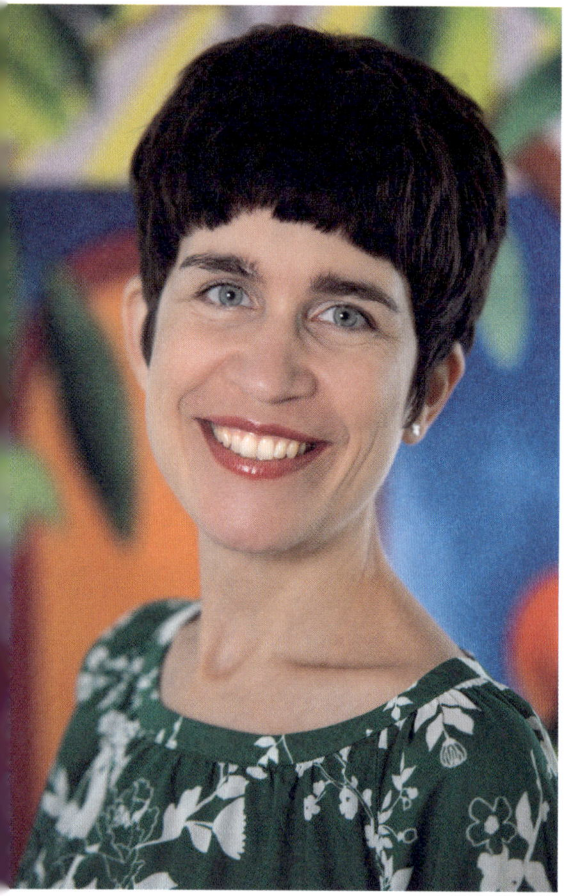

Die Faszination für die Faltkunst Origami und die Begeisterung für das Material Papier begleiten Kristina Müller seit ihrer frühen Kindheit. Das Studium von Bühnen- und Kostümbild am Mozarteum in Salzburg führte sie über ein Kunstgeschichtsstudium in München und Paris an die Université Toulouse Le Mirail, an der sie ihre Studien mit einem Mastertitel in Grafikdesign abschloss. In Frankreich wurden anschließend ihre ersten Bücher im Kreativbereich veröffentlicht, es folgten weitere Publikationen in Deutschland.

Ihre kreative Arbeit ist geprägt von einer Konzentration auf das Wesentliche, puristischer Schönheit, dem sinnlichen Ausdruck von Farben und der Freude an Handschrift und Zeichnung.

Sie ist Französin in ihrem Herzen und lebt in München, wo sie als selbstständige Grafikdesignerin tätig ist. Im Bereich Papierdesign fertigt sie Auftragsarbeiten für Privatpersonen und Firmen und teilt ihr Wissen und ihre Begeisterung für das Papierfalten sowohl in Onlinekursen als auch bei Präsentationen und Workshops vor Ort.

kdesignpapier.com
@kdesignpapier

LITERATUR

Haiku, Japanische Gedichte
Herausgegeben und übersetzt
von Dietrich Krusche
Deutscher Taschenbuch Verlag GmbH & Co. KG, München 1994

Magie der Farben
Hermann Hesse
Herausgegeben von Volker Michels
Insel Verlag, Berlin 2019

Heimkehren, Die Kunst des Haiku
Jean-Claude Lin
Verlag Freies Geistesleben, Stuttgart 2017

Japan, Die Harmonie der Stille
Sandrine Bailly
Übersetzt von Doris Hansmann
Knesebeck GmbH & Co. Verlag KG, München 2009

Liebesgedichte
Pablo Neruda
Übersetzt von Fritz Vogelgsang
Sammlung Luchterhand in der Penguin Random House Verlagsgruppe GmbH, München 2009

Lob des Schattens, Entwurf einer japanischen Ästhetik
Tanizaki Jun'ichiro
Aus dem Japanischen übersetzt
von Eduard Klopfenstein
Manesse Verlag, Zürich 1987

Das Buch vom Tee
Kakuzo Okakura
Übertragen und mit einem Nachwort versehen von Horst Hammitzsch
Insel Verlag, Frankfurt am Main 1979

Die Welt und ich. Christian Morgensterns Leben in seiner Dichtung
Christian Morgenstern
Mit Bildern von Quint Buchholz,
Urachhaus, Stuttgart 2021

Die Zitate von Antoine de Saint-Exupéry und Frida Kahlo habe ich mir im Lauf der letzten Jahre in mein Notizbuch geschrieben. Eine genaue Quellenangabe ist daher nicht möglich.

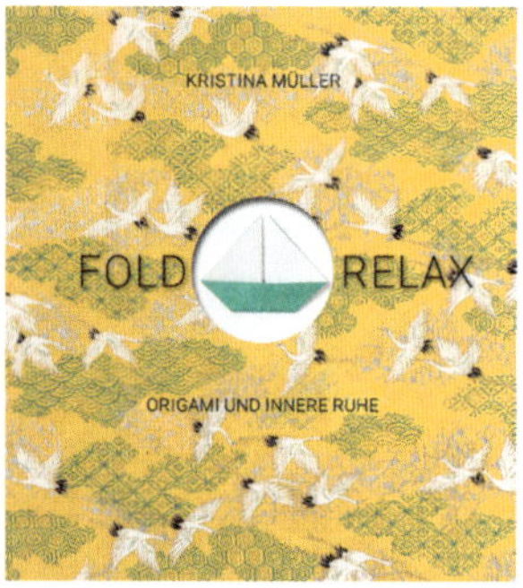

Von Kristina Müller erschien auch das Buch *Fold & Relax. Origami und innere Ruhe.*

160 Seiten, gebunden, Umschlag mit Ausstanzung
ISBN 978-3-7725-2940-5

1. Auflage 2023

Verlag Freies Geistesleben
Landhausstraße 82, 70190 Stuttgart
www.geistesleben.com

ISBN 978-3-7725-2907-8

Fotos: Clarissa Nill
Fotostyling: Müller & Nill
Gestaltung & Satz: Bianca Bonfert
Druck: DZS Grafik, Ljubljana
Printed in Slovenia

MIX
Papier aus verantwortungsvollen Quellen
FSC® C106600

Klimaneutral
Druckprodukt
ClimatePartner.com/13357-2208-1007

Mehr Ideen für ein kreatives Leben:
geistesleben.de/kreativbuch

Bleiben Sie mit unserem Newsletter auf dem Laufenden:
geistesleben.de/news